はじめて学ぶ
文化人類学

人物・古典・名著からの誘い

岸上伸啓 編著
NOBUHIRO KISHIGAMI

ミネルヴァ書房

はじめに

　文化（社会）人類学もしくは民族学とは，フィールドワーク（現地調査）によって世界各地の文化や社会を調査・研究し，最終的には人間とは何かを探求する学問である。フィールドワークの成果として特定の文化や社会の人々の生活や活動を記述したものを民族誌と呼ぶ。民族誌の起源は紀元前5世紀のヘロドトスにまで遡ると言われているが，学問としての文化人類学の始まりは，「文化（Culture）」という概念を初めて体系的に定義したE. B. タイラーの研究とするのが定説である。タイラーが活躍した19世紀後半から数えると，その歴史はすでに150年近い。

　本書の目的は，この150年あまりの間に文化人類学がどのような展開を遂げてきたかについて，主要な研究者の経歴や研究活動，研究内容・著作，基本概念に焦点をあてながら，「文化人類学の形成期」（1880〜1940年代），「展開期」（1950〜80年代半ば），「文化人類学への批判と新たな展開の時期」（1980年代半ば以降）の3期に大別して，できる限り平易に紹介することである。また，代表的な日本人研究者についてもコラムで紹介する。

　19世紀後半の欧米社会では，人類の文化や社会は一方向に進歩するとした一系進化論が中心的な見方であったが，それは20世紀前後にドイツ・オーストリアで発展した伝播論に取って代わられていった。一方，アメリカにおいてはヨーロッパとは違った人類学の展開が見られた。

　アメリカでは20世紀初頭から半ばにかけてF. ボアズの影響の下，歴史的個別主義が勢力をもった。この流れは，R. ベネディクトらに代表される文化の様式論や文化相対主義へと展開する。その後，さらにD. シュナイダーやC. ギアツに代表される象徴人類学や解釈人類学を生み出すことになる。アメリカでは，文化人類学という学問名称が定着した。このボアズに端を発する文化人類学は継続するものの，1940年代から法則定立的な立場に立ち，文化進化に関心をもつL. ホワイトやJ. スチュワードの影響力が拡大した。1960年代に入るとこの新たな文化進化論は収束するが，その流れをくむ生態人類学が飛躍を遂げ

i

ることになる。

イギリスでは，1920年代に B. マリノフスキーや A. ラドクリフ＝ブラウンに
代表される機能主義人類学が出現した。機能主義人類学は，進化論や伝播論を
憶測による人類史の再構成に過ぎないとして退け，フィールドワークに基づく
より科学的理論志向の強い研究を定番化させた。この伝統は1950年代まで続く。
イギリスではアメリカと異なり，この分野の名称として社会人類学が定着した。
その後は，ラドクリフ＝ブラウンのオックスフォード大学社会人類学教授の後
任であるエヴァンズ＝プリチャードが社会の科学（説明）から人文学（解釈）
への変更を宣言したため，社会人類学の目的は大きく変わり，アフリカや南ア
ジア，オセアニアなどの様々な文化や社会の象徴や分類，儀礼に関する研究が
花を開く。

フランスでは，M. モースや E. デュルケーム，K. マルクスの影響の下，独自
の人類学が形成される。その１つが1950～70年代にかけて大きな影響力をもっ
た C. レヴィ＝ストロースの構造主義人類学であった。1980年代以降はそれを
批判的に継承した M. ゴドリエに代表されるマルクス主義人類学と P. ブルデュ
ーに代表される実践理論が影響力をもった。さらに D. スペルベルに代表され
る象徴研究も出現した。この３つの流れは今世紀に入っても継続している。

1980年代に入ると，文化人類学界の中で自己批判の動きが高まり，それまで
の文化人類学に大きな転換を迫った。特に，調査者と被調査者との間に潜在す
る権力関係や他者表象のあり方などの問題が指摘された。その中で大きな役割
を果たしたのが，J. クリフォードらの『文化を書く』（1986）の出版であった。
同書によって人類学者による俯瞰的で客観的な他者表象には限界があることが
明らかにされ，1980年代末から文化人類学の低迷，模索の時代が始まった。そ
して現在にいたるまで，文化人類学は多様化の一途を歩み続けている。

アメリカでは，実験的民族誌の試みやマルチサイト人類学などが提案される
一方で，ジェンダーやエスニシティ，実践コミュニティ，医療，経済社会開発，
環境問題，グローバル化を研究対象とした多様な人類学が展開し始めた。

イギリスでは，1980年代以降，モノと人の関係性に着目した研究が流行し，
A. ジェル，D. ミラー，M. ストラザーンや T. インゴールドらによって新たな

はじめに

研究の流れが出現した。これらは存在論的人類学の先駆けでもある。

　フランスでは，B. ラトゥールに代表される科学技術研究や，P. デスコラによって自然と人に関する生態人類学的研究が行われた。同様の動きはブラジルの E. ヴィヴェイロス・デ・カストロによる人と動物の関係について独自の視点を打ち出したアメリカ先住民研究や，オランダの A. モルによる医療人類学研究にも認められる。彼らの研究は「存在論的人類学」と総称されている。

　なお，本書においては文化人類学と社会人類学，民族学は，力点をそれぞれ文化，社会，民族に置くという違いはあるが，その内容はほぼ同じである。また，アメリカ流の文化人類学は，人間の様々な生活様式を記述する民族誌とそれらを比較し，理論化する民族学とから構成されていることを付言しておく。

　この約150年の間に文化人類学は多様化し，様々な見解や仮説が生み出されてきた。これまで，研究者に焦点を当て，文化人類学を紹介した書籍として蒲生正男編『現代文化人類学のエッセンス──文化人類学理論の歴史と展開』（ペリカン社，1978年）や綾部恒雄編『文化人類学群像1〜3』（アカデミア出版会，1985・1988・1988年）がある。これらは，主に学問的評価が定まった過去の文化人類学者を紹介する点に特色がある，文化人類学の基礎を学ぶには有用な参考書的な入門書であった。しかし，最後の巻が出版されてから約30年近い歳月がたち，文化人類学では新しい研究が出現するとともに，テーマや対象，研究方法がさらに多様化した。編者はこのような状況をかんがみて，最新の研究をも含めた，文化人類学者の研究を紹介する書籍が必要であると考えていた。絶妙のタイミングでミネルヴァ書房からそのような書籍の出版提案があったので，自らの能力の限界を顧みず，大胆にも編者の仕事をお引き受けすることにした。

　本書を通して1人でも多くの方が文化人類学に関心をもっていただけるならば，編者としては望外の喜びである。最後に，本書に寄稿してくれたすべての執筆者の皆様と編集者の前田有美さんに心からお礼を申し上げたい。

　2018年1月

岸上伸啓

目次

はじめに

Ⅰ 文化人類学の形成

【社会・文化進化論と文化概念】
エドワード・バーネット・タイラー（Edward Burnett Tylor）　*3*

若きタイラーと人類学の誕生　文化を定義する　タイラーとフレイザー

【文化伝播論】
ヴィルヘルム・シュミット（Wilhelm Schmidt）　*9*

今日のシュミット　シュミットの生涯　ドイツ語圏民族学の系譜
シュミットの原始一神教説　文化圏体系の展開と崩壊　日本への影響

【歴史的個別主義】
フランツ・ボアズ（Franz Boas）　*16*

アメリカ人類学の祖　ドイツ，そしてアメリカ合衆国　文化概念の基礎理論
民族誌における共同作業　ハントがボアズに託した未来

【フランス民族学の形成】
マルセル・モース（Marcel Mauss）　*22*

フランス社会学派とモース　研究者としての経歴　具体性の学としての民族学
全体性への志向性　全体的人間　全体性から〈開かれ〉へ

【機能主義】
ブロニスロウ・K・マリノフスキー（Bronislaw K. Malinowski）　*28*

科学としての人類学――参与観察における徹底した経験主義の追求
機能主義人類学――人間の要求（needs）と心理
植民地統治と文化接触研究＝実用的人類学

【機能主義】
アルフレッド・R・ラドクリフ＝ブラウン（Alfred R. Radcliffe-Brown）*34*

構造機能主義の提唱者　生い立ちと経歴
ラドクリフ＝ブラウンの構造機能主義の特徴　タブーの社会的機能
冗談関係の社会的機能　その後の展開

目 次

【文化論】
ルース・フルトン・ベネディクト（Ruth Fulton Benedict） 40
  文化の真髄を求めて 文学から人類学へ 『文化の型』 『菊と刀』
  文化相対主義 後代への影響

【文化とパーソナリティ】
マーガレット・ミード（Margaret Mead） 46
  ジェンダー研究の先駆者 生い立ちと経歴
  サモア調査とサモア少女の性行動 セピック川流域社会調査と男女の気質
  異なる文化の男女比較研究 フリーマンによるミード批判

【総合人類学】
クライド・クラックホーン（Clyde Kluckhohn） 52
  最後の総合人類学者 生い立ちと経歴 ナバホ研究 応用人類学と政策

コラム 岡　正雄 *58*
コラム 杉浦健一 *60*
コラム 馬淵東一 *62*
コラム 大林太良 *64*

II　文化人類学の展開

【新進化主義】
レスリー・ホワイト（Leslie White） 69
  レスリー・ホワイトの人類学と時代的背景 生い立ちと業績
  ホワイトの新進化主義理論（一般進化主義理論） 文化学，あるいは文化の科学
  人類学的考古学の誕生とホワイトの影響 ホワイトの理論と現在の人類学

【新進化主義】
ジュリアン・H・スチュワード（Julian H. Steward） 75
  文化生態学の提唱者 生い立ちと経歴 多系進化論と文化生態学
  ショショニ文化の文化生態学的研究 初期農耕文明の発展に関する研究
  問題点とその後の展開

コラム 梅棹忠夫 *81*

v

【生態人類学】
ロイ・A・ラパポート（Roy A. Rappaport） 83

文化生態学から生態人類学へ　生い立ちと経歴
パプアニューギニア高地マリンのカイコ儀礼に関する生態人類学研究
エネルギー研究の成果　ラパポートの研究の重要性とその後の展開

【生態人類学】
リチャード・リー（Richard Lee） 89

現存する狩猟採集民の研究の先導者　人物と狩猟採集民研究
著作とサン研究の展開

コラム　渡辺　仁　*95*
コラム　田中二郎　*97*

【認識人類学】
ハロルド・コリヤー・コンクリン（Harold Colyer Conklin） 99

モノグラフとしての人類学の到達点　生い立ちと経歴
民俗分類──言語学の応用による方法概念の確立
色彩名称──カテゴリー化の個別性とプロセスへの着目
農耕の知識──時空間上に資源利用と土地管理の個別データを図示
優れた記述──敬意を払うこと，厳格であること，責任をもつこと
その後の展開──"人類学的探究のクライマックス"としての輝き

コラム　福井勝義　*106*

【経済人類学と構造主義歴史人類学】
マーシャル・D・サーリンズ（Marshall D. Sahlins） 108

理論派人類学者　生い立ちと経歴　博士論文とフィールドワーク
経済人類学と社会の動態　太平洋諸島と構造主義歴史人類学
論争と文化理論

【ポリティカル・エコノミー論】
エリック・ウルフ（Eric Wolf） 114

資本主義・歴史・権力　世界を説明する　ポリティカル・エコノミー研究
『ヨーロッパと歴史なき人々』　文化と権力

【象徴人類学】
ヴィクター・W・ターナー（Victor W. Turner）　　120

動的象徴人類学の開拓者　　生い立ちと経歴　　儀礼の過程
コミュニタスと社会構造　　巡礼とコミュニタス
社会劇と文化的パフォーマンス　　ターナーの象徴論の今日的意義

【象徴人類学】
デイヴィッド・M・シュナイダー（David M. Schneider）　　126

移りゆく人類学　　象徴人類学への転回
『アメリカの親族関係──文化的記述』　　『親族研究批判』　　その後の展開

コラム　山口昌男　　132

【解釈人類学】
クリフォード・ギアツ（Clifford Geertz）　　134

ギアツと解釈人類学　　「遍歴」　　書かれたもの　　書かれたこと，言われたこと

【エスニシティ論】
フレドリック・バルト（Fredrik Barth）　　141

単線的理解　　生い立ちと経歴　　スワート社会の民族誌　　構造機能主義批判
エスニシティ論　　その後の展開

【ナショナリズム・国家論】
ベネディクト・アンダーソン（Benedict Anderson）　　147

変貌するナショナリズム　　生い立ち，知的遍歴
フィールドワーク，脱線，人類学的距離　　『想像の共同体』へ
出版資本主義をめぐるナショナリズムの起源と流行
ナショナリズムからアナーキズムへ

コラム　綾部恒雄　　153

【人文学的人類学】
E・E・エヴァンズ＝プリチャード（E. E. Evans-Pritchard）　　155

文化の翻訳者　　生い立ちと経歴　　『アザンデ人の世界』　　『ヌアー族』
その後の展開

【構造論的社会人類学】
ロドニー・ニーダム（Rodney Needham） *161*

理論家のフィールドワーカー　生い立ちと経歴　「親族」研究
「一次的要因」と分類研究　社会人類学の王道

【象徴論】
エドマンド・R・リーチ（Edmund Ronald Leach） *167*

構造人類学者でないリーチ　生い立ちと経歴　『高地ビルマ』の独創性
グムサ，グムラオ，シャン　マユ＝ダマ関係　歴史，構造，個人
その後の展開

【象徴論】
メアリー・ダグラス（Mary Douglas） *173*

センザンコウに魅せられる人類学者たち　生い立ちと経歴，研究
理論上の特色

コラム　中根千枝　*179*

【構造主義人類学】
クロード・レヴィ＝ストロース（Claude Lévi-Strauss） *181*

構造という方法と思想　生い立ちと経歴　インセストタブーと縁組
トーテミズムと分類　神話の構造　その後の展開

【マルクス主義人類学】
モーリス・ゴドリエ（Maurice Godelier） *187*

経済史と人類学を橋渡しする　ビッグマンとグレートマン
想像されたものと生きられたもの

【実践理論】
ピエール・ブルデュー（Pierre Bourdieu） *193*

人類学者ブルデュー　学問界の「よそ者」　実践とハビトゥス
アルジェリアの結婚戦略　決定論という批判

【象徴論】
ダン・スペルベル（Dan Sperber） *199*

人類学から認知科学へ　主な研究活動　象徴表現への認知的アプローチ
理論人類学と表象の疫学　その後の展開

コラム　川田順造　*205*

Ⅲ 文化人類学への批判と新たな展開

【批判・自省的人類学（ポストコロニアル人類学）】
ロジャー・キージング（Roger M. Keesing） *209*

精緻な調査と幅広いテーマ　　人類学者一家に生まれて　　非単系出自論の展開
伝統概念論とポストコロニアル人類学　　言語，宗教，歴史ほか

【批判・自省的人類学（ポストコロニアル人類学）】
ジェイムズ・クリフォード（James Clifford） *215*

領域を横断する　　脱中心化する知識人　　翻訳，節合，パフォーマンス
別の場所へ向けて

【実践コミュニティ論】
ジーン・レイヴ（Jean Lave） *221*

学習とは　　経歴　　状況に埋め込まれた学習　　展開と限界

【環境人類学】
ウィリアム・バリー（William Balée） *227*

環境人類学に歴史的視点を導入　　フロリダからアマゾンへ
森に刻まれた歴史　　アマゾンの歴史生態学から人新世の人類学へ

【ジェンダー論】
ジュディス・バトラー（Judith Butler） *233*

セックス／ジェンダー化された主体を問う　　生い立ちと経歴
『ジェンダー・トラブル』の衝撃　　主体概念と撹乱　　バトラーへの批判
理論的考察から政治的協働へ？

【医療人類学】
アーサー・クラインマン（Arthur Kleinman） *239*

医療人類学の推進者　　生い立ちと経歴　　象徴システムとしての医療
病いの語り　　システムから物語へ　　人生においてかけがえのないものは何か
その後の発展

【医療人類学】
マーガレット・ロック（Margaret Lock） *245*

北米医療人類学ムーブメント　　生い立ちと経歴

マーガレット・ロックの医療人類学の特徴 『都市日本における東アジア医療』
西洋医師（西洋医）の多様性 ローカル・バイオロジーズ
『アルツハイマー病の謎』

【実践人類学（公共人類学）】
ロバート・チェンバース（Robert Chambers） *251*

参加型調査法のパイオニア 植民地行政官から開発研究者へ
見逃される貧困 望ましい農村調査法 参加型開発と参与観察

【グローバリゼーション論】
アルジュン・アパドゥライ（Arjun Appadurai） *257*

アパドゥライとは？ グローバリゼーションと想像力 想像力の複数性
アパドゥライの使い方

【存在論的人類学】
マリリン・ストラザーン（Marilyn Strathern） *264*

特異な存在感 生い立ちと経歴 『贈与のジェンダー』 『部分的つながり』
多様な読解へ

【存在論的人類学】
アルフレッド・ジェル（Alfred Gell） *270*

図（ダイアグラム）とテクスト 芸術の人類学の方法
分配され拡張する人格，作品の中の時間と心
『芸術とエージェンシー』のその後

【存在論的人類学】
ティム・インゴールド（Tim Ingold） *276*

関係性の人類学の推進者 生い立ちと経歴
1970～90年代初頭——北極圏，トナカイ，狩猟採集民族と放牧
1990年代——環境への認識力と現象学 2000年代以降 今後の展開

【存在論的人類学】
フィリップ・デスコラ（Philippe Descola） *282*

人間と自然の関わりを捉える 哲学から人類学へ 自然と文化を超えて
新しい自然の人類学に向けて

【存在論的人類学】
ブルーノ・ラトゥール（Bruno Latour） 288

アクター・ネットワーク理論の主唱者　　科学的実践の民族誌
近代化批判とコスモポリティクス

【存在論的人類学】
エドゥアルド・ヴィヴェイロス・デ・カストロ（Eduardo Viveiros de Castro） 294

ブラジルで人類学をすること　　アマゾニアの社会，自然と文化
アマゾニア先住民の思想と人類学

【存在論的人類学】
アネマリー・モル（Annemarie Mol） 300

来歴　　疾病の人類学と実践誌
身体の多重性とそれを実現する 3 つのメカニズム
〈誰〉から〈何へ〉，選択からケアへ　　その後の展開

人名・事項索引　　306

文化人類学の形成

ヴィルヘルム・シュミット

フランツ・ボアズ

マルセル・モース

アルフレッド・R・ラドクリフ=ブラウン

本書は1870年代に「文化」の概念を初めて体系的に定義したE. B. タイラーを文化人類学の出発点とみなす立場をとり，第Ⅰ部では文化人類学の形成期に活躍した研究者を紹介する。

　E. B. タイラーは，19世紀後半に人類文化の進化の歴史を復元する研究を行った。彼の研究は，あらゆる文化は同じ段階を経て一方向に進歩していくという視点を有するので，一系進化論と呼ばれる。この立場は20世紀初めまでイギリスやアメリカにおいて強い影響力をもった。

　19世紀末から20世紀初頭になると，進化論に代わり，文化の歴史や文化間の類似は文化要素の伝播によって作り出されるとする伝播論が，ドイツ帝国やイギリスで影響力をもち始める。この研究を主導したのは，ウィーンを中心に活動していたW. シュミットらであった。

　20世紀初頭に入るとイギリスでは伝播論が主流となったが，1920年代に機能主義人類学の出現によって大きな転換が見られた。1922年にB. マリノフスキーとA. ラドクリフ＝ブラウンはそれぞれ『西太平洋の遠洋航海者』と『アンダマン島民』を出版した。これらの民族誌は，フィールドワークに基づいて現地の生活を描き出すという点において，これまでの人類学的実践と一線を画するものであり，近代人類学の成立を象徴する著作となった。この機能主義人類学はイギリスを中心に1950年代まで強い影響力をもち続けた。

　一方，アメリカでは，20世紀初頭から20世紀半ば頃まで歴史的個別主義が主流となった。それは，各文化は「伝播した文化要素が１つに統合され，複合体になる過程を経て歴史的に形成される」という見方を指す。その代表的な研究者が，アメリカ人類学の父と呼ばれるF. ボアズであった。彼の影響の下，「文化相対主義」や，M. ミードやR. ベネディクトらの文化研究が生み出された。また，ボアズは人類学を考古学，言語学，文化人類学，生物（形質）人類学からなる総合的な学問としてコロンビア大学で人類学教育を実践した。

　フランスではM. モースらによる民族学研究が行われ，後のフランス構造人類学の基礎が形成された。

［写真］マルセル・モース：Fournier, Marcel, *Marcel Mauss*, Fayard, 1994.
　　　　ラドクリフ＝ブラウン：Fortes, Meyer, ed., *Social Structure*, Russell & Russell, Inc., 1963.

社会・文化進化論と文化概念

エドワード・バーネット・タイラー

(Edward Burnett Tylor：1832-1917)

◆ 若きタイラーと人類学の誕生

　タイラーは，アメリカのルイス・H・モーガンとともに近代人類学の祖として，とりわけ**進化論人類学**の祖として知られている。アメリカ先住民のもとで研究したモーガンが技術と社会制度の進化に関心を寄せたのに対し，タイラーの功績は宗教研究の領域で際立っている。彼が作った**アニミズム**や類感呪術，交叉イトコ婚，テクノニミーなどの分析概念は今でも有効性をもち，人類学の基礎概念の一部となっている。キャリアの面でも，彼は1884年にオックスフォード大学の准教授（reader）として迎えられ，1896年から教授として世界で初めて人類学の専門教育を行うなど，人類学が大学制度の中に位置づけられる上で大きく貢献した。人類学という学問はタイラーとともに始まったと言っても過言でない。

　タイラーは1832年にロンドンで生まれ，フランスの社会学者エミール・デュルケームと同じ1917年に85年の生涯を終えている。裕福なクエーカー教徒の両親のもとに生まれた子どもであった。タイラーの学問的背景を考える上で，産業革命の中心というべき英国のロンドンで青年期を迎えたことと，クエーカー教徒の家庭に生まれたことが大きな意味をもっている。

　1851年，タイラーは世界最初のロンドン万国博覧会に出かけている。開会式ではアルバート公が次のようにその意義を宣言した。「全人類が現在までに到達した発展の度合いを正直に問いかけ，その真の姿を描き出すこと」。万国博は産業革命が生んだ機械類を展示することで，人類の未来像を具象化しようとした。と同時にそれは，大英帝国の各地から集められた品々を展示することで，未開から文明にいたる人類の発達を示そうとした。タイラーの人類学が不合理なほど進化にこだわった理由は，そうした時代背景にあったのだ。

　劣らず重要であったのがクエーカー教徒の家に生まれたことであった。保守

Ⅰ　文化人類学の形成

的な英国国教会に対し，17世紀に誕生したクエーカーは進歩的であった。奴隷
貿易に反対して奴隷制の廃止に導いたのはクエーカー教徒であったし，当時は
英国国教会にのみ開かれていたオックスフォード大学やケンブリッジ大学への
進学を拒まれたタイラーが，世界各地を訪れることで見聞を広めたのもそれが
理由であった。彼が1854年のメキシコ旅行の途中で，やはりクエーカー教徒の
ヘンリー・クリスティ（のちのピット・リヴァース）と意気投合し，四カ月にわ
たって考古学と民族学の調査をしたのも偶然ではなかったのである。

　タイラーのメキシコ旅行からは，最初の著作である『アナワク──古代と現
代のメキシコとメキシコ人』（1861）が生まれている。それは，メキシコの古
代文明や遺跡の描写から，刑務所，闘鶏，労働条件の記述までを含む一種の民
族誌であったが，彼がクリスティについて書いている最初のページと，それへ
の英国人類学者ゴッドフリー・リーンハートの解説は，そのまま引用に値する。
　「『1856年の春，私はハバナの乗合馬車で偶然クリスティ氏に会った。彼は何
ケ月も前からキューバに滞在し波瀾に富んだ生活を送っていた。砂糖のプラン
テーション，銅鉱山，コーヒーのエステイトを訪れ，洞窟を探検し，熱帯密林
で植物を採集し，……奴隷商人や暗殺者まで，あらゆる種類の人たちを訪ねて
いた』。イギリス人類学の父タイラーには，人類学者が時おり「謹厳な」諸科
学の研究者によって軽蔑されるロマンチックな気風がむきだしになっている。
なにしろキューバの乗合馬車から誕生したのも同然の学問であるから，多少ち
ぐはぐな面があっても仕方ないだろう。しかしタイラーの文章にはさまざまな，
じかの経験を重視する価値が含まれている。この価値が，彼の後継者たちを特
徴づける現地調査に駆りたてたのだ」（リーンハート「エドワード・タイラー」）。
　生涯をアームチェアーの人類学者として送ったタイラーは，のちにマリノフ
スキー（→28頁）が確立する厳密な意味でのフィールドワークを実施したこと
はなかった。しかし，数年間アメリカ大陸を旅行して様々な人々や文化に出会
ったことが，彼にリーンハートの言う「じかの経験を重視する価値」を与えた。
タイラーは，タスマニア島の皮はぎ器を手に入れると近所の肉屋で試させたし，
女たちが杼をあやつって布を織るのを眺め，オーストラリア・アボリジニの身
振り言語を理解するために聾唖学校に通うなど，英国にいながら多様な文化を

4

学ぶことを厭わなかった。19世紀の英国には，法人類学のヘンリー・メイン，比較神話学のマックス・ミューラー，「略奪婚」のジョン・マクレナンなど，人類学に関心をもつ多彩な人材がいた。その中でタイラーだけが今日まで評価されているのは，彼の「じかの経験」を重視するある種のセンスと，それが可能にした射程の短い理論への嗜好によっていたに違いなかった。

◆ 文化を定義する

　メキシコ旅行で異国の慣習に関心をもったタイラーは，帰国後研究に邁進する。サンスクリットや北欧の言語を修めると同時に，当時「未開」と呼ばれていた世界各地の民族誌データの収集と分析に着手したのである。1865年に『人類の初期の歴史と文明発展に関する研究』を出版した彼は，1871年に全2巻，計1000ページに達する主著『原始文化』を出版した。

　人類学史の観点から見たこの本の功績は，何にもまして，冒頭で「文化」について明確な定義を行ったことである（以下，引用は『原始文化』による）。

　「文明ないし文化とは，民族誌的な広い意味において，知識，信仰，芸術，倫理，法，慣習その他，社会の一員としての人間によって獲得される能力と習慣のあの複雑な総体である」。

　これが今日でもしばしば引用される「文化」の定義である。しかし，タイラーのこの定義と，のちの時代のそれとの間には差異と類似が存在することに留意したい。タイラーは「文化」を，「知識，信仰，芸術，倫理，法，慣習その他，社会の一員としての人間によって獲得される能力と習慣の複雑な総体」と定義しており，これは文化の総体的な理解として長く評価されてきた点である。反面，タイラーは文化と文明を区別せず，しかも社会や人種は常に複数形で用いたのに対し，文化や文明を複数形で用いたことはなかった。それは彼が，世界中の民族のもとで文化の差異があることを認めながらも，それを文明の進化の異なる段階に位置づけていたためであった。

　タイラーは，「人間の歴史は自然の歴史の一部であって，われわれの思考や意志や行動が一致する法則は，波動や酸と塩基の結合や植物と動物の成長を支配する法則とおなじくらい決定的だ」と断言する。自然科学が優越した19世紀

I　文化人類学の形成

らしい発言だが，そうした自然科学の前提を人間の理解にもち込むと批判を招きかねないことを彼は理解していた。そのため，人類の文化の普遍性という彼の基本テーゼを証明するべく，世界中の文化の差異を集め，それを単一の発展図式の中に位置づけようとしたのである。

「ヨーロッパとアメリカの教養世界は基準として社会の諸系列の一方の端を占めており，他方の端を占める野蛮な諸部族とのあいだに，教養生活と野蛮のいずれに近いかに応じて人類の残りが割り当てられる。……文化の序列において，オーストラリア人，タヒチ人，アズテカ人，中国人，イタリア人を，この順に並べることに異議を唱えるものはほとんどいないであろう」。今日の我々から見れば偏見に充ちた主張であり，彼の著作に対する批判の多くはこの文化進化に関するものである。しかし，それをタイラーの時代のコンテキストに置くなら，必ずしも無意味な議論ではなかった。当時のイギリスでは，ダーウィンが1859年に発表した生物進化論は英国国教会から激しい批判を招いていた。それに対し，儀礼と宗教の単線的な進化を説いたタイラーの『原始文化』の出版は，進化論陣営にとっては格好の援護であった。とりわけダーウィンはその出版を喜び，タイラーに手紙を送って称賛したと言われている。

◆ タイラーとフレイザー

　タイラーの著作が人類学の発展に果たした貢献は極めて大きなものがあった。当時のロンドンの人類学界では，フランスの脳医学者ポール・ブロカの影響下に「ロンドン人類学協会」が1863年に設立され，その勢力は科学団体としては英国一と言われるほどであった。その主張は，人類は起源の異なる複数の人種からなり，それゆえ人種間の知的能力には絶対的格差があるとする人種主義的な教説であり，その単純さと決定論が人気を呼んでいた。反面，それは人類学を人種差別のイデオロギーにまで切り下げる危険性をもっていた。そのためタイラーは進化について次のように主張したのである。「現在の目的のためには，人種の遺伝的偏差を考慮しないこと，人類をその本質においては同一だが，文明の異なる段階にあるものと見なすことは，可能だしまた望ましい」。

　タイラーが言うように人類が同一の本質をもつとすれば，ある集団が「未

開」の状態にあるからといって，彼らを奴隷の地位にとどめたり，その存在を否定したりすることは許されない。彼が西洋文明を人類進化の頂点におく自民族中心主義の立場に立っていたのは否定できないが，他面で，「未開」や「野蛮」と呼ばれる人々のもとでも文明の存在を認め，宗教の存在を認めている点で，当時としてはヒューマニスティックな側面をもっていたのである。

　世界中の民族の様々な儀礼や宗教的慣行を集めたタイラーは，分析のために２つの概念を導入した。「アニミズム」と「残存」である。彼はアニミズムを人間の原初的な宗教形態と考えたが，その理由は次のところにあった。人間は夢や憑依，生と死など，理解困難な経験にとり囲まれている。そこで「未開の思想家」が，人間のうちに霊魂が存在しなければこれらの現象は解釈できないと考え，霊魂の存在を想定した。そこから万物にも霊魂が宿っているというアニミズムが発生したのであり，宗教の原初形態としてのアニミズムから，多神教，ついで一神教へと人間の宗教は進化してきたと主張したのである。

　タイラーが考えたように，すべての文化が共通の特徴から出発したとすれば，一神教の世界にもアニミズムの要素は存在するはずである。そこでタイラーは，そうした基層文化の要素は高度な文明によって抑圧されたり変形されたりしながら，迷信や俗信の形で「残存」すると考えた。かくして彼の『原始文化』は，彼が未開と考えた諸社会では現在も観察され，西洋文明では俗信の形で存在する慣行や習俗を集めた一種の一覧表になったのである。

　タイラーが一種の一覧表の作成を目指したのに対し，西洋社会に伝えられる伝承や習俗を未開社会のそれと比較することで，断片的にのみ知られる古代の文化形態を再構成しようとしたのが，古典学から出発したジェイムズ・G・フレイザーであった。主著である『金枝篇』(1911) で彼は，イタリアのネミにある湖にまつわる伝承から出発する。この湖のほとりには１本の黄金の木があり，昼も夜も「森の王」によって保護されている。新しく王になることを望むものは，この木の「金枝」を手にして先王を殺さなくてはならないという。

　この伝承の謎を解くために，フレイザーは世界中の樹木崇拝や王殺しの慣行を辿っていく。王殺しの慣行とは，例えば植民地期の人類学者の報告によれば，アフリカの王の多くは国土全体の繁栄と豊穣をつかさどる存在と考えられてい

I 文化人類学の形成

たため，病気になったり衰弱したりした時には，そうした弱さが国土に感染することを防ぐべく殺されたり自死を選んだりしたという。ここに見られるのは「呪術師としての王」という観念であり，こうした事象を参照することで初めて先の伝承の意味が解明されるというのである。

フレイザーのこの書は見事な文体で書かれたこともあり，世界中で読まれ，わが国の民俗学の創始者である柳田国男にも大きな影響を与えたことが知られている。ただ，今日の人類学の観点から言えば，フレイザーは古典学者ないし文学者であり，人類学者とは見なされていない。それに対し，人類学の祖としての評価が与えられつづけているのはタイラーなのである。

『原始文化』を出版した彼は，英国の学会組織の頂点に位置する王立協会員に選ばれ，1883年にオックスフォード大学博物館の主任学芸員，84年に同大准教授，96年に教授になることで，世界で初めて文化人類学の再生産体制を確立した。また彼は王立人類学会の会長を2度つとめ，人類学の普及のために海外に出かける宣教師や軍人に宛てた手引書をつくり，1894年から行われるフランツ・ボアズ（→16頁）のカナダ北西海岸での調査を支援するなど，まさに「英国人類学の父」としての名声をほしいままにしたのである。

◆ 用語解説

進化論人類学　すべての存在は単純から複雑へと発展してきたとする進化論に基づいて，人間が作り出した宗教や社会，技術も未開から文明へと進化してきたとする考え方。
アニミズム　人間や動物をはじめ，植物や天体などの万物に霊魂が宿っているとする考え方のこと。タイラーはこれを宗教の最も原初な形態と考えた。

◆ より深く学ぶために

〈原典・訳〉

Tylar, Edward B., *Primitive Culture*, John Murray, 1871.
＊タイラーの主著である『原始文化』。翻訳は，計画はあるがまだ出版されていない。

〈入門・解説書〉

竹沢尚一郎『人類学的思考の歴史』世界思想社，2007年。
＊進化論人類学についてはこの書を参照されたい。　　　　　　　　　　（竹沢尚一郎）

文化伝播論

ヴィルヘルム・シュミット

(Wilhelm Schmidt：1868-1954)

◆ 今日のシュミット

　ヴィルヘルム・シュミットの名は原始一神教や文化圏といった概念と結びついており，これら諸概念はその死後すでに乗り越えられ学史の１コマになった，というのが今日の一般的な評価である。

　ただしシュミットの学説は，ドイツ語圏民族学（Völkerkunde, Ethnologie）——社会・文化人類学にほぼ相当——の中で１つの重要な位置を占めるのみならず，1952年ウィーンで開かれた国際人類学・民族学会議の名誉会長を務めたことに象徴されるように，その生前における名声は，日本国内も含め国際的に高かった。

　以下ではまずシュミットの生涯を略述し，ドイツ語圏民族学の系譜内に彼の理論を位置づけた後，原始一神教説および文化圏・文化層といったその代表的キーワードを紹介して，最後に彼が日本の研究者たちへ与えた影響について述べたい。

◆ シュミットの生涯

　ヴィルヘルム・シュミットは1868年，ドイツ西北部ヴェストファーレン州ドルトムント近郊のヘルデにおいて，労働者の家庭に生まれた。２歳で実父を亡くし，母への敬慕を生涯抱き続けたらしい。15歳の時オランダのステイルに本拠を置くカトリック修道会，神言会（Societas Verbi Divini, 略称S. V. D.）に入って学業を修めた後，1892年に司祭叙任。翌年からベルリン大学で３セメスター（約１年半）にわたり，オリエント諸言語などを学んだ。この他はすべて独学である。

　1895～1938年まで，シュミットはオーストリアのウィーン近郊メートリング

Ⅰ　文化人類学の形成

図 1　シュミットの墓
（2016年5月筆者撮影）
ウィーン近郊メートリングの聖ガブリエル宣教院墓地にある。同じ墓地内にコッパース，シェベスタ，グジンデらも眠っている。

にある聖ガブリエル宣教院で教鞭を執り研究に従事するかたわら，聖歌隊のための作曲・指揮・オルガン演奏や一般向け説教など宗教的活動も行った。

シュミットの研究はまず言語学分野から始まり，東南アジア・オセアニア・オーストラリア諸言語の分類・設定において顕著な業績をあげた後，次第に民族学へとシフトした。1906年に民族学・言語学の国際的専門誌『アントロポス（Anthropos）』を創刊し，初代編集長として自らも多くの論文や書評を寄稿している。また第一次大戦期にはオーストリア＝ハンガリー二重帝国最後の皇帝，カール1世の相談役・聴罪師を，1920年代にはローマ教皇ピウス11世のもとバチカンのラテラノ博物館を創設，初代館長を務めた。

1924年からウィーン大学で員外教授となっていたシュミットだが，ナチスに批判的だったため，1938年のドイツ＝オーストリア併合に伴いスイスへ亡命。フリブール市近郊のフロワドヴィルで研究を再開し，フリブール大学正教授として民族学を講じた。1952年にはウィーン開催の第4回国際人類学・民族学会議で名誉会長を務めたが，2年後の54年，次第に強まる自説への批判および同僚の間で深まる孤立の中85年の生涯を終えた。彼は神父として一生独身であった（図1）。

◆ **ドイツ語圏民族学の系譜**

18世紀末のゲッティンゲン大学において民族誌（Völkerbeschreibung, Ethnographie）や民族学という概念が生まれた後，世界各地から様々な民族についての報告が蓄積されたのを受けて，19世紀半ばになるとテーマごとあるいは地域ごとの集成が現れるようになった。アードルフ・バスティアーン『歴史の中の人間』全3巻（1860）とテオドール・ヴァイツ『自然民族の人類学』全6巻（1859〜72）がその代表であり，エドワード・タイラー（→3頁）は『原始文化』（1871）序文において，「とくに利用した専著2点」として両者に言及

ヴィルヘルム・シュミット

している。

　「民族学の父」と称されるバスティアーンはベルリン民族学博物館の創設者，ベルリン民族学会設立者の 1 人，そして機関誌『民族学雑誌（*Zeitschrift für Ethnologie*）』創刊者の 1 人であり，「**原質思念**」という概念を提唱した。これは，人類の心理は基本的に同一であって，世界各地に見られる類似の現象や文化要素の存在はこの同一性に基礎をおき，同様な進化の道筋を辿った結果である，という考え方である。進化論の 1 つの理論的根拠として歓迎され，ドイツ語圏では20世紀初めまで影響力を保った。

　しかし20世紀初頭からこれへの反動もあって，歴史上の伝播の方をより重視する伝播主義が起こってくる。そうした中でフリッツ・グレープナーから「**文化圏**」概念を受容して発展させ，「文化圏説（Kulturkreislehre）」「文化史学派（Kulturhistorische Schule）」と呼ばれる一大学派をウィーンで形成したのがシュミットだ。

　他方，レオ・フロベニウスが開始した「**文化形態学**」はこれとやや性格を異にする。彼によれば文化とは，生成・発展・変容・衰退といったプロセスを有機的に経ながら形態を転々としてゆくような実体であり，個々の人間はそうした文化の遂げる運命の中で生きる存在に過ぎない。そして文化が人間に対して働きかける教育力・馴化力（ないしは文化の魂）のごときものを，彼はギリシャ語をもとに「パイドイマ（パイデウマ，Paideuma）」と呼んだ。これと同名の雑誌『パイドイマ』（1938年創刊）は，フランクフルト大学の文化形態学研究所におけるフロベニウスの後継者アードルフ・E・イェンゼンを経て，現在も刊行され続けている。

　ドイツ語圏民族学ではこれらの他，ヘルマン・バウマンらの「世俗的」な文化史研究，リヒャルト・トゥルンヴァルトらの機能主義といった別個の潮流も存在したが，シュミットらの文化圏説とフロベニウスらの文化形態学とが，第二次大戦前における二大学派をなしていた。しかしナチス政権下において，民族学は他の学問分野以上の変容を余儀なくされた。先述のとおりシュミットらはスイスへ亡命し，文化形態学のイェンゼンらは周縁に追いやられ，エリック・ウルフ（→114頁）などに見られるように頭脳流出も激しかった一方，ナ

11

I　文化人類学の形成

チスへの協力者も続出した。このため戦後の民族学は再出発に時間を要しただ
けでなく，今なお過去のトラウマに対し自省的にならざるをえない状況にある。

◆ シュミットの原始一神教説

　さてシュミット理論にたち戻ろう。彼の**原始一神教説**とは，人類史上最古段
階においてすでに唯一の至高存在（das Höchste Wesen）すなわち神による啓示
と，その神への信仰が存在していた，という説である。これが出てきた背景に
は，19世紀後半における進化論の隆盛があった。進化論では神による人類創造
を否定し，タイラーは霊魂信仰（アニミズム）から多神教を経て一神教へとい
う宗教の進化図式を描いた。またヨーロッパ諸国では知識人たちがキリスト教
に懐疑の目を向けはじめ，社会の世俗化が進んだ。

　これはとりわけ，カトリック側にとって由々しき事態であった。敬虔なカト
リック家庭で育ち，しかも一神父として護教的義務感も強かったシュミットが，
この説を学問的に実証しようとしたのは，ある意味自然ななりゆきであった。
しかし本来，原始一神教説はシュミットの独創ではない。もとはタイラーを批
判した英国のアンドルー・ラングが提出したアイディアを，シュミットは間接
的に受容したのである。

　まずシュミットは1908～10年の『アントロポス』誌に論文「神観念の起源」
をフランス語で発表した。これは当時フランスの方が反教会的機運の高まりを
見せていたため，速やかに対抗言説を出さなければ，という危惧の現れであっ
た。また1910年には『人類発展史におけるピグミー諸民族の位置』を出版，低
身長の諸民族こそ人類の最古段階を体現していると考え，その調査へと同僚の
神言会神父たちを送り出してゆく。すなわち高弟でかつ協力者ともなるヴィル
ヘルム・コッパースを南米のフエゴ島へ，パウル・シェベスタをマレー半島や
フィリピンのいわゆるネグリート系諸族および中央アフリカのピグミー系諸族
のもとへ，そしてマルティン・グジンデをフエゴ島およびコンゴのピグミー諸
族へ派遣し，浩瀚な調査記録を刊行させることとなる。

　こうした資料の増加とともに，シュミットの主著『神観念の起源』全12巻が
着々と上梓されていった。1912年に初版が出た第1巻は従来の民族学における

12

宗教研究を批判的に検討しており，その改訂第2版は1926年に出版された。続く第2～6巻（1929～35年）はアメリカ大陸・アジア・オーストラリア・アフリカの「原民族（Urvölker）」つまり狩猟採集民を扱っており，残る第7～12巻（1940～54年）はアフリカ・アジアの牧畜民をテーマとする。合計1万頁を超える大著である。

　シュミットの生前から，彼の原始一神教説には批判が多かった。例えばラドクリフ＝ブラウン（→34頁）はアンダマン島民の神観念について，シュミットの偏見を指摘した。またイタリアの宗教史学者ラッファエーレ・ペッタッツォーニも，真の一神教は多神教への反発として宗教改革者により形成されてきたと述べ，シュミットと論争を繰り広げた。

◆ **文化圏体系の展開と崩壊**

　文化圏とは，長期間にわたり安定し，かつ内容の大きな変化を伴うことなく移動しうるような諸文化要素の複合である。このため世界各地に似たような文化圏を見出すことができるとされ，この文化圏を時間軸で把握したものが文化層（Kulturschicht）と呼ばれる。このように文化圏というアイディアそのものは，北米人類学においてフランツ・ボアズ（→16頁）門下のクラーク・ウィスラーが出した「文化領域（culture area）」と類似する面もある。しかしドイツ語圏ではまずグレープナーがこれを理論化し，シュミットが独自の体系を作り上げた。

　その際，グレープナーと並んでシュミットに強い影響を与えたのは，エルンスト・グローセであった。すなわちグローセによれば，人類の経済形態は低級狩猟民，高級狩猟民，牧畜民，低級農耕民，高級農耕民の5つに分類できるという。シュミットはこうした経済形態と社会組織，さらに語族というほぼ3つの指標を用いながら，文化圏体系を構想した。その体系には，発表された年次によりかなりの揺れや変更が見られるが，要するに経済形態や社会組織および言語のほか物質文化や宗教も包括し，かつ世界大的な規模で人類史を再構成しようという試みであった。しかし過度の図式化傾向を避けることができなかったため，次第に批判の声が強くなり，その死とともに事実上崩壊したのである。

Ⅰ　文化人類学の形成

◆ 日本への影響

　とはいえ1930年代のウィーンは，シュミットを領袖とするその学派が最も輝いていた時期だった。そのためウィーンで学ぶなどして大きな影響を受けた日本人研究者も少なくない。まず岡正雄（→58頁）は1929年からウィーンに留学し，シュミットらに師事して『古日本の文化層』という博士論文により学位を得，1935年に帰国した。そして同年にはシュミットを日本への講演旅行に招いた。なお岡と時を同じくして，米国のクライド・クラックホーン（→52頁）などもウィーンに留学していた。

　岡の勧めを受けた石田英一郎は1937～39年にウィーンで学び，やはり文化史的民族学への志向性も抱きつつ，戦後は東京大学で総合人類学を発展させた。さらに神言会士でもあった沼沢喜市はフリブール大学においてシュミットの指導を受け，ここで博士号を得て帰国後，南山大学で教鞭を執った。

　他に，シュミットから直接の教えは受けていないがウィーンに留学・滞在して間接的な影響を受けた日本人として，大林太良（→64頁）と白鳥芳郎などを挙げることができ，またシュミットの歴史民族学・宗教民族学を受容した研究者には，宇野円空や棚瀬襄爾らがいる。

◆ 用語解説

原質思念（Elementargedanke）　人類の心理は基本的に同一で，世界各地に見られる類似の現象や文化要素の存在はこの同一性に基礎をおき，同様な進化の道筋を辿った結果である，という考え方でバスティアーンが提唱。心理学者カール・G・ユングの「元型（Archetyp）」概念などもここから１つのヒントを得ている。

原始一神教説（Urmonotheismus）　人類史上最古段階においてすでに唯一の至高存在すなわち神による啓示と，その神への信仰が存在していた，という説。進化論および世俗化という時代的背景に対するカトリック側からの反応として，護教的・神学的に提出された学説である。

文化圏（Kulturkreis）　長期間にわたり安定し，かつ内容の大きな変化を伴うことなく移動しうるような諸文化要素の複合。

文化形態学（Kulturmorphologie）　文化とは，生成・発展・変容・衰退といったプロセスを有機的に経ながら形態を転々としてゆくような実体であり，個々の人間はそうした

ヴィルヘルム・シュミット

文化の遂げる運命の中で生きる存在に過ぎない，という発想に基づく一学派で，フロベニウスやイェンゼンが主導した。

◆ より深く学ぶために

〈原典・訳〉

Schmidt, Wilhelm, *Der Ursprung der Gottesidee*, 12 Bde., Münster: Aschendorffsche Verlagsbuchhandlung, 1912-55.

＊主著『神観念の起源』全12巻。

W. シュミット（山田隆治訳）『母権』平凡社，1962年。

W. シュミット／W. コッパース（大野俊一訳）『民族と文化』上・下，河出書房新社，1970年。

〈入門・解説書〉

南山大学人類学研究所編『W・シュミット生誕100年記念論文集』中日新聞社，1971年。

Brandewie, Ernest, *When Giants Walked the Earth: The Life and Times of Wilhelm Schmidt, SVD*, Fribourg: University Press, 1990.

＊シュミットの思想史的・個人史的評伝。

Henninger, Joseph and Alessandra Ciattini, "Schmidt, Wilhelm," in Lindsay Jones ed., *Encyclopedia of Religion*, 2nd ed., Vol. 12, Detroit: Thomson Gale, 2005.

＊シュミット理論の紹介および関連文献リスト。

Gingrich, Andre, "The German-Speaking Countries," in Frederik Barth *et al., One Discipline, Four Ways: British, German, French, and American Anthropology*, Chicago: University of Chicago Press, 2005.

＊ドイツ語圏民族学・文化人類学の学史と今日的評価。

（山田仁史）

歴史的個別主義

フランツ・ボアズ

(Franz Boas：1858-1942)

◆ アメリカ人類学の祖

　フランツ・ボアズは，ドイツからアメリカ合衆国へ移住，自然人類学，考古学，言語学，文化人類学の4分野を統合した人類学を構想，それを大学において制度化した人物である。彼は当時支配的であった人種と文化との同一視により，人間社会の多様性を序列化する立場を批判，文化を歴史構成的，相対的，統合的総体として捉える20世紀のアメリカ人類学の礎を築いた。

　いま述べた特徴をもつ文化概念をより精緻にしたのはボアズ自身ではなく，彼の薫陶を受けた人類学者たち，例えばマーガレット・ミード（→46頁），ルース・ベネディクト（→40頁）であった。後に，デイヴィッド・シュナイダー（→126頁）やクリフォード・ギアツ（→134頁）らも，ボアズが道を開いた文化概念を鍛えあげた結果，自らの人類学的分析をつくりだしたと言える。

　また，ボアズが繰り返しフィールドワークを行ったのはカナダ（ブリティッシュ・コロンビア州）北西海岸地域である。それらの調査において，彼は現地研究協力者に依存した。中でも，最も有名な人物はジョージ・ハントである。ハントとともに残したクワクワカワクゥに関する民族誌資料は膨大な量にのぼり，現在でもカナダ国内の先住民文化復興に寄与する大切な遺産となっている。

◆ ドイツ，そしてアメリカ合衆国

　ボアズは，ドイツ・ミンデン市の富裕なユダヤ人商人の子として生まれた。彼の少年時代の愛読書の1つは『ロビンソン・クルーソー』であり，すでに異国への憧憬を抱いていたと回想している。ハイデルベルク大学からボン大学へと移籍，1882年にキール大学から物理学の博士号を取得した。しかし，彼の関心は客観的世界そのものよりも，それと主観との関係にあった。

フランツ・ボアズ

　博士課程修了後，定職が彼を待っていたわけではなかった。ようやく，ボアズはアードルフ・バスティアーンの助手としてベルリン民族学博物館で働く機会を得る。そこで働くうちに，ボアズは環境の季節的変化とイヌイットの移動パターンとの関係解明をテーマに，ドイツの極地探検に参加する僥倖に恵まれる。1883〜84年の１年間，カナダ・バッフィン島東岸のイヌイットのもとでフィールドワークをした。

　ドイツに戻ったボアズは，ベルリン民族学博物館で収蔵品のカタログ作成の仕事に復帰する。収蔵品の中には，ノルウェー人探検家ヨハン・A・ヤコブセンがカナダ北西海岸地域から集めた仮面が含まれており，ボアズはその仮面に魅了された。1886年，私財を投じて，バスティアーンのために仮面を収集するという名目のもと，ボアズは自分を虜にした仮面が生まれた場所，バンクーバー島へと向かった。

　ボアズは，合計13回ほど繰り返しカナダ北西海岸地域を訪問している。1888年６月，白人貿易商の父とトリンギット人の母との間に生まれ，すでにクワクワカワクゥ社会において重要な地位を占めていたジョージ・ハントに，ボアズは初めて出会う。彼との出会いを境に，ボアズの調査スタイルは大きく変化する。一方において，ボアズはハントに依存するようになり，他方において，ハントは調査の援助だけではなく，１人の研究者としてボアズの理論形成に影響を与えるようになった。

　ボアズの不安定な職を転々とする生活は，やがて終わりを迎える。ニューヨーク市の自然史博物館でのキュレイターの仕事を獲得し，1889年，コロンビア大学に人類学部を創設するが，これは好事家の趣味ではなく，プロの人類学者を養成する場所ができあがったことを意味した。

　さらに，ニューヨーク市での生活は，ボアズとアフリカ系アメリカの知識人や芸術家との交流を促した。1920年代，「ハーレム・ルネサンス」と言われる黒人芸術活動の中でもボアズの著作は頻繁に引用された。彼が指導した黒人ゾラ・N・ハーストンは，その運動の中心的人物の１人となった。

　ボアズの弟子たちは愛情を込めて，「パパ・フランツ」とボアズを呼んでいた。コロンビア大学人類学部は，当時白人男性が多数を占めていたアメリカ合

17

I　文化人類学の形成

衆国の諸大学において，北米先住民，ユダヤ人，女性，黒人，1.5世代と言われる移民の子どもたち，外国人たちが気がねなく学べる数少ない場所であった。

　ボアズは，84歳で亡くなる。彼の研究生活は長く，その研究テーマも多岐にわたる。研究の功罪を含め，「ボアズ研究」というジャンルすら成立しそうである。本章では，ボアズの示した文化概念を素描し，民族誌資料の新たな読解可能性を簡述することにとどめる。

◆ 文化概念の基礎理論

　ボアズが人類学を大学組織内部に制度化した功績を疑う者はいない。しかし，彼の学問的業績をどう評価するかは別である。1949年，ジョージ・P・マードックは，「ボアズは弟子たちにより過大評価されており，彼は理論家としてまったく体系だった思考ができていないし，フィールドワーカーとしてもたいしたことはない」と，ボアズの仕事を酷評している。50年代にはレスリー・ホワイト（→69頁）も，同じ理由でボアズの仕事を厳しく批判した。第二次世界大戦後，アメリカ合衆国の社会科学全体が自然科学をモデルとし，一般化や法則を追求しようという方向に向かう中，ボアズのように一般化を嫌い，個別事例の集積と帰納法に固執する学者に対する評価は低かった。

　そのような状況を一変させたのは，1960〜70年代にかけて歴史家ジョージ・ストッキングが行ったボアズの仕事を再評価する一連の読解である。ストッキングは，アメリカ合衆国における人類学の最大の特徴とも言える文化概念は，ボアズなしには成立しなかったと結論づけた。

　ストッキングによる読解の骨子は，次のようなものである。19世紀末に近い頃，ボアズの論敵は何人か存在したが，中でもオーティス・メイソンが最大の標的であった。メイソンは，人種に基づく文化の序列化を試みた。ボアズはこのメイソンの立場を批判し，人種と文化との違いを述べ，人間の行動を規定するのは人種ではなく文化であると主張した。文化は人間のもつ多様性の表現であり，それらに優劣をつけることはできず，ハイアラキーには収斂されないという。1911年，ボアズは主著の1冊『未開人の精神』でも，いま述べた議論を展開している。

18

しかし，人種論への批判以上にストッキングが重要視したのは，ボアズの「変化する音」（1889）という論文であった。当時，「未開言語」の特徴はサウンド・ブラインドネス（sound-blindness）にあると言われていた。それは，ある言語の母語話者たちの中には，正確な音の認識ができない者がいることを指していた。特に，イヌイット語話者の中にそのような特徴が報告されていた。

ボアズは，この結論を否定する。言語学者たちは自らが母語として体得した言語にある音（音素）として，イヌイット語話者の発音を聞き取っていたため，このような結論を導き出したに過ぎないという。ボアズの主張は，知覚とは媒介を通して認識されるから，それは**統覚**であるという言葉に要約される。

ストッキングによれば，1970年以降，多くの文化人類学者の間では文化を物質文化や行動パターンそのものではなく，媒介として行動に意味を付与するコード体系として理解するようになっていたのである。

◆ 民族誌における共同作業

ボアズを魅了したカナダ北西海岸地域の諸社会は，すでに天然痘の大流行により，人口が激減していた。それだけではなく，キリスト教ミッションとカナダ総督府は**ポトラッチ**の実施を弾圧，禁止した。ボアズはこのような歴史的変化を問題視しないまま，彼の眼前で不可避に消えゆく社会を記録するという立場をとった。

ボアズの歴史性への無配慮に対して，彼のフィールドワークを援助していたハントは，ボアズとは異なった緊迫性を自らの仕事に感じていたに違いない。ボアズの関心がモノから思想（歌，神話や物語など）へと移行すると，ボアズはハントに自らが考案したアルファベットによる表記法を教え，ハントに冬の祝祭の中心であるポトラッチにまつわる民族資料の収集を依頼する。しかも，ボアズが不在の時も，ハントが「ここに保存する本（Keeping Here Books）」と呼ぶ黒いノートに，ハントはクワクワカワクゥ社会の生活を詳細に記録していた。ハントは自ら収集した現地語により記載された資料に英語訳を付し，それらの分量はボアズの研究室の棚，「約1.5メートル」を占有するほどであった。

ボアズとハントとの関係を，人類学者と助手，あるいは研究協力者との関係

I 文化人類学の形成

だと言い切れるのだろうか。たしかに，多くの場合，ボアズはハントの名前を
共著者として明記し，記録を残している。ボアズは民族誌的権威を分散してい
たとも言える。しかし，いま述べたこと以上に，ハントは，クワクワカワクゥ
の人々が近代のもたらした苦境を生きのびるために，ボアズに何かを託してい
たのではなかろうか。この疑問は，先住民たちのエイジェンシーに関わる。こ
の問いは，先住民は近代の犠牲者に過ぎないのではなく，近代がもたらした災
禍を生き抜くための戦略をもち，歴史の主体になろうとしていた，という視点
の転換から生まれる。

◆ ハントがボアズに託した未来

　21世紀において，先住民の研究者たちは，ストッキングの解釈とは異なった
視点から，ボアズの仕事を復活させている。例えば，ボアズがハントとともに
残した資料は，現地の文化復興に寄与する可能性を通し，世界に向けて先住民
たちが近代の一員として生き抜いてきた歴史を証明するだけでなく，未来に向
けて西洋文明に対し新たな価値を提示してもいるという。

　そのような未来に向けた世界史は，差異によって導き出される対立よりも，
ポトラッチのように，多くの異なった社会の人々が参加することにより結びつ
く，多様性によって特徴づけられるとすれば，それはボアズのヴィジョンとも
合致するだろう。そう主張したい理由は，ボアズは『未開人の精神』において，
次のように記しているからである。「外から影響を被っていない民族はいない。
どの民族も近隣の民族から発明やアイディアをそのまま借用し，ときには同化
吸収している」と。

　21世紀，わたしたちは対立や紛争の原因には差異を過度に強調する世界観の
蔓延があると疑うようになった。そんな時代だからこそ，未来を想像するキー
ワードとしてグローバル化を世界の連結を含意する概念として捉え直し，多様
性が差異とは異なった価値として示されてきたのである。先住民の研究者たち
は，ハントが交換，互酬性，そして変容を通して連結する世界という価値観を
ボアズに託したと述べている。先住民的視点から示されたこの斬新な解釈に従
えば，ボアズは世界に対するギフトとして先住民の価値観を伝えた人なのである。

◆ **用語解説**

統覚（apperception）　認知とは，知覚システムの媒介があり初めて成立すること。例えば，一言語には明確に区別される音が，その言語を初めて学ぶ者にとり，自らが慣れ親しんだ言語にその音がなければ，それを聞き取ることが困難である。

ポトラッチ（potlatch）　カナダ北西海岸地域の先住民による儀礼。統治形態であるという解釈もある。ホストが招待者たちに膨大な量のギフトを分配する祝祭を伴い，1884年に法律で禁じられるが，1950年代にはその法律は無効となった。

◆ **より深く学ぶために**

〈原典・訳〉

Boas, Franz, *The Mind of Primitive Man*, New York: The Macmillan Company, 1911.

＊『未開人の精神』。1938年に再版。2011年，この書物の出版100周年を記念するシンポジウムも開催された。

Stocking, George W., *A Franz Boas Reader: The Shaping of American Anthropology, 1883-1911*, Chicago: The University of Chicago Press, 1974.

＊20世紀におけるボアズ解釈の最高峰。

〈入門・解説書〉

太田好信「媒介としての文化」太田好信・浜本満編『メイキング文化人類学』世界思想社，2005年。

太田好信『人類学と脱植民地化』岩波書店，2003年。

＊第2章は，「フランツ・ボアズ──移民としての人類学メイキング」。

（太田好信）

フランス民族学の形成

マルセル・モース

(Marcel Mauss：1872-1950)

◆ フランス社会学派とモース

　マルセル・モースは，エミール・デュルケームが創始したフランス社会学派におけるデュルケームの共同研究者であり，デュルケーム亡き後，フランス社会学派を主導した民族学，社会学の研究者である。

　モースは，社会的事象を客体化されたモノとして取り扱うというデュルケーム社会学の方法論に準拠しつつ，社会を全体として把握するという全体論的な志向性を強く打ち出した研究者であった。その一方で，社会についての様々な研究上の知見を活かしつつ，自社会における社会的な実践活動に積極的に関与した実践者でもあった。

　ここではモースの生い立ちと経歴を紹介した後，彼の研究における主要な論点のいくつかを取り上げ，上述のような全体論的な社会把握の特徴を紹介する。その一方で，実践者としての視点から著されたいくつかの論考にも触れ，モースという研究者の複雑で多面的なあり方について述べることにする。

◆ 研究者としての経歴

　モースは1872年，フランス北東部，ロレーヌ地方のエピナルに生まれ，1950年にパリで没した。上述のデュルケームの甥（姉の子）にあたり，デュルケームが教鞭をとっていたボルドー大学において哲学を学ぶ。1895年に哲学の教授資格を取得。その後パリに拠点を移し，高等研究実践院（École pratique des hautes études）において宗教学やサンスクリット語学などを学んだ。この当時，モースの関心は社会的事象としての宗教に向いており，とりわけ「祈り」をテーマとする比較民族学的・比較宗教学的研究に専心した。

　モースは，デュルケームが1898年に創刊した『社会学年報』誌の編集に当初

22

から参画している。この雑誌は，デュルケームが提唱した社会学的方法を基盤とし，政治・経済・法・倫理・宗教・社会類型学などの諸分野においてその方法を適用しようとする研究者らを糾合したものであり，フランス社会学派の牙城となった研究誌である。ここでモースは，未開の分類形態などに関するデュルケームとの共著論文を発表するとともに，考古学者・比較宗教社会学者であったアンリ・ユベールとの共著による供犠論や呪術論など，宗教社会学に関わる論文を発表している。

　第一次世界大戦末期にデュルケームが没してのちは，『社会学年報』誌の新シリーズを主導し，フランス社会学派の中核を担い続けた。この間，1901年からは母校である高等研究実践院で「非文明民族の宗教史」講座を担当し，1931年にはコレージュ・ド・フランスの「社会学」講座担当教授に任命された。

　モースはまた，哲学者・民族学者のリュシアン・レヴィ＝ブリュルらとパリ大学民族学研究所の創設（1925年）に関わり，同研究所では民族誌学を講ずるなど，後進の育成にも力を尽くしている。民族学研究所でのモースの講義は，『民族誌学の手引き』（1926）と題された講義録として弟子たちにより出版されている。

◆ 具体性の学としての民族学

　「人は〈狩り〉になんか行かない」。モースは上述の講義録でこのように述べている。人は〈狩り〉に行くのでなく，例えばウサギ狩りに行くのだから。さらに言えば，漫然とウサギを狩るのでもなく，ある特定の種類のウサギを狩りに行くのだから。

　もちろん，「狩り」という語彙によって人々の営みのある部分を切りとり，様々な時代や地域の「狩り」のあり方を比較検討し，人類的な規模で「狩猟文化論」を展開することはできるだろう。けれども，フィールドの学としての民族学もしくは民族誌学においてモースが重視したのは，まずもって人々の生活世界を観察する現場における行為や観念の具体性であった。

　「王とはつねに誰かの王である」。同じ講義録で，モースはこうも述べている。ある人物を王として戴き，祀り，崇める人々は誰なのか。その人々と王とされ

I 文化人類学の形成

る人物との関係はどうなのか。ここにもまた，モースの具体性へのこだわりを見ることができる。誰が，誰に対して，何を，どのように行うのか，という問いを，現地の文脈に即して緻密に描き出すこと。このような具体的なものへの着目をもって，フランス社会学派のうちに懐胎_{かいたい}されてきたフランス民族学は，一個の独立した学としての地位を得たのだと思われる。

モース自身はフィールドワークに従事することはなかったのだが，そのようなモースにとって，同時代のいわゆる「未開社会」の事例と，古代的な大文明（ギリシア，ローマ，サンスクリットなどの諸世界）の事例とが，いわば同列に扱われ，同じ比較研究の俎上に乗せられていることも特筆に値しよう。時代的な制約から，モースもまた「遅れた社会」といった表現を用いることはあったが，単純なものから複雑なものへ，低級なものから高級なものへという多分に自文化中心主義的な価値判断を伴った一系的な進化論的図式は後退している。

◆ **全体性への志向性**

そのような具体性への志向性，言い換えるならば経験的なものへの志向性の一方で，モースが強く打ち出したのが全体性への志向性である。全体性とはいっても，性急かつ安易に人類文化の全体性を語るものではない。その特徴は，ある特定の地域（例えばメラネシア地域とか，北米大陸北西海岸地域とか）に対象を絞り込んだ上で，その地域社会の全体性を描き出すところにある。それに際してモースが着目したのが「全体的社会的事象（fait social total）」であった。対象となる社会の全体性が，その政治的，経済的，法的，倫理的，審美的，宗教的，形態学的な諸側面において一挙に表出され，それによって社会の全体が賦活_{ふかつ}されるような事象である。

モースの主著と見なすことのできる「贈与論」は，このような全体的社会的事象を通して，対象社会の全体性を描き出す試みとして把握することができる。そこにおいて特権的な意味づけを付与されたのが，北米大陸北西海岸地域を中心として行われる「ポトラッチ（potlatch）」であり，メラネシアのトロブリアンド諸島を中心として行われる「クラ（kula）」であった。前者は，首長を中心とした社会単位が自らの威信を高め，他の社会単位を圧するために行う祭宴

であり，そこでは自分たちが蓄積してきた富を盛大に放出し，場合によっては
客人の面前でそれらを破壊するにいたる。ポトラッチに招かれた側としては，
参列したポトラッチを凌駕するようなポトラッチを後日主催することで，今度
は自分たちの威信を高めるよう努める。賭されているものが社会単位にとって
の全体的な富であるという点で，モースはこれを「全体的給付（prestation to-
tale）」と名づけているが，ポトラッチは贈与が対抗贈与を誘発するという仕組
みを伴うものであり，競覇的な全体的給付に分類される。

　他方で後者のクラは，メラネシアの一定地域の島々をいわば環状に結び合わ
せる儀礼的財の交換体系である。ここにもモースはポトラッチと同じような競
覇的な全体的給付の仕組みを見いだしており，ポトラッチとの比較の上で，そ
の全体的社会的事実としての性格を描出している。

　学説史的に見るならば，こうしたモースの全体性への志向性は，一方でレヴ
ィ＝ストロース（→181頁）に体現されるフランス構造主義的人類学へと発展
的に継承されたとともに，モース同時代のイギリス社会人類学の機能主義的全
体論とも深く共鳴し合っていた。

◆ **全体的人間**

　特定社会の全体性への眼差しを透徹させつつ，経験的な具体的事象の精査を
重視したモースは，一個の個人＝個体としての人間の全体性にも強い関心を寄
せていた。モースの「全体的人間（homme total）」という観念にそれを見るこ
とができる。

　ここでモースは，師であったデュルケームとは異なる，独自の道を歩んでい
るように見える。デュルケームが社会的事象を重視し，心理的側面を集合表象
という観念に回収したのとは反対に，モースは個人の心理的側面にも関心を注
いだからである。もちろん，それは社会に生まれ落ちた個人としての心理であ
るが，当時のゲシュタルト心理学などにも強い興味を抱いていたモースにとっ
て，個人表象の問題は単純に集合表象に回収されうるものではなかった。モー
スは，社会と個人と，さらにはその両者の媒介となる身体とを三すくみの相補
性において捉えていたと言うことができよう。モースが展開した人格論や身体

I　文化人類学の形成

技法論は，そのような研究動向の証左である。

◆ **全体性から〈開かれ〉へ**

　以上のような学術的な活動の一方で，モースは早くから社会主義的な政治運動・社会運動にコミットし，特に協同組合運動に力を注いだ経歴も有する。そうした活動の背景にあったのは，議会主義的で修正主義的な社会主義者であり政治家であったジャン・ジョレスの思想への大きな共感であった。そんなモースにとって，第一次世界大戦の危機を目前にナショナリズムが高揚する中，平和主義を貫こうとしたジョレスが開戦前夜に暗殺されたこと，そして自ら戦争への志願従軍を経験したこと，さらには大戦末期にロシア革命が勃発し，社会主義のあり方をめぐる国際環境に大きな変化が生じたことなど，大戦は大きな影響を及ぼすものであった。

　しかしながら，「市民モース」として大戦後も活発な社会活動を行ったモースは，大戦前から一貫して左翼系の紙誌を通じ，政治的・社会的な記事や論考を数多く発表している。大戦後のモースは，民族学者としてその文明論を発展させるとともに，同時代的な関心を先鋭化させた国民論を展開し（これはモース没後に「国民」として編集・出版されている），国民（nation）の成り立ちとその限界，それを超克する方途としてのインターナショナリズムを論じた。また，反ボリシェヴィズムの政治的立場を鮮明に示した「ボリシェヴィズムの社会学的評価」（1924）を発表したことにも，大戦を経験したモースの政治的・社会的な関心があらわれている。

　特筆すべきなのは，このような政治的・社会的思想家・活動家としてのモースと，民族学徒としてのモースとが地続きであることである。例えば，贈与と交換に関する学術書として読まれることの多い「贈与論」にしても，その関心は同時代のヨーロッパ（すなわち第一次世界大戦直後のヨーロッパ）における社会構成と社会創造に関する思索に直接的に繋がっている。

　再び「贈与論」に戻るなら，その中心的な問いは以下の３点に要約される。⑴人はどうして自発的な装いの下で，しかしながら実際には強制力に突き動かされて，贈与を行うのか。⑵人はどうして贈与されたものを受け取る義務を負

うのか。(3)人はどうして贈与を受け取ったならば，それに返礼をする義務を負うのか。この3重の問いは，詰まるところ，人は，あるいは社会は，自分だけで自足することができず，他者に開かれていることが必要であるということに帰着する。モースは，これこそが「人間存在の基底」に触れるものであると述べている。すなわちこの問いは，他者への〈開かれ〉が，そのものとして人間の存在論的な根底に刻まれているということへの認識に依拠するものなのである。したがって，第一次世界大戦直後の政治環境のただ中にあって，様々な国民がナショナリズムの名の下で自己閉鎖を遂げようとする動向を見据えつつ，モースは国民の〈開かれ〉としての間国民主義，すなわちインターナショナリズムに強い関心と希望を寄せたのである。そのようなモースの〈開かれ〉への関心，学術的であると同時に政治的であり，かつ倫理的でもあるような関心は，「贈与論」の次の一節に強く反映されている。「自分の外に出ること。つまり与えること。それも，自ら進んでそうするとともに，義務としてそうすること。そうすれば過つ恐れはない」。

◆ より深く学ぶために

〈原典・訳〉

M. モース（有地亨・伊藤昌司・山口俊夫訳）『社会学と人類学Ⅰ・Ⅱ』弘文堂，1973・1976年。

＊死後出版された主要論文の集成の部分訳。呪術論，贈与論，人格論，身体技法論などを含む。

M. モース（宮本卓也訳）『エスキモー社会──その季節的変異に関する社会形態学的研究』未来社，1981年。

＊季節の周期的な変移と社会形態の変化の対応関係について論じた社会形態学の古典。

M. モース（森山工訳）『贈与論 他二篇』岩波文庫，2014年。

〈入門・解説書〉

アルク誌（足立和浩他訳）『マルセル・モースの世界』みすず書房，1974年。

モース研究会『マルセル・モースの世界』平凡社新書，2011年。

（森山　工）

機能主義

ブロニスロウ・K・マリノフスキー

(Bronislaw K. Malinowski：1884-1942)

◆ 科学としての人類学——参与観察における徹底した経験主義の追求

　1884年にポーランドで生まれたマリノフスキーは，ライプツィヒ大学で実験心理学を学んだ後，ジェイムズ・G・フレイザーの『金枝篇』(1890) を読んで人類学に興味を抱き，1910年にイギリスのロンドン大学経済政治学院（LSE）に移って本格的に人類学の研究に取り組んだ。彼は，1915年からの約2年間，ニューギニア沖のトロブリアンド諸島で人類学的調査を行い，その調査をもとに執筆された『西太平洋の遠洋航海者』(1922) は，フィールドワークとそれに基づく民族誌の執筆，という近代人類学のスタイルを初めて明示したものとして，人類学史に刻まれている。それ以前の人類学（民族学）研究の主流は，自国にとどまり，「未開社会」での勤務を終えたキリスト教宣教師や植民地行政官，交易人などの記録や報告書，あるいは彼らから直接聞き取りした情報に基づく社会進化論的な推論の積み重ねであった。

　マリノフスキー以前にも，フランツ・ボアズ（→16頁），アルフレッド・ハッドン，ウィリアム・リヴァーズ，チャールズ・セリグマンらによってフィールドワークを伴う人類学的研究の萌芽は見られてはいた。しかしマリノフスキーは，定式化された「科学的手法」としてフィールドワークを広めた点で，彼以前のフィールドワーカーとの違いをみせる。例えば，『西太平洋の遠洋航海者』の序論の中で，彼はフィールドワークの土台となる方法上の原理をあげている。それは，研究者は真の学問的な目的をもち，近代民族誌学の価値と規準を知ること，研究にふさわしい環境に身をおくこと，証拠を集め，操作し決定するたくさんの専門的方法を用いること，であった。この中でも，特に彼は，現地の人々と可能な限り接触し，彼らの生活の中に身をおくことの重要性を強調する。そのような経験を通して初めて，現地の人々の「本当の心，部族社会

の本当の姿を引き出すことのできる魔術」を獲得することができるのだという。このような，現地社会に身を投じ（参与し）ながら当該社会についてあらゆる側面を徹底的に観察し，1つの統一的全体にまとめ上げる科学的方法は「**参与観察**」と呼ばれ，その後の人類学的研究における基本的な実践スタイルとなった。

◆ 機能主義人類学 —— 人間の要求（needs）と心理

　マリノフスキーは，ラドクリフ＝ブラウン（→34頁）とともに機能主義理論の提唱者として知られている。しかし，両者の機能主義は，フィールドワークによって得られたデータを重視し，エミール・デュルケームの影響のもと社会や文化の構成要素を「全体として」理解しようとした点において共通するものの，「機能（function)」に対する意味づけが大きく異なっていた。

　ラドクリフ＝ブラウンは，社会を1つの体系と見なし，社会構造全体を維持するために果たす役割が，彼にとっての「機能」であった。それに対してマリノフスキーは，人間には生物的な基本的要求（新陳代謝，食事，生殖，安心安全など）と，それを充足させるための派生的要求という2種類の要求が存在することを指摘し，前者が生物としての生理的要求であるのに対し，後者は集団生活を満足させるためのもので，人間だけに備わった文化的要求であると述べる。これらの要求を充足させるために，政治，経済，宗教など，人間同士の共同行為や生活を律する規範などの諸制度が存在するという。例えば，人間にとっての生殖は単なる交合ではなく，生理的衝動，経済的協同の要求，社会的地位や精神的調和などを踏まえた複雑な婚姻という文化的制度のもとで生起する。マリノフスキーにとっての機能とは，これら2つの要求を充足させるための構成要素間の関係性や働きに関わる概念である。

　例えば，『西太平洋の遠洋航海者』には，トロブリアンド諸島内で行われているクラ交換について詳細に記述されている。それは，ムワリと呼ばれる白い貝の腕輪とソウラヴァという赤い貝でできた首飾りを，同諸島内の島々にいる特定の交換パートナー間で前者を反時計回りに，後者を時計回りに一方向的に贈与する慣習である。これらの財物はヴァイグアと総称され，実用品として使

I　文化人類学の形成

用されることはない。クラ交換に参加できるのは男だけで，一旦交換のパートナー関係が成立すると，その相手との贈与関係は長年続く。ヴァイグアを１～２年以上保持すると，欲深いといって非難され，悪評を立てられる。ヴァイグアはパートナーから贈られるのを待っているのではなく，こちらから受け取りに行って初めて獲得することができる。そのために，まず遠洋航海に耐えうるカヌーを建造することから始まるが，カヌー用資材の伐採から交換パートナーとの交換交渉を含め多くの呪術や儀礼に取り囲まれ，それらを経てヴァイグアの授受が行われる。長年にわたりクラ交換に用いられてきたヴァイグアほど価値が高いとされ，固有の名称を持ち，それらには多くの歴史と物語が込められ，物とともに諸島内を流れていく。

　クラ交換は，単なる贈り物のやりとりでもなく，物々交換とも言えない。その扱いは，「儀礼」として厳格な規則に規定されてもいる。マリノフスキーは，ヴァイグアは交換されて初めて価値を獲得することを指摘し，トロブリアンドの男たちにとってそれは競争心をかき立てる欲望の目標であり，羨望心を引き起こし，社会的な名声と卓越をもたらすと述べる。そして彼は，島の人たちがヴァイグアをこの上なく良いものと考え，クラ交換に参加してヴァイグアを一時的に保有することは，「それ自体うれしいこと，心の安まること，ほっとすること」であると解釈する。人の死という最も忌むべき瞬間でさえ，死者の身体にヴァイグアを供えることで死者や遺族たちに安息を与え，忌むべき度合いが薄まるという。このようにマリノフスキーは，クラ交換が経済的側面をもちながらもそれだけでなく，呪術や儀礼に包まれ，葬送にも関わり，社会的名声といった政治性とも結びつくといった全体性を備えた行為であることを示した。そして彼は，このような文化的制度がトロブリアンド社会の人々の社会生活上の不安を除去し，彼らに心理的保証を与える機能をもつと捉えるのである。

◆ 植民地統治と文化接触研究＝実用的人類学

　さて，マリノフスキーの業績において忘れてはならない分野に，主に1930年代に盛んに行われた**文化接触**研究がある。これは，植民地行政と科学的知識を有機的に関連づけることを目的に設立された国際アフリカ言語文化研究所にお

いて彼が行った一連の「実用的（practical）」研究のことである。その目的は，「円滑な」植民地統治に対する人類学からの科学的貢献と植民地社会と現地の人々の「無理のない」変化を促すことを目的としていた。やがてマリノフスキーは，当時の人類学者の調査地が西洋諸国の「植民地」であったというありのままの現実を直視し，その社会状況において変化する文化の様相を捉えることの意義を明確に認識していった。それには，当時興隆しつつあったラドクリフ＝ブラウンの構造機能主義が，植民地統治に組み込まれる以前の国家なき社会を想定して理論構築を行い，そこに現存しているはずの西洋社会と現地社会との動的な関係性を視界に含めておらず，そのような人類学研究に対する批判も含まれていた。マリノフスキーは，「ありのまま」の現実が，少なくなってはいるが現存する「伝統的文化」，移入された「西洋人の文化」，そして両者の混合体である「合成文化」の３つの領域によって構成されていることを指摘し，それらが混成することを文化接触と呼び，文化接触によって急激に変化する文化状況を「文化変化」と位置づけた。

　イギリスは植民地を統治するにあたり，現地の伝統的統治システムをそのまま利用する間接統治政策を採用していた。これは徴税，紛争調停等の公的実務を現地の伝統的首長に代行させ，植民者と被植民者との間に新たな関係を築くことを目的としていた。

　マリノフスキーは，間接統治の理念に「原住民のための統治」「原住民に利益をもたらすもの」という原則を含めていた。間接統治における人類学の基本的役割は，未開の生活様式が消滅あるいは西洋化する前に客観的にそれを記録し，「西洋と非西洋の緩衝器」として西洋からの政治的支配，経済的搾取の波を和らげることであった。それには，現地住民と植民地政府をはじめとする西洋世界との橋渡し的な役割という道徳的な責務も含まれていた。

　マリノフスキーは植民地主義を，イデオロギー体系ではなく所与の経験的事実としての同時代の実態として扱った。つまり，植民地化の現実は「未開社会」の現実であり，したがって間接統治という植民地支配形式と機能主義は決して矛盾するものではなかった。間接統治への人類学の関わりは，むしろ，植民地統治を通じた西洋的諸要素（政治，経済，宗教，生活様式など）との接触に

I 文化人類学の形成

よって文化変化が現実に進行している「未開社会」「変化しつつある現地の
人々」を研究する上での絶好の場となった。マリノフスキーにとって，間接統
治とは文化接触そのものだったのである。

　しかし，実用的人類学にかかわり始めたマリノウスキーは，植民地の現状に
間接統治理念にそぐわない収奪的な経済的，社会的構造，現地の現実に適合し
ない不適切な統治政策を見出し，植民地統治の実態に批判的になっていった。
マリノフスキーをはじめ当時実用的人類学に関わっていた人類学者は，彼らが
積極的に政策やプログラムに参加することで未解決の社会問題の解決が可能に
なるという，楽観的な見方をしていたという。しかし実際には，人類学者がそ
のような活動を行う余地はほとんどなく，人類学者の側にもそれに応えるだけ
の準備ができていなかった。すなわち，実用的人類学は，植民地行政官との関
係において，「無理のない変化」の実現に対して無力であった。やがて，第二
次世界大戦後の1945年11月に，マリノフスキーの高弟の１人であったエヴァン
ズ＝プリチャード（→155頁）が実用的人類学と決別する内容の講演を行い，
それによって，文化接触研究＝実用的人類学は幕を閉じたと言われる。

　人類学史におけるマリノフスキーの一般的な評価は，参与観察によるフィー
ルドワークと民族誌の執筆という人類学的な研究手法を確立した点において見出
されるものの，機能主義や文化接触研究などを通じた理論的側面においては体
系的にまとまった理論を提示しえなかった，というものである。とりわけ，第
二次世界大戦後の時代においてはほとんど顧みられることがなく，イギリス社
会人類学はマリノフスキーの弟子たちを含め，ラドクリフ＝ブラウンの構造機
能主義的社会理論に大きく傾倒していった。

◆ 用語解説

参与観察（participatory observation）　調査者が比較的長期間にわたり調査対象社会や
現場の一員として生活や活動をともにし，そこで起こる日常や出来事を経験的に把握す
るためのフィールドワークの方法。
機能主義人類学　社会や文化を構成する様々な要素は各々独立して存在するのではなく，
全体の中で相互に関わり合いながら一定の役割を果たしており，そのことを機能と呼ぶ。

ブロニスロウ・K・マリノフスキー

マリノフスキーは，生物としての人間が抱く要求とそこから派生的に生ずる文化的要求の充足のことを機能と呼ぶのに対し，ラドクリフ＝ブラウンは社会構造の持続性を支える役割としていた。

文化接触　マリノフスキーに関係する学説史においては，植民地統治に伴い行政やキリスト教布教，経済的搾取などを通じて植民地社会に浸透し始めた西洋文化と現地の文化との接触のことであり，実用的人類学と結びついた文化理解の枠組みである。

◆ より深く学ぶために

〈原典・訳〉

B. マリノフスキー（増田義郎訳）『西太平洋の遠洋航海者』講談社，2010年。

＊ニューギニア沖のトロブリアンド諸島における約2年間のフィールドワークに基づく民族誌。現地の言葉を習得して参与観察する近代人類学の基本的スタイルを築いた著作である。

B. マリノフスキー（藤井正雄訳）『文化変化の動態——アフリカにおける人種関係の研究』理想社，1963年。

＊文化接触研究に関するマリノフスキーの論文および未発表の草稿を集めた本で，彼の死後，弟子のフィリス・ケイバリーが編集した。

B. マリノフスキー（泉靖一・島澄・蒲生正男訳）『未開人の性生活』新泉社，1999年。

＊母系社会であるトロブリアンド諸島における男女の恋愛，結婚，セクシャリティ，家族のあり方について，生物的要求を充足させるため制度という機能主義理論を反映させた解釈が提示されている。

〈入門・解説書〉

アダム・クーパー（鈴木清史訳）『人類学の歴史——人類学と人類学者』明石書店，2000年。

＊マリノフスキー，ラドクリフ＝ブラウン，リーチなどイギリス社会人類学の歴史を，レヴィ＝ストロースの構造主義を含めて解説した学説史。

綾部恒雄『文化人類学20の理論』弘文堂，2006年。

＊文化進化論，伝播主義，機能主義など人類学の古典的理論から，観光人類学，ポストコロニアル論，開発論，実践論など最先端の議論まで網羅した文化人類学の概説書。

(関根久雄)

機能主義

アルフレッド・R・ラドクリフ＝ブラウン

(Alfred R. Radcliffe-Brown：1881-1955)

◆ 構造機能主義の提唱者

　19世紀末〜20世紀初頭にかけての欧米の人類学界では，進化主義に続いて伝播主義がその考え方の主流となっていった。その後，1920〜1950年代には，アメリカでは歴史的個別主義が，イギリスでは機能主義が強い影響力をもった。

　この機能主義人類学を確立したのが，イギリスのラドクリフ＝ブラウン（以下，RBと略称）とブロニスロウ・マリノフスキー（→28頁）であり，人類学史の上で近代人類学を確立したと言われている。両者ともに機能主義の立場をとったが，考え方は異なり，RBのそれは構造機能主義（structural functional-ism），マリノフスキーのそれは個人主義的機能主義（individual functionalism）と呼ばれている。本章では，RBの生い立ちを紹介した後，研究方法の特徴および研究事例を紹介する。

◆ 生い立ちと経歴

　RBは，1881年，イギリスのバーミンガムに生まれた。5歳の時に父親を亡くし，母や兄から援助を受けつつ青少年期を送った。勉学に秀でていたRBは1901年にトリニティ・カレッジから奨学金を獲得し，ケンブリッジ大学に入学する。1904年には，心理学から人類学に転向したウィリアム・リヴァーズから研究指導を受け始めた。当時，リヴァーズの影響のもとRBは伝播主義の立場をとっており，1906〜08年までアンダマン島で文化史の復元を目的としたフィールドワークに従事した。

　アンダマン島からイギリスに帰国したRBは，ケンブリッジ大学などの大学で講師を勤めた後，1910〜12年まで西オーストラリアに赴き，カリエラ族の調査に従事した。この頃からフランスの社会学者エミール・デュルケームの影響

34

を強く受け，関心が文化史の復元から社会の研究へと移った。

　オーストラリアから帰国後に，バーミンガム大学などの英国の大学で教鞭を
とった後，1916〜19年にかけては南太平洋のトンガ王国（当時，イギリスの保
護領）に教育省長官として赴任した。1919年には南アフリカにわたり，1920年
にはケープタウン大学に新設された社会人類学の教授に就任した。そして1922
年には代表作『アンダマン島民』を出版した。

　1926年にはシドニー大学に創設された社会人類学講座の主任教授に就任し，
1930年に雑誌『オセアニア』を創刊した。1931年には，RBはシカゴ大学に教
授として招かれ，ロバート・レッドフィールドやフレッド・エガン，ソール・
タックスらを育成した。1935〜36年に中国の燕京大学で約1年教えた後，1937
年にはオックスフォード大学に新設された社会人類学の主任教授となり，1946
年に64歳で退職するまで後進の指導にあたった。その後も，エジプトや南アフ
リカなどで教鞭をとり続けたが，1955年にロンドンで74歳の人生を閉じた。

　RBは，死にいたる前年まで世界各地の13大学を渡り歩き，教育に従事し，
多数の優秀な学生を育て，「社会人類学」の創設者となった。著作こそ少ない
が，弁舌に優れ，多くの学生や一般聴衆を魅了する力をもっていたという。彼
は大学院生の指導教員としても優れていただけでなく，調査団や雑誌創刊のた
めの組織化に際立った才能を発揮したことが知られている。

◆ ラドクリフ＝ブラウンの構造機能主義の特徴

　RBが学生生活を送った20世紀初めは，進化主義の時代が終わりつつあり，
伝播主義や歴史的個別主義が強い影響力をもっていた時期であった。アンダマ
ン島を調査していた1906年当時は，彼自身も伝播主義的立場に立っていた。し
かし，彼は進化主義や伝播主義による人類史の再構成を「憶測的歴史の再構
成」と退け，法則定立を目的とする社会の自然科学としての社会人類学を目指
すようになる。

　彼はアンダマン島民に関する調査報告書を5年間以上かけて書き直し，1922
年に民族誌『アンダマン島民』を出版している。同年は，マリノフスキーの
『西太平洋の遠洋航海者』も発刊された年であり，近代人類学もしくは機能主

I　文化人類学の形成

義人類学の創出の契機となった記念すべき年でもある。

　RB は，マリノフスキーと比較するとフィールドワーカーというよりも理論家であったと言うことができる。RB の研究方法には以下のような特徴がある。

　第1は，マリノフスキーと同様にフィールドワークを行い，その成果に基づいて民族誌を作成することである。彼自身は社会変化研究の重要性を軽視したわけではないが，彼が採用した調査方法上，調査時点を機軸とした社会に関する共時的研究とならざるをえなかった。

　第2は，帰納法（inductive method）に基づき，事実を積み重ね，それらを比較することによって社会に関する一般法則を定立しようとした点である。このため，彼自身は自らの研究を社会人類学よりも比較社会学と呼ぶことを好んだ。

　第3は，社会を生き物の体のような有機体と見なした点である。彼は，社会をばらばらな個人の集合と見るのではなく，人間の諸制度や諸活動が相互に関係しながら作り出している**社会構造**（社会システム）であると考えた。ここには，フランスの社会学者デュルケームの影響を見出すことができる。

　第4は，社会を構成している諸制度や諸活動が相互に関係を保ちつつ，社会全体の統合を維持する作用に着目した点である。部分が全体の統合に果たす貢献作用を RB は「**機能**」と呼んでいる。『アンダマン島民』では現地の宗教儀礼が社会統合にいかに貢献しているかを指摘し，描き出している。

　マリノフスキーの機能概念との大きな差異は，マリノフスキーが文化要素や社会制度を個人の欲求を充足させることを「機能」であると見なしたのに対し，RB は社会制度が社会全体の統合を維持するのに果たす役割や貢献のことを「機能」と見なした点である。このため，前者は「心理学的機能主義」，後者は「社会学的機能主義」と呼ばれることがある。これらの機能主義的人類学は，1930〜50年代にかけて社会人類学のパラダイムとなった。

　次に，RB の機能分析の事例を紹介しよう。

◆ タブーの社会的機能

　世界各地には，その土地独自の禁止されている事柄や避けるべき事柄がある。英語ではタブーと呼ばれている慣習である。RB は，タブーを「儀礼的忌避」

ないしは「儀礼的禁止」と見なし，それらを「儀礼的地位」と「儀礼的価値」と結びつけて定義することを提案する。彼によれば，「儀礼的禁止とは，もし違反すれば，その規則を守らなかった人の儀礼的地位に好ましくない変化をもたらすであろうという1つの信念と結びついた行動の規則である」という。そして，儀礼的禁止の対象となる人やモノ，言葉，名前，時，事件，期間は，儀礼的価値を有しているという。

RBは，タブーのような儀礼を研究するためには，その儀礼が社会構造に対し作用している社会的機能（効果）を解明することが必要だと主張する。そしてRBは1つの分析事例としてアンダマン島における新生児の父親の食物タブーを取り上げている。父親は子供が生まれる前もその後も特定の食べ物を忌避するというタブーを守らなければならないという。RBは，このタブーは，特定の食物というシンボルを用いて，新生児の子供の両親や広くコミュニティに，出生という事件の意義や重要性を認めさせ，その社会的価値を固定化させる機能を有していると指摘している。多様なタブーは，秩序ある社会それ自体の存在を維持するメカニズムの一要素であるがゆえに，存在し続けているのであり，社会的価値の確立に寄与していると結論づけている。

◆ 冗談関係の社会的機能

冗談関係とは，特定の人をからかったり，冷やかしたりすることが許される間柄のことである。からかわれた方は，からかった方に怒ったり，報復したりしないことが慣習化されている。例えば，夫が彼の妻の兄弟姉妹をからかったり，卑わいなことを話したりする関係である。冗談関係には形式や程度の差が見られるものの，アフリカやオセアニア，アジアなど世界各地に存在している。

冗談関係と同時に見られることが多く，意味的には対極をなすように見える慣習に忌避関係がある。例えば，それは夫が妻の両親に対し敬意のために話すことや同席することを忌避する関係である。RBは，なぜこのような社会関係が存在しているかを説明しようとする。

RBによると，夫の出自集団と妻の出自集団との間には，常に潜在的な緊張関係や敵意があるという。相手集団の同世代の者にはからかいによって敵意を

I 文化人類学の形成

和らげ，上の世代には忌避関係によって尊敬の念を表すことにより，葛藤や利
害対立の発生を防いでいるという。これらの慣習には，婚姻によって結びつけ
られた2つの集団間の摩擦や葛藤を防ぎ，良好な関係を維持させる社会的機能
があると説明している。

　冗談関係や忌避関係という慣習は，多くの社会において秩序の維持に貢献し
ているのである。

◆ その後の展開

　RB の構造機能主義は，マリノフスキーの機能主義とともに社会人類学の一
時代を築き上げたが，社会の統合や均衡状態を重視しすぎているので，1950年
代以降には批判されるようになった。エヴァンズ＝プリチャード（→155頁）
やマックス・グラックマンは，社会の統合や秩序には社会内の「葛藤」が不可
欠である点を指摘し，RB の予定調和的な静態的な社会モデルを批判した。ま
た，エヴァンズ＝プリチャードは，人類学は社会に関する法則定立を求める科
学ではなく，人類学の目的は文化の翻訳であり，意味を追求する人文学である
べきだと主張し，方向の転換を促した。

　さらに，RB の社会人類学が歴史的な変化にほとんど関心を払わない点や，
RB が特定の社会をその社会の内的諸関係によって説明しようするため，所与
の社会とそれを取り巻く生態環境や他の社会との相互作用が無視されている点
が批判された。

　しかしながら現代の人類学は，RB やマリノフスキーの機能主義人類学を基
礎として飛躍的な発展を遂げてきた点を忘れてはならない。彼らの視点や方法
は，忘れ去られたのではなく，批判的に受容され，現代の人類学の前提もしく
は常識の一部となっていると考えられる。

◆ 用語解説

社会構造　RB は，社会の諸部分が相互に関係しあいながら全体を構成していると考え
　ていた。社会構造とは諸制度や人間活動が相互に関係しあいながら形成している社会シ
　ステムのことを意味する。

アルフレッド・R・ラドクリフ＝ブラウン

機能（function）　マリノフスキーの機能概念は，文化要素や諸制度が個人の生物的な欲求を充足させる働きのことを指すが，RBの機能概念は社会を構成している文化要素や諸制度が相互に関係しあいながら社会の統合を促進させる働きのことを指している。

機能的一致　RBは，社会を諸器官が相互に関係しあいながら統合的全体を形成している生物の体のようなものだと考えた。社会のあらゆる部分が調和しつつ，内的一貫性をもっている点を機能的一致と呼んだ。

◆ より深く学ぶために

〈原典・訳〉

A.R.ラドクリフ＝ブラウン（青柳まちこ訳）『未開社会における構造と機能』新泉社，1975年。

＊機能や構造といった概念を説明した論考や，母の兄弟との関係，一系的継承，親族体系，冗談関係，トーテミズム，タブー，宗教，法といったテーマに関する構造機能主義的論考から構成されている。『アンダマン島民』（1922）とともに，RBの代表作の１つである。訳書には蒲生正男による解説がある。

〈入門・解説書〉

青木幹夫「ラドクリフ＝ブラウンの理論」蒲生正男編『現代文化人類学のエッセンス──文化人類学理論の歴史と展開』ぺりかん社，1978年。

青柳まちこ「アルフレッド・ラドクリフ＝ブラウン『未開社会における構造と機能』」綾部恒雄編『文化人類学の名著50』平凡社，1994年。

小野沢正喜「ラドクリフ＝ブラウン──構造機能の理論」綾部恒雄編『文化人類学群像１──外国編①』アカデミア出版会，1985年。

田中真砂子「機能主義人類学」綾部恒雄編『文化人類学15の理論』中央公論新社，1984年。

（岸上伸啓）

文化論

ルース・フルトン・ベネディクト

(Ruth Fulton Benedict：1887-1948)

◆ 文化の真髄を求めて

　ルース・フルトン・ベネディクトは，アメリカ人類学の父と呼ばれるフラン
ツ・ボアズ（→16頁）の弟子であり，先輩のエドワード・サピアや後輩で友人
のマーガレット・ミード（→46頁）らとともに，文化とパーソナリティ学派と
呼ばれる心理学的な人類学の開拓者となった。彼女の主著である『文化の型』
（1934）と『菊と刀』（1946）は，いずれも大ベストセラーとなり，人類学的な
文化概念と文化相対主義の普及に大いに寄与した。

◆ 文学から人類学へ

　ルース・フルトンは，1887年6月5日，ニューヨーク市に生まれた。父を2
歳になる前に亡くし，学校教師であった母1人の手で育てられたルースは，病
気で片耳の聴力を失ったこともあり，孤独な少女時代を過ごした。1905年に母
の出身校だったヴァッサー大学に入学して文学を専攻，1909年に卒業すると，
1年間のヨーロッパ旅行とカリフォルニアでの教師生活を経て，1914年に生化
学者でコーネル大学医学部に勤めるスタンレー・R・ベネディクトと結婚，ニ
ューヨークに居を構えた。子どもに恵まれなかったこともあり，主婦としての
生活に満足できなかったルースは19世紀フェミニストの伝記の出版を試みたり，
アン・シングルトンというペンネームで詩作に励んだりした。

　1919年，ルースは再び大学の門をたたく。コロンビア大学で哲学者ジョン・
デューイの講義を聴講して深い影響を受け，またニュースクール・フォー・ソ
ーシャル・リサーチで人類学に出会う。1921年コロンビア大学大学院に入学し
てフランツ・ボアズに師事，1923年「北米における守護霊の観念」という論文
を提出して博士号を取得し，コロンビア大学講師となった。この間，ボアズの

助手としてバーナード大学の教壇に立った際，学生だったマーガレット・ミードと出会っている。2人は，学問だけでなく詩作など文学活動を通しても親密になり，一時は同性愛関係をもつにいたったと言われる。

1930年，ルースは夫スタンレーと正式に別居したが，離婚はせず，1936年に夫が死去した後も，終生「ミセス・ベネディクト」を名乗り続けた。離再婚を繰り返しながら夫婦別姓を貫いたマーガレット・ミードとは対照的であった。

コロンビア大学においてボアズの補助的役割を演じていたルース・ベネディクトは，夫と別居した1930年に助教授（日本の助教に相等）となり，1936年准教授，死の直前の1948年教授に昇進している。第二次世界大戦中の1943～45年には戦争情報局に勤務し，日本研究を行った。戦後の1946～47年にはアメリカ人類学会会長を務めている。1947年からはミードらと現代文化研究プロジェクトを開始したが，1948年9月に冠状動脈血栓で倒れ，61歳で世を去った。

ルース・ベネディクトの業績は主に3つある。第1に，『ズニ族の神話』(1935) に代表される北米インディアン諸族の民族誌的調査報告である。彼女は，1922～26年，セラノ族，ズニ族，コチチ族，ピマ族など平原インディアン諸族のフィールドワークを断続的に行っている。第2に，『人種，科学，政治』(1940) などを通したレイシズム批判の啓蒙活動である。そして第3に，これが最も重要なのだが，文化パターン論と文化相対主義の独自の展開である。

◆『文化の型』

この本によると，人類学の目的は，個々の民族が代々受け継いでいる**慣習**に注目し，その民族がもつ文化の特徴を明らかにすることと，それぞれの個人の生き方に文化が与える影響とを明らかにすることである。

どの社会においても，慣習は決してばらばらではなく，それらに共通するパターンが見出せるとベネディクトは主張した。日本語では「型」と訳されるが，パターンとは繰り返し現われる同じデザインを意味する。ズニ族では温和さと協調性，ドブー島民では猜疑心と裏切り，クヮキゥトゥル族では激しさと競争という基本的なデザインが，経済活動でも社会関係でも宗教儀礼でも繰り返し表現され，それぞれの文化を独自の形態に統合しているとベネディクトは言う。

Ⅰ　文化人類学の形成

　ニーチェの『悲劇の誕生』（1872）から着想を得て，ベネディクトはズニ族の文化パターンを「アポロ型」，クヮキゥトゥル族の文化パターンを「ディオニソス型」と呼んだ。また精神分析学の概念を借りて，ドブー島民の文化パターンを「偏執症型」，クヮキゥトゥル族の文化パターンを「誇大妄想型」とも呼んでいる。しかし，これらの呼び名は，個々の文化の特徴を欧米人に分かりやすく説明するためのものに過ぎない。とりわけ，精神分析学の病名は，欧米では異常と見なされる傾向が，正常と見なされ，望ましい価値として強調される文化があることに読者の目を向けさせるために用いられている。

　激しく攻撃的な性格の個人は，温和さと協調性を重んじるズニ族の社会では反社会的と見なされるが，クヮキゥトゥル族の社会では模範的と見なされるだろう。このように，個人の性格は，その人が生きる社会の文化パターンに適合していれば正常と見なされるが，そうでなければ異常と見なされる。それゆえ，社会の標準から逸脱した個人に対して社会は寛容であるべきだとベネディクトは訴える。興味深いことに，その例としてベネディクトは同性愛を挙げている。

◆『菊と刀』

　この本の目的は，日本人の思考および感情の**習癖**と，これらの習癖に共通するパターンとを描くとともに，そのパターンの背後にある「生き方に関する日本的な仮定（Japanese assumptions about the conduct of life）」を，全く異なる仮定を自明のものとして生きているアメリカ人読者に理解させることであった。そのために，ベネディクトは，恩，義務，義理といった日本語の概念を，アメリカ人の日常生活と対比しつつ様々に解釈して見せたのである。

　出版物や映画の分析と日系アメリカ人のインタビューなどを通して，ベネディクトが見出した「日本的な仮定」は「秩序と階層（order and hierarchy）」であり，それはアメリカ人にとって最も大切な「自由と平等（freedom and equality）」とは正反対の価値観であった。家族にせよ，学校にせよ，軍隊にせよ，国家にせよ，国際関係にせよ，日本人は「秩序と階層」が存在することを前提に，自分が置かれた立場を確かめ，立場に応じてふるまい方を変える。それは，誰もが自由で平等であることを前提に，自分のふるまい方を自分で選び，どこ

42

までも貫くのが当然だと考えるアメリカ人には理解しがたいものだ。

　しかし『文化の型』とは違い、『菊と刀』でベネディクトは安易に欧米的な概念を使用せず、日本語の概念を丁寧に解釈することによって日本人の習癖とそのパターンを説明している。「秩序と階層」を前提に組み立てられた日本人の人間関係を理解する鍵となるのは、様々な人から受ける恩と、その返礼としての義務および義理である。ベネディクトは、恩は借金のようなものだと言いつつ、アメリカ人の考える借金とは異なり、「決して返しきれない恩」があるのだと強調する。それが天皇から受ける皇恩や親の恩である。そして、返しきれない無限大の借金を返し続けるのが、日本人の考える義務なのだと言う。一方、「返しきることのできる借金」に相当するのが義理である。このように説明した後、ベネディクトは、on, gimu, giri という音訳をそのまま人類学的な説明概念として使い、日本の社会関係の階層的なメカニズムを解き明かす。

　特に注目すべきは、「名に対する義理（Giri-to-one's-name）」という概念をベネディクトが創り出していることだ。名を汚してはいけないという日本人の価値観を、ベネディクトはドイツ語の die Ehre の「日本版（Japanese version）」とは呼んでいるが、英語の名誉（honor）に直訳しなかった。それでは正確な理解が得られないと考えたのだ。彼女は、日本人にとっては義理のある他人に対する義務感と自分の名に対する義務感とがよく似ていると解釈し、日本語にはない「名に対する義理」という説明を考え出したのだ。このように現地語を人類学的に応用して異文化を解釈しようとした点に『菊と刀』の独創性がある。

　『菊と刀』の翻訳が出版されると日本でも大いに話題になったが、日本人読者が注目したのは「恥の文化」と「罪の文化」の対比であり、日本文化は彼女の言うように「恥の文化」なのかという点だった。アメリカでもピューリタン的な「罪の文化」が弱まって「恥の文化」が広まっているとベネディクトは書いているのだが、そこは日本人読者の目に止まらなかったようである。

◆ 文化相対主義

　『文化の型』において、ベネディクトは、文化は多様であり、個々の文化はそれぞれ独自の価値を追求しているが、いずれも人間性の表出なのだから、自

I　文化人類学の形成

分の文化の尺度で評価してはならず，どの文化も「等しく妥当な生き方のパターン（equally valid patterns of life）」として尊重しなければならないと主張した。さらに，何が異常で何が正常かは，文化によって異なるし，時代によっても変わるのだから，支配的な文化から逸脱したマイノリティに対しても，寛容であるべきだとベネディクトは強調した。このような違いの尊重と寛容を可能にするのが，「文化の相対性（cultural relativity）」という考え方なのだ。文化の相対性は，「正常」な結婚に飽き足らず，当時は「異常」と見なされた同性愛者であったベネディクトにとって，心の底からの訴えだったのかもしれない。

　『菊と刀』では，文化の相対性という語は使っていないが，ウィリアム・ジェイムズが『プラグマティズム』（1907）で述べた「柔らかい心（合理論的，一元論的，独断的な精神）」と「硬い心（経験論的，多元論的，懐疑的な精神）」という対比を用いて，人類学者は「硬い心」をもち，違いを尊重し，「違いが安全に共存できる世界（the world made safe for differences）」の実現を目指さなければならないとベネディクトは訴えた。アメリカ人がどこまでもアメリカ的であり，日本人が日本的でありながら，平和を脅かすことがない世界，それが「違いが安全に共存できる世界」だと彼女は言う。第二次世界大戦中から戦後にかけて，文化相対主義者はナチズムも文化として尊重しろと言うのかという批判がアメリカで湧き起こっていた。しかし，そのような批判は「柔らかい心」の産物であり，これに対して人類学者は「硬い心」で文化の違いを擁護しなければならないとベネディクトは考えて，日本文化を日本人の価値観に即して理解し，その理解をアメリカ人に伝えようとしたのである。

◆ 後代への影響

　ベネディクトらが開拓した心理学的な人類学は，その後，文化とパーソナリティの関係以外の研究をも幅広く含む心理人類学（psychological anthropology）に発展した。ベネディクトの文化パターン論は，今では本質主義的な文化観と批判されるだろうが，「人文主義的（humanistic）」な人類学の試みとしては，クリフォード・ギアツ（→134頁）の解釈人類学の先駆けと見なせるだろう。象徴人類学のデイヴィッド・シュナイダー（→126頁）は『菊と刀』から深い

理論的な影響を受けたと『アメリカの親族』(1968) で述べている。ベネディクトの文化相対主義は，メルヴィル・J・ハースコヴィッツやクライド・クラックホーン（→52頁）に受け継がれた。ベネディクトが訴えた「違いが安全に共存できる世界」の実現への貢献は，第二次世界大戦直後にも増して，21世紀に生きる人類学者に強く求められているのではなかろうか。

◆ 用語解説

慣習（custom）　個人の癖や習慣とは異なり，ある集団に受け継がれ，その集団の多くのメンバーが従う，決まり切った行動パターン。遠い昔から受け継がれていると見なされる慣習は，伝統と呼ばれる。

習癖（habit）　本能など生得的な能力や行動とは異なり，生まれた後に，親など周囲の人々を見習って，いつのまにか身につけた行動パターン。それが集団全体に広まり，世代を超えて受け継がれるようになれば，慣習となる。

文化の統合形態（configuration of culture）　文化は，ばらばらの慣習の寄せ集めではなく，星座のように互いに結びついていて，全体として，1つの形にまとまっているという考え方。また，そのような慣習のまとまり。

◆ より深く学ぶために

〈原典・訳〉

R. ベネディクト（米山俊直訳）『文化の型』講談社学術文庫，2008年。

R. ベネディクト（長谷川松治訳）『菊と刀──日本文化の型』講談社学術文庫，2005年。

〈入門・解説書〉

M. M. カンフリー（福井七子・上田誉志美訳）『ルース・ベネディクト──さまよえる人』関西大学出版部，1993年。

＊ベネディクトの生涯と学問を詳しく紹介した伝記。

H. ラプスリー（伊藤悟訳）『マーガレット・ミードとルース・ベネディクト──ふたりの恋愛が育んだ文化人類学』明石書店，2002年。

＊ミードとベネディクトの間の個人的で親密な関係に焦点を当てた評伝。

沼崎一郎「文化相対主義」綾部恒雄編『文化人類学20の理論』弘文堂，2006年。

＊ボアズやベネディクト以後の文化相対主義を解説し，その現代的な意義を展望。

（沼崎一郎）

文化とパーソナリティ

マーガレット・ミード

（Margaret Mead：1901-1978）

◆ ジェンダー研究の先駆者

　マーガレット・ミードは，フランツ・ボアズ（→16頁）の弟子であり，アメリカ文化人類学の草分け的存在である。人間を対象とした実験は難しいが，一定の条件をそなえた社会を一種の実験室に見立てて観察することで，人間の行動様式の研究を行うことができると主張した。心理学のロールシャッハテストなどを応用して，特定の文化とその社会の人々の気質の関係を解き明かす研究も行った。文化と気質の間の関心は後に国民性の研究にまで広がり，**文化とパーソナリティ**論という分野が生成された（現在は心理人類学に吸収されている）。またジェンダーという用語が作られる以前から，性別とは別の性差の概念の研究を行ったジェンダー研究の先駆者である。さらに一般誌のコラム等に寄稿し，文化人類学を一般に広めることに多いに寄与した。

　しかし一方で，多くの批判を喚起したことでも知られ，現在も論争は絶えない。未開社会の性行動を紹介し，性の解放という思潮を育てたことに対し，アメリカでも日本でも保守派の論客からはしばしばバッシングを受けている。ボアズを強くサポートした文化相対主義に関しても批判は絶えず，『サモアの思春期』については，アメリカとオーストラリアの人類学界を二分する論争へと発展した。

◆ 生い立ちと経歴

　1901年フィラデルフィア生まれ。父親エドワード・シャーウッド・ミードはペンシルベニア大学ウォートン校の財政学教授であり，5人きょうだいの第1子として生まれた。母も大学で博士号を取得した高学歴家族で，祖母によりほとんどの初等教育を家庭で授けられた。キリスト教の影響を強く受けた家族に

マーガレット・ミード

育ったミードは，信仰について深い思索を巡らせる少女時代を過ごした。

デポー大学に入学するが，ニューヨークのバーナード・カレッジに転校し，ここで1923年に学士号を取得。その後，コロンビア大学大学院人類学部に進学する。ボアズ教授とその助手ルース・ベネディクト（→40頁）の運営する教室は大変活発で，ミードの先輩として，アルフレッド・クローバー，ロバート・ローウィ，エドワード・サピア，メルヴィル・ハースコヴィッツなど高名な学者が名を連ねている。

修士号取得後，フィールドワークに行く準備をするが，同時に学生結婚をしている。当時の家父長制的な教室運営の中，ボアズが国内でのフィールドワークを主張するのに対し，海外調査を希望するミードにとってアメリカ領サモア（アメリカの海外領土）というのは最大限の妥協点であった。

しかし1925年から翌年にかけて9カ月の調査の後にサモアからヨーロッパに向かったミードは，船内で知り合ったニュージーランド出身の人類学研究者レオ・フォーチュンと恋に落ち，やがて離婚・再婚という経緯にいたる。フォーチュンとはともにドブー島，マヌス諸島，ニューギニア北岸のセピック川流域の諸部族を調査した。サモアでは思春期の少女たち，マヌスでは子どもたち，セピック川流域諸族の男女の気質の研究を行い，『サモアの思春期』（1928），『ニューギニアで育つ』（1930），『三つの未開社会における性と気質』（1935）の著書を著している。セピック川流域調査の頃にイアトムル族を研究していたイギリス人人類学者・心理学者グレゴリー・ベイトソンと知り合い，フォーチュンとは別れベイトソンと結婚することになる。ミードは結局この結婚にも破れて，生涯に3回結婚し，3回離婚しているが，ベイトソンとの間には1女，メアリ・キャサリン・ベイトソン（人類学者）をもうけた。ベイトソンとはシンガポールで結婚後1936年にオランダ領東インド（現在のインドネシア）に行きバリ島の調査を行った。その当時としては珍しい写真を駆使した研究となり，『バリ島人の性格——写真の分析から』（1942）を共著で著し，『バリ島のトランスとダンス』というドキュメンタリー映画を発表している。

1926年に帰国して以来，アメリカ自然史博物館（ニューヨーク）に職を得たミードは，コロンビア大学等でも教鞭をとり，様々な団体の要職を務めるなど

Ⅰ　文化人類学の形成

しながら，1978年に亡くなるまでここに勤務した。1965年にはアメリカ人類学会長を務めた。ミードは主婦向けなどの一般雑誌に分かりやすいエッセイを書いたり，身の上相談などのコーナーに記事を書いたりしたことで，アメリカにおける人類学の普及については定評がある。

　一方，コロンビア大学の院生となった頃，ボアズの助手を務めていたルース・ベネディクトとは研究上互いに刺激し，助言する間柄であったが，同時にセクシュアルな関係を含んでいたとも言われる。

◆ サモア調査とサモア少女の性行動

　パゴパゴでサモア文化・社会とサモア語に関する学習を終えたミードは，離島マヌア諸島で調査を行う。ここに駐留する合衆国兵士のために薬剤師が常駐していたが，ミードは彼が管理する薬局兼家族宅に滞在した。ミードはここで，思春期に生じる周囲との葛藤が普遍的に存在するものなのか，それとも欧米社会に特有のものなのかを解明するために，思春期の少女たちにインタビューを行い，その成果を『サモアの思春期』に著した。また，サモア社会の一般的な状況を観察し，『マヌアの社会組織』（1930）という民族誌をビショップ博物館から出版した。

　ミードは，欧米社会でしばしば見られる思春期特有の葛藤が，サモアの少女には生じていないとする。少女たちは大家族の中で円満に育ち，年長者の言うことをきき，若さを楽しみ，やがて結婚する。葛藤が少ない原因をミードは，人々の価値観に多様性がないことや，性や死を子どもにも包み隠さないサモア文化にあるとする。当時のアメリカ社会では，価値観が多様化して子どもたちはその多様性の中で自分の価値観を形成することができないでおり，性や死が社会の中で隠されているために，思春期になって突然それらに出会うことが戸惑いを生むのだと考えた。『サモアの思春期』は出版直後からベストセラーとなり，アメリカの性解放運動にも影響を与えた。

◆ セピック川流域社会調査と男女の気質

　ミードほど異なる未開社会を調査して回った人類学者は珍しい。サモア後に

は，フォーチュンとともに，ドブー島，マヌス諸島を調査して回った後，1931
年にニューギニア島セピック川流域での調査を開始した。このとき調査したア
ラペシュ族，モンドグモル族，チャンブリ族の3つの社会の男性と女性の気質
の調査は，やがて『三つの未開社会における性と気質』（未邦訳）として結実
する。攻撃性，支配欲，協調性，穏やかといった気質が性別によってどのよう
に異なるかを3つの異なる部族の男女を観察し，心理テストを実施している。
アメリカでは，攻撃的，積極的，支配的，といった気質が男性に多く見られる
一方，穏やか，協調性，おとなしい，といった気質が女性に多く見られるとい
う傾向があるために，それぞれの気質が男性らしさ，女性らしさを形成してい
るとするが，農耕民族であるアラペシュは，男女ともに穏やかで協調性があり，
アメリカでいえば女性的気質に近いものになっている。

　一方，調査開始以前には首狩りを行っていたとされる採集狩猟民のモンドグ
モル族は，家族内で喧嘩が絶えず，男女ともに攻撃的である。母親も子育ては
するがあまり好んでおらず，子どもにも邪険に当たったりする。ミードはこの
社会の大人の「子ども嫌い」がいやになり，彼らを反面教師として理想的な子
育てを行おう，そのためには自分が子どもをもつと決心したという。ミードは
この社会を男女ともに男性的な社会としている。

　さらに，湖畔に住むチャンブリ族は農耕民であるが，食料生産活動は女性が
行う一方で，男性はもっぱら儀礼に励み，神をかたどった彫刻を作成するのに
余念がない。ミードはこれを男性が女性的で女性が男性的であり，男女の役割
が逆転している社会であるとした。

　ミードがここから見出した結論は，男らしさ／女らしさは普遍的なものでは
なく，社会によって構成されるというもので，これはアメリカで長らく影響を
及ぼした結論であった。人類学や社会学の教科書にもしばしば引用され，後年
の構築主義に繋がる主張とされていた。

◆ 異なる文化の男女比較研究
　ベイトソンとの共著『バリ島人の性格』を著した後，ミードは第二次大戦後
まもなく，異文化の男女のあり方に焦点を合わせつつ，今日のジェンダー研究

I　文化人類学の形成

の先駆ともいえる『男性と女性』（1949）を世に問うた。この書では対象社会
を7つに増やし，それまでのミードの調査に立脚したものとなっているが，実
際には比較対象が多すぎて，読者は戸惑いを隠せない。それぞれは平板に同じ
項目をとって比較する手法をとるわけではなく，むしろそれぞれのケースが論
述の必要性に従って取り上げられるという形になっている。

　しかし，比較対象の社会が増えた以上に『三つの未開社会における性と気
質』と大きく異なるのは，ミードが男女差を考察するに際して，らしさよりも
役割分担に着目している点である。もともと，らしさの議論というのは尺度と
いう点で不安定である。前著でチャンブリ族では男が女らしく，女が男らしい，
といってみても，それはアメリカ社会の基準からいっての話であって，チャン
ブリ族の間ではどのように捉えられているかは考慮されていなかった。むしろ
ミードは，アメリカ人である彼女には，食料生産を女たちにまかせて儀礼や彫
刻に夢中になっているチャンブリの男たちが女々しく見えるものの，チャンブ
リ社会の中では，男性たちのそうした行為が賞賛されこそすれ，非難されるこ
となど全くないことに気づくのである。そうしてミードは，いずれの社会でも
男性と女性の間には役割分担があり，どのような役割が男性に振り分けられよ
うとも，男性は振り分けられた役割を成し遂げることで当該社会の中で賞賛さ
れるのである，と述べるにいたっている。男性と女性という対照的な存在の間
に，社会により振り分けられた恣意的な区別が存在しているが，その役割分担
の価値は非対称であるとミードは考えていたようである。

◆ フリーマンによるミード批判

　ミードが亡くなったのは1978年であったが，それ以前から学会などでミード
を批判してきたオーストラリアの人類学者デレク・フリーマンが，ミードを批
判する『マーガレット・ミードとサモア』を上梓したのは1983年のことであっ
た。その批判は，ミードがサモアの少女たちはストレスのない思春期を迎える
と述べたことが全く事実に反するということで，ミードが描いたようなフリー
セックスも許されないことであるし，サモア社会はイージー・ゴーイングとは
ほど遠く，地位をめぐっての競争も激しいし，厳しい制裁もある，という趣旨

であった。ミードは駆け出しのフィールドワーカーだったから，少女たちの冗談を真に受けて，あのような描き方をしたのだ，というのがフリーマンの主張である。この論争は，アメリカとオーストラリアのそれぞれの人類学界を巻き込むほどの展開となり，雑誌に特集が組まれ，多くの書籍が刊行された。

◆ 用語解説

文化とパーソナリティ（culture and personality）　文化がパーソナリティ形成に影響を与えるという仮説のもとに，その社会に一般的に見られる性向と文化の関連を考察する研究。後に心理人類学へと結実。日本では祖父江孝男がこの理論を応用して，県民性の研究を行っている。

◆ より深く学ぶために

〈原典・訳〉

M.ミード（金子重隆訳）『マヌス族の生態研究——ニューギニア水郷部落の住民』岡倉書房，1943年。

M.ミード（田中寿美子・加藤秀俊訳）『男性と女性——移りゆく世界における両性の研究　上・下』東京創元社，1961年。

M.ミード（和智綏子訳）『女として人類学者として——マーガレット・ミード自伝』平凡社，1975年。

M.ミード（畑中幸子・山本真鳥訳）『サモアの思春期』蒼樹書房，1976年。

M.ミード（太田和子訳）『地球時代の文化論——文化とコミットメント』東大出版会 UP 選書，1981年。

M.ミード（国弘正雄・日野信行訳）『火薬をしめらせるな——文化人類学者のアメリカ論』南雲堂，1986年。

G.ベイトソン／M.ミード（外山昇訳）『バリ島人の性格——写真による分析』国文社，2001年。

〈入門・解説書〉

祖父江孝男『文化とパーソナリティ』弘文堂，1976年。

D.フリーマン（木村洋二訳）『マーガレット・ミードとサモア』みすず書房，1995年。

山本真鳥「女性——ジェンダーのしかけ」山下晋司編『文化人類学入門』弘文堂，2006年。

（山本真鳥）

総合人類学

クライド・クラックホーン

(Clyde Kluckhohn：1905-1960)

◆ 最後の総合人類学者

　クラックホーンの著作は，人類学の入門書『人間のための鏡』（1944）が現在でも読み継がれている。彼は，アメリカ人類学の父とも呼ばれるフランツ・ボアズ（→16頁），アルフレッド・クローバーと並ぶ最後の**総合人類学**者と言われている。クラックホーンは，ハーバード大学人類学部の主任教授として多くの学生を指導し，**文化**理論や文化のパターンの研究で業績を残し，アメリカ人類学会の会長も務めた。その一方で「応用人類学」の実践者として，彼が第二次世界大戦中に，政府機関で人類学者を用いた政策立案に関わり，戦後マッカーサーの特別顧問にもなったことは，あまり知られていない。

　クラックホーンは，生涯を通じてナバホ研究を継続していたと同時に，外交や国策に深く関わる地域研究に従事していた。総合人類学を標榜したクラックホーンが，応用人類学の対象として政治的な紛争地域を選んだ足跡から，アメリカでの人類学会と政府の関係を考えてみたい。

◆ 生い立ちと経歴

　クラックホーンは，1905年にアメリカのアイオワで生まれた。法律家を目指してプリンストン大学に入学したが，健康を害してニューメキシコに転地療養した。そこはナバホ居留地に近く，18歳の時，彼は西部のインディアン地区を馬で旅行して『虹のふもとへ』（1927）『虹の向こうに』（1933）を発表した。彼は，1930年にオックスフォード大学でギリシャ・ラテンの言語と文学を専攻し，古典研究から考古学や人類学に関心をもち，翌年にウィーン大学で人類学を学んだ。クラックホーンがウィーン大学に在学した時，ちょうど岡正雄（→58頁）も在学していたのだが，2人に交流があったのかは不明である。

クライド・クラックホーン

　第一次世界大戦後，オーストリアの学術界は，音楽・芸術・フロイト流心理学・医療科学・経済史の分野と並んで，ウィーン学派と呼ばれた歴史民族学が世界的に影響力をもっていた。文化圏説の文化複合理論は，世界的に論争を巻き起こし，学術誌にも批判論文が掲載されるようになっていた。クラックホーンは，博士論文の1章でウィーン学派の文化圏説を論じているが，文化圏説に批判的な論文の引用から始まり，文化圏説の弱点を意識しながら人類学を学んだことが分かる。

　クラックホーンは，人類学と並んで臨床心理学にも関心があり，文化と個人的パーソナリティの隠れた結びつきを解明しようと考えた。当時ジークムント・フロイトの深層心理学は，ドイツ語圏よりも英語圏で受け入れられており，フロイトの「トーテミズムとタブー」(1913) は，人類学にも影響を与え，ジェイムズ・G・フレイザーの『金枝篇』(1890)，ウィリアム・リバーズの「夢と原始文化」(1918) は，フロイトからの影響があった。

　クラックホーンは，戦後に文化のパターン理論と価値システムを人類学理論に導入した。それには，ハーバード大学で同僚だったタルコット・パーソンズやロバート・K・マートンなどの社会学理論を人類学に取り入れ，より広範な応用人類学を構築し，かつフロイト理論を人類学に応用したことが，彼の理論的特色となっている。博士論文「文化人類学における同時代的理論の諸側面」(1936) は，1930〜40年代にかけて，絶大な評価が与えられたというが，正式に出版はされていない。

　1932年にニューメキシコ大学の人類学部の助教授に就任し，1934年に学位を修得したが，直ちにハーバード大学に移籍した。その後1935年に専任講師，1938年に助教授，1940年に准教授，1946年に教授となった。1947年にハーバード大学ロシア研究センターの所長に就任し，ソビエトの政治・社会・経済・心理の分野の研究の基礎を築いた。同年，アメリカ人類学会の初代会長に就任している。クラックホーンは，こうした多忙な仕事の合間に，『人間のための鏡』を執筆し，多くの読者を得たが，1960年，55歳という若さで，ニューメキシコ州サンタフェで急死した。

I　文化人類学の形成

◆ ナバホ研究

　クラックホーンは，生涯ナバホ族への関心をもち続けていた。彼の最初のナ
バホ族居留地旅行では英語を話すナバホ族や地元の商人からの聞き書きを元に
しているが，青年期にナバホ語の日常会話は理解できるようになっていた。戦
前に発表された『歌謡儀礼におけるナバホ族の分類』(1938)『ナバホ族の歌謡
治療』(1940)『ナバホ族の妖術』(1944)『ナバホ族の物質文化』(1971) などは，
現在でも版を重ねている。彼は出会ったナバホ族のシャーマンに強く印象づけ
られ，シャーマニズムの解釈を求めて心理学に関心を向けた。彼は妖術の発生
過程を，社会心理的メカニズムから分析した点に特色がある。

◆ 応用人類学と政策

　クラックホーンは，1935年にハーバード大学に就職して以来，わずか11年で
教授に昇進した。彼が政府と軍の顧問として活躍した第二次世界大戦中は30代
の准教授であった。それにもかかわらず，彼はハーバード大学のバック学長か
ら「困った問題はクラックホーンにアドバイスをもとめよ」と特に信頼されて
いた。彼が兼職した職務は，1942〜48年の間に，連邦政府と陸軍長官の顧問，
インディアン局と内務省の顧問，合衆国陸軍省と戦争情報局の総合モラル調査
の副主任 (1944〜45年)，東京のマッカーサー将軍の特別顧問 (1946〜47年)，空
軍・国務省・CIA の顧問，エスニック関係研究所の所長と国防総省開発評議
会，さらに1956年から亡くなる1960年まで国務省の外交部門特別委員会のメン
バーでもあった。

　クラックホーンは『人間のための鏡』の応用人類学の章で，戦時中にアメリ
カの人類学者が従事した政府部門を詳細に述べている。それは，軍情報局，国
務省，戦略事務局，経済戦委員会，戦略爆撃調査団，軍政部，選抜徴兵局，海
軍情報部，補給部，連邦検察局，戦時外国人隔離収容事務局，アラスカ・ハイ
ウェイ計画，海軍作戦本部水路測量課，外国経済局，連邦保安局，陸軍航空隊
医務部，化学戦課などであった。クラックホーンは，こうした部門からの要請
に応えていた。例えば，アフリカ北部のエリトリア地方のハンドブック作成，
ピジン・イングリッシュの軍事用語集の校閲，キニーネの新資源を求める探

54

クライド・クラックホーン

検隊のためにエクアドルの現地住民の交渉相手の紹介，カサブランカ地域の入れ墨の特徴，密林に飛行機の不時着を想定した食糧確保の手引書の作成，北極や熱帯地方の衣類や装備に関する助言，インディアンの徴兵選抜，腐りかけた魚の見分け方の要領作成，秘密工作要員の訓練用視覚教材作成など，軍や政府からの依頼に対して，ハーバード大学人類学部のネットワークを駆使して，辺境地でフィールドワークをした人類学者のサバイバル技術のノウハウや，現地住民との交渉手段，あるいは交渉人そのものを斡旋することが彼の任務だった。

　戦時中，アメリカで人類学を専攻していた専門家の90％が，戦争関連や政府部門に勤務していたが，彼は日本やヨーロッパ戦線での宣伝工作や戦略についても提言していた。例えば，対日宣伝工作をする上で，日本の天皇制の議論に言及している。日米開戦直後から，アメリカでは天皇を排撃すべきという意見があったが，クラックホーンは，文化相対主義の立場から異国民にアメリカの制度を押し付ける文化帝国主義に反対し，天皇制を積極的に間接利用するように提言している。アメリカの公文書館には，1944年10月にクラックホーンが戦略事務局（OSS，戦後はCIAに改組）へ提出した，天皇制を積極的に活用する意見書が残っている。ルース・ベネディクト（→40頁）は，この方針に基づいて『菊と刀』（1946）の元になる「日本人の心理」（1945）を書いた。しかし，この政策提言は，クラックホーンの考えではなく，戦争情報局の極東担当長官代理補佐ジョージ・E・テーラーが日本と戦うために社会人類学者と心理学者を動員して，日本の戦争動機を理解し，説明することが不可欠と考えていたことに由来する。

　彼と同時にアレキサンダー・レイトンも，同じ趣旨のレポートを書いている。レイトンは，クラックホーンと同じナバホ族を研究しており，レイトンの妻は，クラックホーンと『ナバホ族』（1946）を書いている。レイトンは，アリゾナ州にあるナバホ族居留地に隣接するポストンへ日系人収容所を誘致した。そこに収容された若い日系人を調査助手に使って日系人の日常生活を調査し，その結果を戦争情報局に提出していた。ベネディクトは，そのデータを『菊と刀』に使っている。ちなみにレイトンは，終戦後ただちにアメリカ軍の戦略爆撃が日本にいかなる効果をもたらしたかを解明するため，社会科学者を中心に戦略

I 文化人類学の形成

爆撃調査団を組織し，日本各地を回った。この調査団は，戦後初めて広島・長崎の原爆跡地に入り，カラーフイルムで映像を撮るなどの活動で知られている。戦後も，クラックホーンは，マッカーサー元帥の特別顧問になっており，1946年に来日して，GHQ の中に調査部門の創設を提言して，民間情報教育局の中に調査部が創設された。戦時中の対日宣伝による心理作戦と，日本占領後の社会調査などは，まさに「国民性」研究や「文化とパーソナリティ」研究と深く関係していた。

　戦後は1949～56年まで「5つの文化における価値の比較研究」プロジェクトを組織し，5つのネイティブ・アメリカンの研究を継続した。また第二次世界大戦の経験を冷戦時のソビエト社会研究に応用して，ロシア研究センターで「ソビエトの社会システムに関するハーバード大学プロジェクト」を組織し，ロシア難民から，ソビエト・システムの特徴，個人生活，エリートや労働者集団に対する社会的心理的特徴などを聞き取り，『いかにソビエト・システムは動いているのか』（1956）を出版している。

　クラックホーンは，卓越した行政能力によって，人類学を問題解決に有用な学問とアピールして軍や政府の様々な分野に人類学者を送り込むことに成功した。戦後，アメリカでは人類学部が陸続と創設された。地域研究と人類学を結びつけて戦略的に利用するクラックホーンの活動は，アメリカの様々な大学に人類学部を設置する方向に導くことに貢献したと言えよう。

◆ **用語解説**

総合人類学　ボアズによって提唱された自然人類学，文化人類学，言語学，物質文化にいたる人類学全体を包括する人類学。ヨーロッパでは形質を研究する人類学と，文化・社会を研究する民族学に区分されていたが，その両者を総合的に研究するアメリカ的な人類学を構築した。その学風はクローバーに受け継がれたが，その後各分野の専門化が進み，総合人類学はクラックホーンが最後と言われている。総合人類学は人類史，文明史のような大きなパラダイムを扱うが，1930年代以降マリノフスキーの民族誌以来，人類学者自身のフィールドワークによるコミュニティスタディの記述が人類学研究に主流になったことも，総合人類学が衰退した要因である。

文化　クラックホーンはクローバーとの共著『文化』で，数百という「文化」概念を比

較して整理し，多くの社会科学者が同意すると思われる定義を行った。クラックホーン
は文化人類学の「文化」分析を進めるにあたり，言語学の方法論をモデルにすべきと強
調した。「文化とは，シンボルによって獲得され，また伝達される行動のパターンおよび
行動のための様式である。それは，人間の諸集団が歴史的に作り出し，様々な人工物と
して具体化されているものを含む。文化の本質的な核心は，歴史に由来し，歴史的に選
択された伝統的諸観念，特にそれらにつけられた諸価値からなっている」(『文化』1952
年)。

◆ より深く学ぶために

〈原典・訳〉

C. クラックホーン（光延明洋訳）『人間のための鏡』サイマル出版，1971年。

C. クラックホーン（外山滋比古・金丸由雄訳）『文化人類学の世界――人間の鏡』講談
社現代新書，1971年。

＊上記『人間のための鏡』から5章分を選び出して翻訳したもの。

Krober, A. L. and Clyde Kluckhohn, *Culture: A Critical Review of Concepts and Definitions*, Cambridge: Harvard University, 1952.

＊クローバーとの共著。当時大学院生だったクリフォード・ギアツ（→134頁）も，この
　本の基礎作業として様々な本から「文化」の項目を抜き書きする仕事をしていた。こ
　の本は，現在でも評価が高い。

〈入門・解説書〉

Angelus, Jerold, *Clyde Kluckhohn*, Le Mars, Iowa, Santa Fe, New Mexico, University of Wisconsin-Madison, Princeton University, 2011.

＊クラックホーンの追悼論文集で，交友のあったパーソンズなどの回想録などが有益。

祖父江孝男「クラックホーンの理論」蒲生正男編『文化人類学のエッセンス』ぺりかん
社，1978年。

（中生勝美）

I 文化人類学の形成

◆コラム◆ 岡 正雄 (1898-1982)

　現在の日本の文化人類学の基礎を築いた人物として，一番に挙げられるのが岡正雄である。岡は，研究者というよりは，研究の組織者として卓越した能力を発揮し，戦前は民族研究所，戦後はアジアアフリカ言語研究所を立ち上げ，日本民族学会の会長として学会の組織運営をけん引した。著作としては，論文をまとめた『異人その他』(1979) のみで，近年ウィーン大学に提出した博士論文が出版された。岡は書斎の人というよりは，弟子に囲まれ，「炉辺談話」とよばれた人を引き込む巧みな話術で弟子を魅了し，座談会などで学識を広める，いわばソクラテス的な人物であった。

　岡は1898年に長野県松本市で生まれ，幼少期に同郷の軍人である福島安正のシベリア鉄道の敷設状況を馬に乗って実地調査をした探検談を聞いて感銘を受けて，一時期軍人にあこがれた。第二高等学校時代にマルクス主義の書籍を読み，フレデリック・エンゲルスの『家族，私有財産及び国家の起源』(1884) とルイス・H・モーガンの『古代社会』(1877) を通じて民族学への興味を深めた。1920年に東京帝国大学文学部社会学科に入学して，鳥居龍蔵の授業などを聴講した。自分が翻訳したジェイムズ・G・フレイザーの『王制の呪的起源』(1920) の序文を柳田国男に依頼したが，柳田は出版を反対したものの，岡を評価して彼の書生とした。その後，2人は雑誌『民族』の編集方針をめぐって反目が深まり，岡は民族学を断念しようとするが，渋沢敬三から学費の支援を受けてウィーン大学へ留学した。

　岡は1929年からウィーン大学へ留学し，1933年7月に論文 "Kulturschichten in Alt-Japan"（「古日本の文化層」）で Dr. Phil（博士号）の学位を受けた。その直後の8月にバルカン半島を旅行した経験が，後に大きな意味をもってくる。1935年4月に岡は帰国したが，ウィーン大学に開設される日本学研究所の所長として1939年に赴任した。

　岡は，1938～40年までブタペスト大学の客員教員としてウィーンからブタペストまで隔週通った。この時，岡は講義の合間にバルカン半島を旅行して，言葉も文化も異なる民族が隣接して居住する社会では，未開社会と同じような民族紛争の問題があり，生きている民族の実態を把握する必要を痛感した。しかし，それを解くためには歴史民族学には限界があると考え，イギリス流の社会人類学に関心を向けた。この時期，岡はベルリンにある日独文化協議会の日本側委員として毎年冬に開催される日独学徒大会を企画運営したが，岡にとってこれがナチスとの関係が最も近い活動であった。

　岡は1940年にウィーンから帰国して，民族研究所の設置に奔走し，創設後は民族研究所の総務部長として調査団派遣の計画と実施や，民族学関係の書籍の翻訳，一般市民向けの民族学講座の企画などを指揮していた。しかし，戦後は戦争協力をした象徴として民族研究所が挙げられ，岡自身も自らの戦争責任を感じ，学術界から離れる覚悟で故郷

にもどっていた。

　しかし GHQ の顧問だった石田英一郎の尽力で，ウィーン大学に残された岡の博士論文が返却され，それを元に「日本民族＝文化の源流と日本国家の形成」という座談会が企画された。岡は，縄文文化が日本の基層文化の一部を形成し，それに中国文化，仏教文化，欧米文化が累積・混交，併存して形成された多元的文化構造を日本の基層文化と捉え，それを前提に「種族的文化複合」という概念を設定した。この学説は，特に後半部分の天皇家のルーツを朝鮮半島から渡ってきたとするところから，大きな反響を呼んだ。

　1951年，東京都立大学の社会人類学の教授となり，多くの弟子を育てた。日本文化の多様性を実証するため，日本全国を対象に社会人類学的な調査を実施したが，それは弟子の訓練の場ともなった。文化伝播論に基づく比較文化の枠組みの広さと，社会人類学的実証研究への志向は，戦後の人類学をけん引する理論的裏付けとなった。さらに国際人類学民族学会で様々な要職を歴任し，アイヌ民族綜合調査・東南アジア稲作民族文化綜合調査団・明治大学アラスカ学術調査団などの内外の調査団を組織して，戦後の海外調査の先鞭をつけた。特に，岡の日本文化の起源仮説に基づき，日本社会の地域性を解明するため大規模な農村調査を展開したことは，戦後に人類学を学んだ世代に社会人類学の調査方法論を定着させた。その後，日本人が海外でのフィールドワークが可能になると，日本国内で受けたトレーニングの成果を発揮して緻密な民族誌を書ける人類学者を輩出した。岡が人類学の教育に力を注ぎ，戦後日本の学問的基礎を築いた功績は大きい。

　岡自身，エスキモーの論文はわずかしか書いていないが，フィールドを心から愛し，アラスカの地を再訪すると，顔見知りの人たちと抱き合って雪の上を転げまわって再会を喜んだという。岡を直接知る世代の人類学者は，彼に対して最大の敬意をもって語る。彼の着想の斬新さと，ウィーン大学での学び，戦後の国際学会での人的ネットワーク，博識だけではなく，大型調査団を指導するカリスマ性など，実践の分野で秀でた人物であった。著作数こそ少ないが，多数の弟子を指導して育てた点から，戦後日本の人類学の礎を築いた人物として，アメリカのフランツ・ボアズ（→16頁）に匹敵する日本の民族学の祖と言える人物である。

（中生勝美）

I　文化人類学の形成

◆コラム◆　杉浦健一（1905-1954）

　杉浦健一は，『未開人の政治と法律』（1947），『原始経済の研究』（1948），『未開社会における法』（1950）と，戦後立て続けに人類学の概説書を書き，多くの人類学者に知られていった。しかし1954年に50歳という短命で亡くなったため，忘れ去られた人類学者とも言える。直接，指導を受けた祖父江孝男によると，杉浦は文章を書くと理路整然と分かりやすいが，授業は訥弁で，何を言いたいのか判然とせず，不器用な人だったという。杉浦の発表した論文は非常に多方面にわたり，かつ新刊書の書評も多数書き，貪欲に欧米の人類学の動向を吸収しようとした努力の跡が窺える。

　杉浦は，1905年愛知県岡崎市に生まれ，1931年に東京帝国大学文学部宗教学宗教史学科を卒業，その後大学院で宇野円空に師事し，先輩には古野清人がいた。1933年に大学院を退き，柳田国男の主宰する「日本僻村の民俗学的調査」に参加している。彼は宗教学出身でありながら，物質文化にも造詣が深いのは，文化圏説の影響であろう。しかし調査の経験を積むにつれ，徐々に機能主義を取り入れるようになった。またブロニスロウ・マリノフスキー（→28頁）の著作も，早い時期から読み始め，トロブリアント諸島と距離的にも文化的にも近い旧南洋群島への関心は，理論的な側面から始まったと言えよう。

　1938年に東京帝国大学理学部副手となるが，その前年の1937年に南洋庁嘱託になって1941年まで5回調査に行っている。杉浦は，欧米の人類学理論に深い関心を寄せたが，特に南洋群島に土地旧慣調査委員会の嘱託の身分で渡航し，東北帝国大学法学部で親族法専攻の中川善之助や，7年間サタワル島に住んで現地経験の長い土方久功とともに島の親族・相続・家族・土地制度などを調査している。杉浦は，母系制でありながら嫁入り婚で，土地の相続形態が複雑なパラオを調査した。杉浦の調査の特徴は，過去の民族誌データを確認しながら調査を進めている点にある。そして物質文化だけでなく，親族，宗教など社会・文化面での研究を進展させた。戦争が始まると，ミクロネシア調査を中断してオセアニア全体の文献研究を始めた。1943年に設立された民族研究所の所員を兼任した際も，オセアニア地域を担当した。

　第二次世界大戦の時は，太平洋地域が日米戦争の戦闘地域となった。戦後，旧南洋群島はアメリカ信託統治領となり，アメリカの人類学会は，大掛かりなプロジェクトとして各島に人類学者を送って調査をさせた。その中の民族誌には，杉浦の「マーシャル群島における姻族関係」『人類学雑誌』58巻（1943）を引用しているものもあり，また泉靖一も，杉浦の追悼論文で，杉浦の論文集をアメリカのフィールド博物館から出版する計画があるとも書いている。戦時中，アメリカ海軍は戦闘地域に関連する日本語論文を英訳しているので，おそらく杉浦の没後，英訳された論文集の出版の計画などが企画さ

60

れたのも，戦時中，すでに翻訳された論文があり，そのため終戦直後の民族誌にも引用されたのだろう。残念ながら，杉浦の英文論文集は刊行されなかった。

　短いものであるが『ミクロネシアの文化概説』（1941）で，杉浦は，以下のようにミクロネシア研究の全体像を示している。

Ⅰ　ミクロネシアの文化研究史／商人の活動に伴ふ民族学的調査，統治官吏の民族学的調査，宣教師の伝導に伴ふ民族学的研究，純学術的調査
Ⅱ　文化の上より見たミクロネシア島民の区分
Ⅲ　個々の文化内容の具体的概観／物質文化：住居・衣類・装身具・工作・武器および戦争・楽器（音楽・舞踏），政治組織，社会組織，経済組織，宗教

　個別の論文で発表しているものもあるが，杉浦の「ヤップ島民の漁業と漁具」では，漁法が中心テーマであるが，技術や物質文化以外に，漁法の呪術，その呪文の継承者について記述している。これはマリノフスキーの『西太平洋の遠洋航海者』（1922）に記述されているクラのボートに対する呪術の記述を髣髴させる。また，戦後出版された『未開社会における法』（1950）では，法人類学を理論的にまとめたあと，最終章で「パラウ島民の法的秩序」を書き，土地所有の主体，氏族の合議制，タブー，制裁，犯罪の処罰について論じている。これはマリノフスキーの『未開社会における犯罪と慣習』（1926）を念頭においており，この本の構成からフィールドデータを集めたことが分かる。
　しかし杉浦が念頭に置いた人類学者は，マリノフスキーに限らず，当時の欧米の親族研究を正確に理解してフィールドワークをすすめている。杉浦の「ミクロネシアに於ける親族名称」（『民族研究所紀要』３冊［下］，1945）は，パラオとヤップの親族名称の分析で，杉浦が依拠した親族理論は，ルイス・H・モーガン，ロバート・ローウィ，アルフレッド・クローバーなどアメリカ人類学の学説であった。杉浦は終戦直前の1945年７月に民族研究所の調査プロジェクトで満洲へ渡っている。現地に到着と同時に敗戦となり，大混乱の中を引き揚げてきているので，この原稿を脱稿したのは敗戦前である。そのことを勘案すると，戦時中にこれほどの理論水準の論文を書き上げていたことは驚嘆に値する。
　戦後は東京大学理学部人類学教室を本拠に研究を進め，1950年に東京外国語大学教授，1953年には東京大学教養学部の文化人類学初代教授となるが，1954年に50歳で急逝した。東京大学文化人類学教室の壁には，初代教授として写真が飾られている。杉浦は早世したので，その全体像を単行本にまとめる時間がなかった。忘れ去られた人類学者ではあるが，その理論的な貢献は，現代でも高く評価できる。

（中生勝美）

I 文化人類学の形成

◆コラム◆ 馬淵東一 (1909-1988)

　戦前の日本人の人類学者の中でも，フィールドワークに最も情熱を傾けていたのは馬淵東一であった。その経歴からしても常人とはかけ離れていたことが窺える。日清戦争後に領有した台湾では1928年に台北帝国大学（現在の国立台湾大学）が設置された。2学部構成の大学で，その1つの文政学部には他大学には見られない特別な「土俗人種学」なる名称の講座が附設されていた。その事実を知るや，馬淵は居ても立ってもいられず，入学したばかりの第一高等学校（旧制一高，現在の東京大学）を退学し，台北帝国大学に入学を果し，その講座に深く関係するようになる。もともとの夢であった異文化研究を志しての決断であり，台湾先住民の研究が目的であった。

　台湾には大陸から移住してきた漢族系の住民のほかに，人口ではおよそ2％を占めるに過ぎない先住民（戦前の呼称は「高砂族」）がいる。先住民は複数のエスニック集団に分類されるが，すべて言語学的にはオーストロネシア語族（南島語族）に属している。文化的にも漢族系とは異質で，おおむね粟や陸稲の焼畑栽培を生業とし，馘首の慣行も存在していた。異文化への強い関心をもっていた青年馬淵にとって，これほど心が揺さぶられ，研究心が駆り立てられる対象はなかった。とりわけ，1学年の休暇時に台湾の離島，蘭嶼に住むヤミ族での調査は感慨深かった。

　卒業後，馬淵は土俗人種学教室の嘱託になり，主任教授の移川子之蔵と助手の宮本延人が企画した先住民の系統所属の調査に参加する。中でも一段と精力を注いで調査に励んでいた馬淵東一は，ほぼ台湾山地の全域を踏査している。交通事情の悪かった当時，1つひとつの村落を歩き，故老からライフ・ヒストリーを聞き出す営みは大変な労力を費やした。しかしその成果は，先住民のエスノ・ヒストリーとして今も評価される『台湾高砂族系統所属の研究』(1935) として結実した。教室の主軸として台湾山地を歩き回り，資料蒐集に余念がなかった馬淵の熱情が報われた著作である。

　この調査成果には，学史に残る人類学理論への貢献が認められる。馬淵は先住民の1つブヌン族の調査をしていた時，偶然にある伝承を聞き出す。ブヌン族は父系氏族をもっているが，一方において母方親族の役割は極めて大きいのに気づいた。その役割とは，母族（母の出身氏族）が甥姪族（婚出した女の子ども）の吉凶禍福を支配しているということであった。それは，農耕儀礼，例えば粟の初穂を最初に母族に献上するという信仰にも窺えるが，普段の生活でも，単に祝福の言葉だけでも幸福をもたらすという内容であった。その反面，非礼をもって接すれば呪詛されてしまうこともあった。馬淵は，この信仰を考えて，父系制での母族の霊的優位性という概念を導入し，その現象を説明した。ブヌン語では母族はタンカポ（幹）と言われ，甥姪族はロケイ（小鳥）とされる。比喩的表現であるが，母族の庇護によって父系制度が維持されていることを見出したの

である。

　母方親族との特別な紐帯は世界的にも見ることもでき，多様な解釈がなされてきた。例えば，イギリスのラドクリフ＝ブラウン（→34頁）は母に対する愛情表現の拡大であるとした。縁組を交換論の立場から解読したレヴィ＝ストロース（→181頁）は，嫁の与え手と貰い手との優劣関係からくる必然的結果であると解釈した。だが，馬淵はこの2人とは異なり，親族関係は霊的信仰と密接な関係があると考えたのである。

　馬淵の親族理論に幸運をもたらす機会は戦後になって訪れた。1950年代，馬淵は柳田国男らの民俗学者との知遇を得て沖縄調査に取り組む。中でも八重山での調査は有意義であった。「沖縄学」の権威者，伊波普猷が論じた「おなり神」信仰がこの島では濃厚に伝承されていたことを確認したのである。「おなり」とは兄弟が姉妹に対して指す言葉で，何事につけ姉妹は兄弟を霊的に庇護し，祝福すべき立場にあった。例えば稲の初穂儀礼では，たとえ婚出していても姉妹の参加は不可欠であった。日常生活でも，寝ている姉妹の上を跨ぐことなど許されないことであった。この信仰こそは，台湾ブヌン族の慣習とは逆の現象ではないだろうかと馬淵は考える。後になって，馬淵は論文「オナリ神をめぐる類比と対比」（1968）を発表し，それまでの研究を総括している。台湾ブヌン族では出嫁した娘の氏族，すなわち母族は霊的力をもち，一方、八重山では出嫁しても姉妹は兄弟を庇護する立場にあると結論づけた。

　台湾調査から沖縄調査にいたる過程で馬淵はほかにも研究調査をしている。戦時中は海軍マカッサル研究所慣行調査部に属し，セレベス島で慣習法の調査に没頭していた。同時に，インドネシアの慣習法研究で成果をあげていたオランダのライデン大学の業績に多くを学んでいた。「オランダ構造主義」と評価されるライデン学派に接し，馬淵の人類学研究には磨きがかけられた。戦後になってフランス構造主義が登場した時，いち早くその理論に注目したのは馬淵であって，例えばレヴィ＝ストロースの『親族の基本構造』（1949）にはすでに出版直後に着目していた。その眼力の鋭さはライデン学派によるインドネシア慣習法研究に多くを負っていた。

　馬淵ほどフィールドワークを丹念に積み重ね，いち早く欧米の尖端的な理論を学んでいた人類学者はいなかった。人類学の比較研究に意義を認め，幅広く世界を見渡して民族誌上の知見を吸収していく意欲の強さも傑出していた。馬淵は，かつて「民俗語彙の解釈は柔軟に，学術用語は厳密に」と語ったことがある。戦前，戦中，戦後を駆け抜けた馬淵東一の，フィールドワーカーとしての立ち位置を示す言葉である。

（山路勝彦）

Ⅰ　文化人類学の形成

◆コラム◆　大林太良（1929-2001）

　大林太良は，岡正雄（→58頁），石田英一郎とともに，文化伝播論を柱とするドイツ，オーストリアの民族学の系譜を継ぐ民族学者と言われる。しかし，世界中の文化に関する該博な知識と，民俗学，考古学，歴史学，神話学などの隣接諸分野の他，政治学や統計学なども取り入れる広範な関心と広大な視野のもとに展開された彼の研究は，従来の民族学の枠を超え，総合的な人類文化史研究とも言えるものである。しかもそれは，あるテーマに関連する文化要素ないしは文化複合を世界の隅々，あるいは歴史の奥深くから集めてきて，それらを丹念に比較し，相互の関係性や関連性を確認しながら法則性を見出していくという，実証的ではあるが，気の遠くなるような作業を前提としている。大林の人類文化史研究は特異な存在ではあったが，1つの頂点をなしていると言える。

　大林は東京都に生まれ，旧制第八高等学校から東京大学経済学部に進学した。しかし卒業後，東洋文化研究所の助手となり，民族学研究を始める。そして，フランクフルト大学，ウィーン大学，ハーバード大学で学んだ後，ウィーン大学で学位を取得した。その間にロベルト・F・ハイネゲルデルンやアードルフ・E・イェンゼンらに師事し，フランクフルト学派，ウィーン学派の歴史民族学を身につけた。また，神話研究にも関心を示しジョルジュ・デュメジルの神話学も熱心に学んだ。帰国後東京大学助教授，同教授，東京女子大学教授，北海道立北方民族博物館長を歴任した。

　大林の民族学研究は東南アジアとオセアニア地域の比較民族学研究から始まった。この地域を舞台に稲作や王権などにまつわる神話，儀礼の比較を行い，神話の構造分析へと進展した（『シンガ・マンガラジャの構造』1985）。この地域はまた大林の研究方法の実験場でもあった。彼はこの地域を舞台に，文化要素の地理的な分布と要素間の関係性を解明するための新しい方法を試みる。それが文化クラスターの研究である。この地域に関する民族誌で取り上げられている膨大な量の文化要素を，統計学の手法であるクラスター分析や因子分析を使って分類し，各グループの要素の分布地図と要素間関係図（樹形図）を作成した。この研究には膨大な量の計算処理が必要になるためにコンピュータが使われており，コンピュータ民族学の端緒でもあった（大林太良他編『東南アジア・オセアニアにおける諸民族文化のデータベースの作成と分析』国立民族学博物館研究報告別冊11号，1990）。

　彼の地域的な関心は日本を含む東アジアに広がる。大林が民族学研究を始めた当時，日本関連の研究は常に日本という国家の枠組みにとらわれていたのに対し，彼は世界から見直すという形で日本神話の研究に進出した（『稲作の神話』1973，『日本神話の構造』1975，『東アジアの王権神話』1984）。その視野には常に東アジアと東南アジアを中心にして北東アジア，北アジア，中央アジアが含まれており，さらに南アジア，西アジ

アからアフリカ，ヨーロッパ，南北アメリカ大陸までが比較対象とされた。

　日本に関する研究は神話から文化史の復元に向かっていく。その過程で邪馬台国論争にも参戦していくが（『邪馬台国』1977），大林の日本文化史研究で重要な位置を占めたのが，客員教授をしていた国立民族学博物館の特別研究『日本民族文化の源流に関する比較研究』（1978～87）だった。彼は同館教授の佐々木高明とともにこの研究プロジェクトを牽引し，9回のシンポジウムすべてに参画し，その報告論集すべてに論文を書いた。彼は，関心の広さと多様な方法論を取り入れていく包容力，そして鋭い洞察力をもって日本文化形成に関する学際的な議論をリードした。

　大林の日本文化研究はその多様性と国際性に注目するところに特徴がある。そのために，日本文化を様々な視点から分類し，それぞれを世界大の文化史の中に位置づけようとした。例えば，東日本と西日本，北日本と南日本，太平洋側と日本海側，海と山，水田稲作文化と畑作文化などなどといった具合である（『東と西　海と山』1990，『北の神々　南の英雄』1995）。

　これらの分類は，個々の文化要素の来歴と共通の文化要素がそこに分布するための地理的，歴史的な条件を明らかにして，どのような文化がどのような条件下に形成されるのかという一般的理論にまで発展させていくための布石だった。大林は歴史民族学の手法を使って，日本を中心に東アジア，東南アジア，北アジアなどの地域文化形成史の復元を試みながら，文化の形成過程とその地理的・歴史的諸条件との一般的な関係，そして最後は人類文化史の全体像を明らかにしようとしていたのである。最後の大著『銀河の道　虹の架け橋』（1999）はその最初の試みであり，さらに太陽，月，星といった天体を中心に天文現象から世界観までを包括した研究へと発展させていく予定であった。

　大林太良は自らも認めるようにフィールド派ではない。しかし，その思考はあくまでも具体的な事例に立脚しており，常に実証的だった。彼の研究では文化要素を，それを有する社会や文化全体の文脈から切り離した形で扱うことが多いために，ある集団の文化全体を理解するには不向きであるとも言われる。しかし，彼の研究は，個別の社会や集団の枠組みにとらわれずに，人類文化史というより大きな文脈の中で1つの文化要素を理解することから始まるわけで，個別社会の文脈を重視する研究とは方向性が異なる。

　彼の方法は膨大な量の事例の中から一般法則を見出していくことを基本としている。おそらく，普通の人ならばその量と多様性ゆえに研究の方向性を見失ってしまうだろう。しかし，それでも膨大で多岐にわたる業績を生み出すことができたのは，常人には考えられない早さの読解力と優れた分析力，そして高い表現力に恵まれていたからだった。先にも述べたように，彼の業績は民族学，人類学による人類文化史研究の1つの頂点である。しかしそれはまた彼独自の境地でもあり，それを継承するものは死後10年以上たった今もまだ現れていない。

（佐々木史郎）

65

文化人類学の展開

ジュリアン・H・スチュワード

エリック・ウルフ

クリフォード・ギアツ

ロドニー・ニーダム

第Ⅱ部では，1940～80年代半ばにかけてのアメリカ，イギリス，フランスにおける文化人類学の展開を中心に紹介する。

　第二次世界大戦後のアメリカでは，国内外の社会・政治状況の変化に伴って異文化を研究対象とする文化人類学の重要さが社会的に認知されていった。この時期の文化人類学は，文化の理解や解釈を重視する人文学志向の人類学と文化の説明と法則化を重視する科学志向の人類学に大別できる。前者は，F. ボアズの流れを汲むものであり，アメリカにおいて独自の文化研究へと発展していった。V. ターナー（イギリス出身）や D. シュナイダーに代表される象徴人類学，そして C. ギアツに代表される解釈人類学，M. サーリンズに代表される文化論などが代表例である。この時期には，エスニシティ論や国家論も主要テーマとなった。一方，後者は，1940年代に L. ホワイトや J. スチュワードの文化進化論によって代表される。1960年代に入るとその進化論の流れを汲む，認識人類学や生態人類学が影響力をもった。1970年代に入るとマルクス主義的な視点をとるポリティカル・エコノミー論や世界システム論が影響力をもち始めた。

　1950年代のイギリスでは，オックスフォード大学教授に就任したエヴァンズ＝プリチャードが，社会人類学は一般法則を求める科学ではなく，理解や解釈を求める人文学であると宣言し，社会人類学に大きな転換が見られた。研究の主流は，親族研究であったが，R. ニーダムや E. リーチ，M. ダグラスらによって民俗分類や象徴なども研究対象となった。

　フランスでは，20世紀前半の M. モースによる贈与論は，1950～70年代に大きな影響力をもった C. レヴィ＝ストロースの構造主義人類学の成立の契機となった。レヴィ＝ストロースの研究は，1970年代以降 P. ブルデューの実践の理論，M. ゴドリエらを代表とするマルクス主義人類学や D. スペルベルを代表とする象徴研究へと批判的に継承されていった。

　20世紀半ばから1980年代半ばは各国で文化人類学や民族学が大学教育の中に制度化されるとともに，世界各地で多数の調査が実施され，栄えた時期でもある。一方，政治経済のグローバル化が徐々に拡大し始めた時期でもあった。

［写真］ジュリアン・スチュワード：Manners, Robert A., ed., *Process and Pattern in Culture*, Aldine Publishing Company, 1964.
　　　　エリック・ウルフ：Photograph courtesy of Sydel Silverman Wolf.

新進化主義

レスリー・ホワイト

(Leslie White：1900-1975)

◆ レスリー・ホワイトの人類学と時代的背景

　レスリー・ホワイトは戦後のアメリカ人類学を代表する文化人類学者の1人である。そして，アメリカ人類学史上，孤高の人類学者のイメージがつきまとう。同時代の多くの人類学者とは全く異なった理論的見解を確立した彼は，実際そうした人類学者とは距離を置いた。一方，彼の明解な理論は多くの学生を引き付けた。彼が長年教鞭をとったミシガン大学には，その後のアメリカ人類学を牽引した人類学者になった学生が集い，ホワイトから直接薫陶を受けた。ミシガン大学の人類学，特に考古学では，その流れが今も続く。

　彼の活躍した時代，1950～60年代は，第二次世界大戦が終了し，世界がアメリカ，ヨーロッパを中心とする自由主義陣営と，ソ連を中心とする社会主義陣営とに二分されていた時代であった。ホワイトの理論的貢献と学問人生を考える上で，この社会的背景は，決して無視することができない。こうした時代の流れとホワイトの理論的考察の関連を強調しながら，以後ホワイトの理論について説明したい。

◆ 生い立ちと業績

　ホワイトは，コロラド州で生まれた。彼は，それほど裕福でもない家庭で育った。少年時代をカンザス州，およびルイジアナ州で過ごし，1921年，ルイジアナ州立大学に入学し，そこで物理学を志したが，2年後にコロンビア大学心理学部に再入学する。1924年にコロンビア大学で心理学の修士号を獲得したが，その間，人類学者のアレキサンダー・ゴールデンワイザーと接して人類学に関心をもち，シカゴ大学大学院に進む。

　シカゴ大学大学院ではエドワード・サピアのもとで学び，1927年の博士号取

Ⅱ　文化人類学の展開

得後にバッファロー大学，バッファロー科学博物館に最初の職を得た。この時に進化主義者ルイス・H・モーガンのセネカ・インディアン研究に関心をもったのをきっかけに，ホワイトの進化主義への再評価が始まった。

　1930年，ジュリアン・スチュワード（→75頁）の後を継いで，ミシガン大学に移った。以後，1970年に退職するまで40年間，ミシガン大学の人類学部で，研究と学生の指導を行った。しかし反ボアズ（→16頁）を唱え，唯物論的な進化論を主張したために，大学内外で政治的な批判にさらされ，冷遇された。こうした圧力にもかかわらず，ミシガン大学在任中，人類学部は大きく成長し，アメリカで屈指の人類学部を有する大学となった。その礎をホワイトは築いたと言える。

　ホワイトといえば，科学的に文化を解明しようとした理論家として知られているが，実際にはホワイトは卓抜したフィールドワーカーでもあった。特にアメリカ南西部のプエブロ・インディアンの調査を行い，その成果をいくつも単著として出版している。

　ホワイトの精力的な仕事は，たとえ反対者が多くとも，それを認めざるをえないものであった。ホワイトは，1959年，ウェンナー・グレン財団のバイキングメダルに表彰された。1964年にはアメリカ人類学会会長に就任する。その時の就任演説でホワイトは，自身の研究と合わせて，人類学はもっと現代の文明に関する問題と積極的に関わるべきだという彼の持論を主張した。実際，1975年に亡くなるまでの晩年のホワイトは，現代の資本主義社会の問題を，文化学上の問題として取り上げ，解析することに没頭した。特に，国家と国民の問題に関心を寄せ，「国民はなぜそれぞれまとまった行動様式を持つのか」を解明しようとした。その解答を求めて研究を進めたホワイトが最終的に行き着いたのが，システム論であった。

　1970年にミシガン大学を退職後，ホワイトは，彼の教え子であり，同僚であったエルマン・サーヴィスが就職していたカリフォルニア大学サンタ・バーバラ校に客員教授として移った。それからのホワイトは，**システム理論**の視点から文化を研究した。その成果は，ホワイトの死後出版された最後の著作，『文化システムの概念（*The Concept of Cultural Systems: A Key to Understanding*

70

Tribes and Nations)』の中で示されている。1975年3月31日，ホワイトは，カリフォルニア州デスヴァレー近郊で心臓発作によって亡くなった。

　以下では，ホワイトの理論と人類学史上の意義について見ていこう。

◆ ホワイトの新進化主義理論（一般進化主義理論）

　ホワイトの理論は，よく「新」進化主義理論として述べられる。しかし，ホワイトは周りの人々に，自分の理論は決して「新しい」ものではない，と述べていた。ホワイトによると，人類学の目的は，人類の長い期間にわたる生きざま，生の壮大なパノラマを解明することであり，その動態を科学的に説明することであった。そして，すでにそのような人類文化の進化については，エドワード・タイラー（→3頁），モーガンといった人類学に関連する学者ばかりではなく，それ以前のハーバート・スペンサーによって考えが確立されたと考えていた。そのホワイトが，自分が人類学の文化の考えに貢献していると考えたのは，文化を科学的にみる考え，「**文化学**」の確立であった。

◆ 文化学，あるいは文化の科学

　ホワイトが，文化の研究でこだわったのは，2点あった。第1に，文化を見る見方として，科学的法則に基づいた見方を文化研究に取り入れるべきであるとした点。第2に，文化の研究は，文化それ自体の法則性を見つける必要があるとして，文化を1つのシステムと見なした点である。システムと見なすことで，文化もまた宇宙の一部であり，宇宙の現象の解明と同じ観点から解明できるとした。

　このことから，文化は，その構成員1人あたりが年間に消費する（消費できる）エネルギーの量の増大によって進化すると考えた。すなわち，人類はその出現時から，自然界に存在するエネルギーをとらえる手段を考え，そうした手段を不断に効率化する努力を重ねてきた。この結果，効率よくエネルギーをとらえ，自己の目的に合わせてそれを手なずけるため，道具を発明し，改良してきたとした。この連続した行為（努力）によって文化は進化してきたと考えたのである。彼はこの考えを，数式化して表そうとした。すなわち，$E \times T = C$

Ⅱ　文化人類学の展開

（Eはエネルギー，Tは技術，Cは文化を表している）というものであった。

　人類がエネルギーを獲得して自分のものにしてゆく努力（進化）に，過去4つの大きな段階があった。(1)第1の段階：道具の発明，(2)第2の段階：野生の植物，動物の馴化による食物エネルギーに対するコントロールが増大，(3)第3の段階：18世紀の産業革命とそれ以後の産業の発達（特に化石燃料の利用により特徴づけられる），(4)第4の段階：20世紀以後，原子力など他のエネルギーを人間の活動に利用する段階，である。

　ホワイトは，文化を3層からなる，層位的な構造をもつ体系と想定していた。もし文化が本質的に物質的なものであるならば，技術-経済体系の発達こそ基盤になると考えた。そして，その上に社会-政治的体系があり，最上に観念-宗教体系が重なると考えた。この結果，文化進化は，最下層の技術の発達の度合い，そしてその技術によって，どれほど効率的にエネルギーを取り入れ，利用することができるかによって他の体系も影響を受け，文化進化の段階が決定されるとした。この考えは，ホワイトが1920年代にソ連を訪問し，その時影響を受けたマルクス主義理論に由来していると言われている。このことから，ホワイトは，マーヴィン・ハリスといった一部の人類学者から文化唯物論者と呼ばれることとなった。

◆ 人類学的考古学の誕生とホワイトの影響

　ホワイトの理論は，上記のように，長いタイムスパンにおける人類の行動の動態を科学的に説明することであった。ホワイトのタイムスパンは，人類が発生した時から現在までの万単位の長いものであった。今日，こうした長いタイムスパンで文化の動態を見る学問は，考古学以外にはない。

　ホワイトの理論に真に感化された考古学者は，ホワイトのいたミシガン大学で生まれた。1960年代になって，ホワイトの教えを受けたルイス・ビンフォードらによって提唱された人類学的考古学は1970〜80年代のアメリカ考古学に大きな影響を及ぼした。ここでビンフォードらが「新しい考古学（New Archaeology）」を打ち立てたのは，ある意味必然的な結果であると言える。ビンフォードは，考古学者は考古学的研究をとおして，より積極的に文化の動態

72

の解明に貢献すべきであると考えた。彼が重要視したのは，**文化変動**の結果（遺物，遺跡）の描写ではなく，それを起こさせた要因とその相互作用を明らかにすることであり，結果にいたるまでのプロセスを解明することであった。このようにホワイトはアメリカの科学としての考古学研究の展開に多大なる影響を及ぼした。

◆ ホワイトの理論と現在の人類学

　かつて理論を重視していた人類学は，1970年代後半以降のアメリカにおいて，「偉大な理論」の構築ではなく，文化の多様性を細かく描写してゆくこと，あるいはまだ知られていなかった多様な生活のあり様を発見する学問へと変化した。この流れの中で，ホワイトの考え方は，過去の古典的な考え方の1つとなったように思われる。しかし，ホワイトが常に考えた，長いタイムスパンの中での人々の生活の営みの変化の中に見られる規則性を見出そうという努力は，確かに考古学の中で受け継がれている。

　文化人類学が，過去，現在の人類，そしてこの地球上に生きる人類すべてを扱う学問であるならば，ホワイトの考えた文化の動態の様，そしてそれを起こさせる要因を探求する努力は，さらに受け継がれるべきものであろう。

◆ 用語解説

新進化主義理論　レスリー・ホワイト，ジュリアン・スチュワード，ゴードン・チャイルドらを総称して，新進化主義理論の提唱者という。ホワイトの進化論は，文化の大きな変化を見るための法則を見つけようとしたことで，その法則の基本を熱力学の第二法則に求めたため，特に一般進化主義理論と呼ばれている。

文化学（culturology）　文化を科学的に解析すべきだという考え方。この文化の科学を「文化学」と呼ぶ。ホワイトは，学問の重要な役割は，結果として一般法則を導き出すことであり，自ら，人類のエネルギーの取得，消費を基礎にして，文化進化の法則（一般進化論）を提唱した。

文化システム理論　文化は相互に関連し合って，影響を及ぼし合った，そして意志ある各要素（サブシステム）の総体として成り立つという考え方。ホワイトはシステム全体はそれぞれ独立しているが，相互作用をしている部分で成り立ち，それぞれの部分内，

Ⅱ　文化人類学の展開

部分間の物質の流れと同時に，情報の流れに注目した。

文化変動　文化は常に変動しているという見方で，文化を動態的に見る点に特徴がある。この考えで重要なのは，なぜ変化してゆくのか要因を探ることと同時に，変化してゆく過程（プロセス）を解明することであるとしている点である。

◆ より深く学ぶために

〈原典・訳〉

White, Leslie, *The Science of Culture: A Study of Man and Civilization*, New York: Farrar Straus, and Giroux, Inc., 1949.

＊ホワイトが色々なところで発表してきた論文を再編集した書物である。ホワイトが提唱した「文化学」が本書で説明されている。

White, Leslie, *The Evolution of Culture: the Development of Civilization to the Fall of Rome*, New York: McGraw-Hill, 1959.

＊文化を物質的に捉え，それを科学的に分析した結果，どのように変化していったのかということを示すため，人類が出現した時から，ローマ帝国の誕生を経て崩壊にいたるまでの壮大な人類史を論じた書物。

White, Leslie, *The Concept of Cultural Systems: A Key to Understanding Tribes and Nations*, New York: Columbia University Press, 1975.

＊システム理論から文化の考察を行うことを提唱した研究書。

〈入門・解説書〉

M. サーリンズ／E. R. サービス（山田隆治訳）『進化と文化』新泉社，1976年。

E. R. サービス，（松園万亀雄・小川正恭訳）『文化進化論』社会思想社，1977年。

松園万亀雄「新進化主義」綾部恒雄編『文化人類学15の理論』中公新書，1984年。

（西村正雄）

新進化主義

ジュリアン・H・スチュワード

(Julian H. Steward：1902-1972)

◆ 文化生態学の提唱者

　ジュリアン・スチュワードは**文化生態学**（cultural ecology）や文化の**多系進化論**（multilinear evolution）の主唱者であり，1960年代以降に発展を遂げた生態人類学（ecological anthropology）の基礎を作った研究者の１人である。

　スチュワードは，フランツ・ボアズ（→16頁）の流れを汲む文化相対主義（cultural relativism）や歴史的個別主義（historical particularism）が全盛期を誇っていた1920年代に人類学教育を受けた。しかし，主流派とは異なり，文化の科学的研究や法則定立を志向した点で極めて特異な存在であった。彼は，19世紀の一系進化論の復活を唱えたミシガン大学のレスリー・ホワイト（→69頁）とともに，新進化主義の中心的人物であった。

　ここではスチュワードの生い立ちと経歴を紹介した後，文化生態学の方法とその研究成果について紹介する。最後に問題点とその後の展開について述べる。

◆ 生い立ちと経歴

　スチュワードは1902年にアメリカの首都ワシントン DC に生まれ，両親がともに官僚という特殊な家庭環境の中で育った。彼は1921年に19歳でカリフォルニア大学バークレー校に入学するが，その１年後に奨学金を得て，コーネル大学へと移った。コーネル大学での専攻は，地質学と動物学であった。

　しかし彼は大学院では人類学を専攻することを決意した。当時，アメリカの大学院で人類学を学ぶことができたのは，ハーバード大学，コロンビア大学，カリフォルニア大学バークレー校の３校のみであった。彼は，授業料が安いという理由でバークレー校への進学を決め，1925年秋に入学した。当時の同校人類学部には40歳代のアルフレッド・クローバーとロバート・ローウィがおり，

75

Ⅱ　文化人類学の展開

地理学部にはカール・サワーがいた。スチュワードは彼らから学問的な刺激を受けながら，1927～28年にかけてアメリカのカリフォルニア州やネバダ州，ユタ州などに分布する先住民文化を調査し，1929年に論文「北米における儀礼的道化師」で博士号を取得した。

スチュワードは1928～34年までミシガン大学やユタ大学，カルフォルニア大学バークレー校で教鞭をとった。その後，1935～46年までアメリカ政府に人類学者として勤務した。この時期に彼は，アメリカ南西部の大盆地地域のみならず，エクアドルやペルーなどでも調査するとともに，アメリカ先住民の生活向上のために応用人類学者としても活動している。

1946年に彼はコロンビア大学人類学部の教授となり，1952年まで勤めた。プエルトリコ研究プロジェクト（1947～49年）を実施するとともに，多系進化論の基礎となった初期文明の比較研究や社会文化的統合レベルに関する理論的研究，『南アメリカインディアンハンドブック』全7巻（1946～59年）の責任編集を行ったのはこの時期である。

1952年にイリノイ大学人類学部に移動し，1969年に引退するまで同大学の教授を務めた。1952年にはコロンビア大学時代の研究が高く評価され，栄えあるヴァイキング・メダルを受賞した。イリノイ大学在職中にも，『文化変化の理論』（1955），『プエルトリコの諸民族』（1956），『南アメリカの先住民族』（1956），『灌漑文明』（1956），『伝統社会における現代の変化』（1967）を精力的に出版し，世界の人類学界に多大な影響を及ぼし続けた。

そして1972年，多くの人に惜しまれながら，70歳でこの世を去った。

◆ 多系進化論と文化生態学

スチュワードの研究は，同時代のホワイトと同様に文化の法則の発見すなわち，文化変化の諸原因を解明することを最終目的としていた。しかし，スチュワードの進化論は，19世紀の進化論ともホワイトの進化論とも異なっていた。ルイス・H・モーガンらによって代表される19世紀の進化論は，あらゆる社会は単純から複雑へと似たような発展的段階を経て変化すると仮定し，個々の文化を普遍的序列の諸段階に位置づけようと試みた。このため単系進化論もしく

は一系進化論と呼ばれる。

エネルギーを制御し，効率的に利用する技術の発展が，人類の社会や文化の進化の原動力であると考えたホワイトは，19世紀の進化論の復活を主張したが，スチュワードによれば，ホワイトは複数の文化ではなく，人類文化に関心があるため，19世紀の一系進化論とは異なり，普遍的進化論者であるという。

一方，スチュワードは，人類文化全体の進化ではなく，複数の文化の間に見られる同じような変化のプロセスや規則性，すなわち限定的な平行現象を研究対象とした。彼は，ある特定の文化的特徴を共有する諸文化は同じような環境下では同じような変化の道筋を辿ると考え，複数の進化のパターンがあると考えた。そこでスチュワードは，歴史的に直接的な関係がない文化間に通文化的に繰り返し出現する形態や機能，過程に関する規則性を発見し，解明しようとした。このため，平行進化論や多系進化論と呼ばれている。

スチュワードは，個々の文化はそれらが置かれている生態的環境に適応しようとして歴史的に変化してきたと考え，それらの適応過程を解明する研究を文化生態学と呼んだ。その方法は，3つの基本的な手順からなる。

第1に，特定の人間集団が用いる資源開発や生産の技術と，それを用いて人間集団が働きかける環境との相互関係を分析する。資源開発や生産の技術とは，狩猟や漁労の道具，運搬手段，衣服，住居など生存のための工夫や手段を指す。一方，環境とは，人間集団が暮らしている土地の気候や地形，土壌，水界，植物相，動物相などを意味する。

第2に，その人間集団が特定の技術を用いて特定の地域を開発し，食料生産を行うための行動パターンを分析する。すなわちどのような植物をどのように採集しているのか，特定の動物を狩るときには，どのような集団を形成し，どのように狩猟しているのかなどを分析する。

第3に，開発や食糧生産の行動パターンが，文化の他の諸相にどのような影響を及ぼしているかを分析する。文化の他の諸相とは，人口や居住パターン，家族・親族構造，土地の利用方法，所有権などを指す。

スチュワードが着目するのは，彼が「文化の核（culture core）」と呼んだ特定の人間集団の「生存活動と経済編成にもっとも関係の深い文化的特徴ないし

Ⅱ　文化人類学の展開

は文化要素の一群」である。すなわち，彼の分析の手順は，特定の人間集団が生きるためにどのような文化の核を用いて環境へ働きかけ，適応を行っており，その結果，どのような文化的な特徴が生み出されているかを見ていくことになる。この方法は，環境への文化的な適応過程に力点をおくものの，開発や生産の技術が環境適応の中心手段になるという点に特徴がある。

次に文化生態学的アプローチを用いた研究事例を２つ紹介しよう。

◆ ショショニ文化の文化生態学的研究

アメリカ南西部地域に広大な乾燥した渓谷が存在している。そこは大盆地地域と呼ばれ，ショショニ民族が生活を営んできた。この乾燥地域は，植生に乏しく，人間も少量の植物食しか入手できないし，大きな群れを形成する動物が生きていくうえで必要なえさを得ることもできない。このため，動物相はきわめて貧弱で，アンテロープとウサギの２種類を除けば，人間の食料源となる動物は，ネズミ類やセミなどの昆虫類，ヘビ，トカゲぐらいしか生息しておらず，人間にとってもっとも重要な食料源は松の実であった。これらの食料源をいつ，どこで大量に獲得できるかについて予想することは難しく，その入手には常に不確実性が付きまとっていた。また，収穫し，貯蔵する技術にも限界があった。

このような生態環境のもとでは，狩猟採集活動の生活単位は核家族ないしは２，３の核家族の集合とならざるをえず，かつ飢えをしのぐために移動生活を余儀なくされた。このため，多数の人間が１カ所に集まって生活を営むことはできず，52〜78平方キロメートルに１人というほど人口密度は希薄であった。

さらには，人々はこのような生態環境に適応しようと努めた結果，複数の家族集団を統制する政治的リーダーの不在，共同狩猟の頻度が少ないこと，家族や姻戚に基づく家族間関係が重要であることなどといった文化的特徴をもつ文化パターンが出現した。以上のようにスチュワードは，ショショニの人々が独特な文化の核を用いて生態環境に適応を試みた結果，独自の第二次的な文化的特徴をもつショショニ文化が形成されてきたことを描き出した。

ところが，1800年前後にヨーロッパ系の入植者が生活領域に侵入するようになると，彼らは入手した馬を利用して入植者を襲撃し，物資を略奪するための

複数の家族からなる略奪バンドを形成するようになった。この略奪バンドは1870年頃にアメリカの軍隊によって消滅させられたが，家族レベルを超えるバンドレベルの社会文化的統合を有する，独特の文化タイプを形成した。スチュワードは，異なる文化領域に属するアパッチなどの間に同じ文化タイプが存在しているという平行現象に気づき，文化領域概念の有効性の限界を指摘した。

◆ 初期農耕文明の発展に関する研究

スチュワードは，北部ペルーやメソアメリカ（メキシコとマヤ地域），メソポタミア，エジプト，中国といった世界の乾燥地帯もしくは半乾燥地帯で発生した初期農耕文明の発展過程の特色やパターンに，地域や時代に違いが見られるものの，類似性が認められるという点に着目し，その解明を試みている。

これらの地域では，(1)農耕以前の時代（狩猟と採集），(2)初期農耕，(3)基本的技術の形成期，(4)地域的発展と開花の時代，(5)周期的征服といった共通の継起のパターンが見られるとスチュワードは指摘した。そして，鉄器を使用しない灌漑農業による乾燥地帯もしくは半乾燥地帯の開発が，結果として異なる地域において類似の発展的継起のプロセスや社会構造を生み出したと考えた。

また，スチュワードは灌漑文明に関する比較研究を行い，乾燥地域において灌漑農業を行うのに必要とされる労働の集約化と中央集権化が，社会成層を生み出し，最終的に国家を出現させてきたというプロセスを例証した。

◆ 問題点とその後の展開

リチャード・リー（→89頁）や田中二郎（→97頁）は，文化生態学の問題点をいくつか以下のように指摘している。第1に，スチュワードの「文化の核」は技術/経済的な基準によってのみ特徴づけられているので，社会的・観念的な諸要因が生態的要因とどのような相互作用をしているかを取り扱うことはできない。第2に，「文化の核」の内部の文化的要素・要因の間の相互関係が特定されていない。第3に，生態学的に説明できない諸側面は，歴史的要因として一括されているため，社会の通時的変化を十分に説明することができない。

しかしながら文化と生態環境との相互関係に着目し，文化を生態環境に適応

Ⅱ　文化人類学の展開

する手段と見なし，その適応過程を研究する文化生態学は，1960年代にロイ・ラパポート（→83頁）やアンドリュー・ヴァイダらに批判的に継承され，生態人類学の発展の礎となった。また，エルマン・サーヴィスとマーシャル・サーリンズ（→108頁）は『文化と進化』（1960）において，スチュワードの多系進化は個々の文化の特定の進化を取り扱った特殊進化であり，ホワイトの人類文化の進化は，人類の文化が適応度を上げていく一般的な全体の流れを取り扱った一般進化であると指摘した。そして両者は進化の異なる諸相を取り扱っており，相互に矛盾するものではないとの総合化を行った。1960年代後半以降，人類学者は巨視的な文化進化への関心を失っていったが，スチュワードらによって法則化を目指す科学としての文化人類学の流れが再興された点は，学史上，忘れてはなるまい。

◆ 用語解説

文化生態学（cultural ecology）　新たな文化のパターンが生成される過程を文化による環境への適応という視点から解明する学問。

多系進化論（multilinear evolution）　個々の文化は，それぞれの文化が置かれた諸環境に適応するように変化を遂げてきたと考えられるため，多様なパターンの進化が存在するとする論。似たような特徴をもつ文化が，類似した環境に適応すれば，同じような変化を遂げるので，平行進化論とも呼ばれる。

◆ より深く学ぶために

〈原典・訳〉

J. スチュワード（米山俊直・石田紙子訳）『文化変化の理論——多系進化の方法論』弘文堂，1979年。

〈入門・解説書〉

岸上伸啓「環境人類学」綾部恒雄編『文化人類学20の理論』弘文堂，2006年。

M. サーリンズ／E. サーヴィス（山田隆司訳）『進化と文化』新泉社，1976年。

P. K. タウンゼンド（岸上伸啓・佐藤吉文訳）『環境人類学を学ぶ人のために』世界思想社，2004年。

（岸上伸啓）

◆コラム◆　梅棹忠夫 (1920-2010)

　梅棹忠夫は，1920年京都に生まれ，2010年に90年の人生を終えた。彼ほど多くの地域をフィールドとして渡り歩き，その斬新な着想で得た研究で賞を取り，国立民族学博物館の初代館長として人類学の研究体制を確立するまでに大きく貢献した人物はいない。1986年にウイルス性の視神経炎で失明した後も，全22巻，別巻1巻の著作集を刊行した。

　梅棹忠夫については，著作集のほかに自伝（『行為と妄想——私の履歴書』1997）聞き書き（聞き手・小山修三『梅棹忠夫語る』2010），伝記（山本紀夫『梅棹忠夫——「知の探検家」の思想と生涯』2012）など，多数出版されている。ここでは個人的な交流から梅棹忠夫の人物像を描いてみたい。

　筆者は日本人類学の歴史を復元するべく，1990年代から細々と戦前の人類学者の著作を読み，その足跡を再訪して研究を続けてきた。しかし国立民族学博物館の元館長で，仰ぎ見る存在であった梅棹に直接面参するには，あまりに敷居が高いと感じて，なかなか会いに行くことはできなかった。1995年に，長年外国人の立ち入りを禁じていた張家口が対外開放されるというニュースを知り，藤枝晃の回想録（原山煌・森田憲司「西北研究所の思いで——藤枝晃博士談話記録」『奈良史学』4号，1986）と梅棹の『回想のモンゴル』（1991）を持って伝説の西北研究所の跡地を訪ねた。そして，その調査記録をもって梅棹資料室を訪ねた。

　梅棹は，初対面から「張家口に行ったのか」と興奮気味で，若い頃の思い出を熱く話しはじめた。すでに視力を失い，白杖をもっていたが，モンゴル時代の話になると，表情が明るくなり，遠くを見つめるしぐさで語る梅棹は，まるで20代の若者に見えた。西北研究所時代について，本人の口から生で聞けたのは得難い経験だった。そして西北研究所で一緒だった東洋史家の藤枝晃，大興安嶺探検で同行した藤田和夫，吉良竜夫，張家口の回民女塾で講師をしていた是永俊子など，梅棹資料室で集積された人脈を次々に紹介してもらい，貴重な話を聞くことができた。

　筆者は，文庫版の『大興安嶺探検』（1991）を片手に探検のルートを鉄道と自動車でたどったが，梅棹は，1940年に京都大学の探検隊が，大きなリュックを背負い，馬や馴鹿を引き連れて学術調査をしていた様子を昨日のことのように生き生きと話してくれた。しかしそのルートが鉄道と自動車で行けるのかと，半世紀以上たった大興安嶺の激変ぶりに驚いていた。大興安嶺探検の前に行ったポナペ島の思い出に話が及ぶと，植物採取や，今西錦司から受けた厳しい文章添削について語った。

　人類学者には，研究の転機となるフィールドがある。梅棹にとっては西北研究所時代

Ⅱ　文化人類学の展開

のモンゴル調査が，その後の研究者の道を歩み始める大きな転機になった。モンゴル調査で，梅棹はステップ遊牧の起源を動物の群と人間の家族の共生にあるという仮説を提起した。これは，動物の遊動によって遊牧移動があるので，人間の移動はそれに適応したものに過ぎないという説である。戦後今西錦司が遊牧論としてこの説を発表したが，発想のオリジナルは梅棹にある。梅棹は，戦後オタマジャクシを素材にした動物の数理社会学で博士論文を書いたが，個と群れという観点で遊牧論と底通する部分がある。また戦後のアフリカ調査も，モンゴル草原に入れないため，ステップを求めてアフリカを選んだともいう。牧民を研究対象にしたという意味で，イタリア・東欧の調査もその延長線上にある。

　梅棹が，話の流れで誰かを紹介したい時は，秘書にひと声かけると，『知的生産の技術』(1969) に紹介された情報カードをもち出して連絡先を即座に示してくれたのには感動した。また経験した出来事を，映画で見るように画像として記憶することが暗記のコツであることを梅棹から学んだ。だから昔の思い出を話す時に，まるで見えているような表情になるのかと納得した。

　梅棹忠夫の学問形成は，旧制三校時代の登山から始まり，文科系と理科系を分断しない総合的な学問と登山の経験，さらにグループ登山の経験による探検隊の組織運営へと続いた。戦後になって，日本各地の調査，京都大学カラコラム・ヒンズークシ学術探検隊 (1955年)，大阪市立大学東南アジア学術調査隊 (1957・1961年)，京都大学アフリカ学術調査隊 (1963年)，京都大学ヨーロッパ学術調査隊 (1967・1969年)，京都大学サハラ学術探検隊 (1968年) とフィールドワークの場を拡大した。これらの調査は，彼の壮大な文明論へと結実した。また，1974〜93年まで国立民族博物館初代館長として，開設から草創期の困難を乗り越え，現在のような世界的な人類学の拠点にまで育て上げた。なお国立民族学博物館には梅棹資料室として特別なアーカイブがあり，梅棹忠夫関連の著作と資料の蒐集を継続している。

（中生勝美）

生態人類学　　　　　　　　　　　　　　　　　

ロイ・A・ラパポート

(Roy A. Rappaport：1926-1997)

◆ 文化生態学から生態人類学へ

　ロイ・ラパポートは，ジュリアン・スチュワード（→75頁）の次の世代を代表する生態人類学者（**人類生態学者**）のひとりである。パプアニューギニア高地に居住するマリンの人々を対象にした研究で知られ，**サイバネティクス**理論の人類学への応用，調査地におけるエネルギー研究，環境問題などに対する人類学の貢献などの点でも高く評価されている。

　ラパポートのフィールドワークの理論的な背景には，コロンビア大学を中心に興隆したスチュワードに始まる文化生態学の理論と，そこから繋がるラパポートの指導教員アンドリュー・ヴァイダの機能主義生態人類学の流れがある。すなわち，人間の行動と文化は環境への適応という側面をもっていることを認め，人間の生存そのものが生態系に影響を及ぼすことに注目することによって，それぞれの文化的行動の意味が明らかになるだろうとする考え方である。

◆ 生い立ちと経歴

　ラパポートはニューヨーク市で生まれた。17歳で従軍し，第二次世界大戦を経験したのち，1949年にコーネル大学でホテル経営学の学位を取得した。マサチューセッツ州西部の田舎町に宿屋をひらき，1959年までそれを経営した。その後，コロンビア大学の大学院に入学し，1962〜63年にかけてパプアニューギニアでフィールドワークを行った。その成果によって1966年に学位を取得した。翌年から，ミシガン大学の人類学部で教育と研究にたずさわり，1997年に71歳で亡くなった。

Ⅱ　文化人類学の展開

◆ パプアニューギニア高地マリンのカイコ儀礼に関する生態人類学研究

　ラパポートはパプアニューギニア高地に居住するマリンの人々の活動，特に彼らが実施していたカイコ儀礼の意味について，生態学の視点から調査を行った。マリンの中には，それぞれが複数の父系クランから構成される20のグループが存在する。ラパポートはその１つである人口200のツェンバガを対象に，1962年10月〜1963年12月にかけてフィールドワークを行った。詳細な定量調査は，ツェンバガ・グループの１つのクランであるトメガイの人々（16人）を対象に実施した。ラパポートがフィールドワークを行った年に，ツェンバガの人々はカイコと呼ばれる一連の儀礼を行った。この儀礼は，1953年おわりから1954年はじめにかけて近隣のグループとの間で起こった戦争に関連するものであった。

　ニューギニア島は，1960年代には「開発」「工業化」の進んでいない状態にあった。現代社会を生きる我々には，国家が国民の生活を管理することはあたりまえのものとなっている。対照的に，ラパポートが調査を実施した社会において，人々の日常生活を規定するのは，生態系の原理であり，その持続性に寄与する人々自身の行動にあると，ラパポートは考えた。

　マリンでは，恒常的に戦争と休戦が繰り返されていた。グループ間で戦争が始まると，それぞれに友好的なグループそして婚姻に伴う親戚関係にあるメンバーが戦争の加勢をする。戦争は数週間にわたって続くが，多くの場合はどちらかが大勝することなく終結する。

　戦争が終わると，勝ったグループはコーディライン（*rumbim* と呼ばれる）を植える（コーディラインは，南太平洋地域で畑の境界を示すために植えられる他，ダンスの時の装飾に使われる。儀礼にも頻繁に登場する植物である）。この段階では，戦争をサポートしてくれた先祖の霊や味方をしてくれたグループに対する精神的な負債は残ったままである。この不安定な状況は，コーディラインの木が地面から引き抜かれ，カイコと呼ばれる一連の儀礼が開催されるまで続く。カイコを行うためにはたくさんのブタを確保しなければならず，それには５〜10年という時間が必要である。

　ブタの飼養を担当するのは女性であり，ブタの数が増えるにつれ，その餌を

まかなうのには多大な労力が必要となる。ラパポートが観察したカイコの直前には169頭のブタが飼養されていたが、収穫するサツマイモの54%、キャッサバの82%が餌としてブタに与えられていた。この状況は、「人間の利用できない資源を餌とする」という家畜の一般的特徴にそぐわない。ウマ、ウシ、ヤギは、人間が消化できない種類の炭水化物（セルロース）を餌にするし、ブタは人間の残飯、排泄物を餌にするものである。ところが、ツェンバガのブタは、人間と同じもの、しかも収穫の半分以上を食べるという特異性をもっている。

　ラパポートが観察したカイコでは、まず最初に169頭のブタのうち32頭が屠殺され、肉は味方のグループや義理の親戚に配分された。祭りは1年ほど続き、カイコを主催するグループは、戦争で味方をしてくれた人々を何度も祭宴に招待し、ブタを屠殺し肉を配分した。ラパポートは、この行動は味方の結束をたかめ、その結束を敵のグループに見せつける一種の示威行為でもあると解釈した。祭宴のあとには、貴重な物品、例えば塩、石斧などがグループ間で交換された。儀礼のフィナーレは、子ブタを除くすべてのブタを屠殺することである。マリンの中にある20のグループの中の17グループ2000人以上に豚肉が配分された。

　ラパポートは、この儀礼にはいくつもの生態学的な意味があると考えた。具体的には、生態系の機能維持、グループ間の関係調整、人口の増減に応じた土地資源の再分配、社会の中でのタンパク資源の再分配などである。重要な点は、儀礼は先祖の霊との交信を目的としたものであり、生態系の持続性に寄与することが意識されているわけではないということである。

◆ エネルギー研究の成果

　今からおよそ400年前にニューギニア島北岸にあるロング島にあった火山が大爆発し、そこから偏東風にのって火山灰が高地全域に降りそそいだ。およそ300年前に、コロンブスがアメリカ大陸からヨーロッパに持ち帰ったサツマイモがパプアニューギニア島に持ち込まれ、100年以上かけて高地全体に拡がった。サツマイモは水はけのよい火山灰でよく育ち、標高の高い地域でも栽培可能であったために、それまでの主たる作物であったコロカシア属のタロイモと

Ⅱ　文化人類学の展開

おきかわることで，高地全体の人口支持力をおしあげたと言われている。人口が増加し，人間による野生動物資源の収奪が進んだことで，パプアニューギニア高地における動物相は大変貧弱なものになった。

　ツェンバガが焼畑をつくることのできる場所は，標高1500メートル未満の斜面地で，その広さは約400ヘクタールと推定された。ラパポートが調査した年には，18ヘクタールに植え付けが行われ，それより前の年に開かれた畑とあわせて40ヘクタールの畑が使われていた。ラパポートの推計によると，人口支持力は耕作可能地1平方キロメートルあたり77人であり，実際の人口は耕作可能地1平方キロメートルあたり48人であった。

　1年間にわたる直接秤量法による食事調査の結果，日常的な摂取エネルギーの99％が焼畑から収穫される作物でまかなわれていることが明らかになった。そのほかに，ノブタ，有袋類の動物，トカゲ，甲虫の幼虫も食べられた。焼畑から，サツマイモ，タロのほか，ヤム，キャッサバ，バナナ，豆類，葉もの野菜，サトウキビが収穫された。

　ラパポートは，焼畑農耕に関わるエネルギー消費量も推定している。具体的には，二次植生の伐採，柵の設置，火入れと整地，植え付け，除草・管理，収穫，収穫物の運搬というそれぞれの活動に必要な時間を観察し，それぞれの活動ごとの時間あたりエネルギー消費量を乗じることによって，それぞれの活動に費やされるエネルギーを推定した。その結果，1平方キロメートルあたりの焼畑耕作のために消費されるエネルギーは，二次植生の伐採（1万5305キロカロリー），柵の設置（6595キロカロリー），火入れと整地（6476キロカロリー），植え付け（6391キロカロリー），除草・管理（4万370キロカロリー），収穫（1万6435キロカロリー），収穫物の運搬（2万3120キロカロリー）と推定された。すなわち，焼畑をつくり収穫した作物を食べるまでに1平方キロメートルあたり11万5000キロカロリーのエネルギー投入が必要であることが明らかになった。一方，1平方キロメートルの焼畑から収穫される食物のエネルギーは193万キロカロリーであり，エネルギー投入の16倍以上であった。

86

ロイ・A・ラパポート

◆ ラパポートの研究の重要性とその後の展開

　ラパポートの研究の学術的重要さは，マリンの人々のカイコ儀礼が本人たちの意図とは関係なく，生態系の持続性，そこに生きる人々の健康維持，生態系の中での資源の再配分などの機能を有しているという主張にある。グループ間で起こる戦争は，人口支持力と人口サイズのバランスが大きく異なる状況を調整する機能があるようにみえるし，カイコに伴うブタの屠殺と祭宴は，動物性タンパクという貴重な資源を集団の中に広く行き渡らせる機能があっただろう。先祖の霊との交信であると説明されるカイコが，見方によってはマリンという集団を含む生態系の持続性に意味をもっているのではないかと解釈された。

　一般的に明確でインパクトのある主張にはいろいろな批判がよせられるものである。ラパポートの主張に対しても，食事調査の方法論の問題点といった個別の批判から，観察される事象の形成プロセスについての説明不足など人類学の根本に関わるような批判まで，大論争が巻き起こった。

　その後，1970年頃よりパプアニューギニアの近代化プロセスは本格化し，ワクチン接種をはじめとする保健サービスによって死亡率は減少し，人口は急速に増加した。それに続く家族計画の導入は，出生率の劇的な減少をもたらした。いまや人口の2割以上が都市部に暮らし，村落部の人々も魚や肉の缶詰，米，小麦など，自らの生態系の外部で生産された食品を日常的に摂取している。また，キリスト教や学校教育の導入によって人々の生活のありようは大きく変化している。このような状況では，もはやラパポートが主張したカイコの生態学的機能の検証は不可能である。

　ラパポートの研究が，今日の生態人類学に与えた影響として特筆すべきなのは，その方法論に由来するものである。人口増加や土壌の劣化，二次林の減少など，途上国の集団は生態系機能の劣化という問題に直面している。そのような状況で，周期的に起こる天候不順に対する集団の脆弱性を評価するような研究においては，生態系の人口支持力が推定され，食物生産に関わるエネルギー，食物からのエネルギー・栄養素の摂取などが評価される。そして，生存の脆弱性に影響する要因として，外部からの援助活動，都市部の移住者からの送金の「機能」が評価される。研究の構造としては，ラパポートがカイコ儀礼を生態

Ⅱ　文化人類学の展開

系の持続性にかかわる要因とした考え方と変わることはない。

　また，都市という人為的な生態系に暮らす人々の間で増加する肥満などの健康問題が生じるメカニズムについての研究にもラパポートの方法論の影響をみてとることができる。例えば，都市の中でも，エネルギーを消費しやすい環境（歩きやすい歩道が整備されているなど）に暮らすことで，本人の意図しないうちに身体活動が増加するという研究がある。そこではエネルギーの摂取量と消費量，それに影響する環境要因が検討され，健康教育，保健医療政策などの影響が議論される。この研究の構造も，ラパポートがマリンで実施した研究と基本的には同じである。

　ラパポートの生態人類学的方法論は，発展途上国の環境問題や都市における健康問題の研究など，環境学，医学など幅広い分野へと批判的に継承され，展開されていったと言えるだろう。

◆ 用語解説

人類生態学（human ecology）　人間と環境の関係を研究する分野。文化生態学に源流をもち，人類を生態系の一員として位置づけることで，その行動やふるまいが環境からどのような制約を受けているかを重視する傾向があった。現在では，地球環境や健康の問題に象徴されるような，産業革命以降の人類の生存システムの変容に焦点をあてる研究が多い。

サイバネティクス（cybernetics）　コミュニケーションによる結果情報のフィードバックによって，相互作用する諸要素の複合体は自己制御し，その目的に向かって動くという考え方。適応システムの構築プロセスへの関心から人類学への応用が試みられてきた。

◆ より深く学ぶために

〈原典・訳〉

Rappaport, Roy, *Pigs for the Ancestors: Ritual in the Ecology of a New Guinea People*, 2nd ed., New Haven: Yale University Press, 1984.（初版は1968年刊行）

〈入門・解説書〉

P.K. タウンゼンド（岸上伸啓・佐藤吉文翻訳）『環境人類学を学ぶ人のために』世界思想社，2004年。

（梅﨑昌裕）

生態人類学

リチャード・リー

(Richard Lee：1937-)

◆ 現存する狩猟採集民の研究の先導者

　これまで世界の狩猟採集民を調査・研究してきた文化人類学者の中で，リチャード・リーほど世界的に著名な研究者はいないであろう。彼は，過去50年以上の間，狩猟採集民研究の流れが変わる中で，世界の研究をリードしてきた。現在の彼は，トロント大学の名誉教授であり，カナダの科学アカデミーのメンバーでもある。

◆ 人物と狩猟採集民研究

　リチャード・リーは，1937年にニューヨーク市で生まれてカナダのトロント市で育った。トロント大学では1959年に学士，1961年に修士を取得後，カリフォルニア大学バークレー校人類学部博士課程に入学し，霊長類学者 S. シャーウッドや考古学者デスモンド・クラークの指導のもとに，アフリカ南部のカラハリ砂漠に暮らすサン（ブッシュマン）の調査・研究を行った。具体的には，1963年10月（27歳）〜1965年 1 月（29歳）にかけて，ボツワナ北西部ンガミランド県ドベ地区でのクン・サン（サンの中の一言語集団）の中でフィールドワークを実施し，1965年にカリフォルニア大学バークレー校で人類学博士の学位を取得している。その論文題目は，「クン・ブッシュマンの生計活動に関する生態学的研究」である。彼は，クン・サンの狩猟や採集活動の参与観察に基づき労働時間を数値で示すことで，女性による採集時間が短く安定していること，男性による狩猟活動が不安定であることなどを明らかにした。また，それまでの民族誌的研究ではおろそかにされていた有用動植物を同定するなど，人の側のみならず自然の側の把握も科学的に行った。

　その後，1966年 4 月 6 〜 9 日（30歳）に，彼は，アーヴァン・ドゥヴォアハ

II 文化人類学の展開

ーバード大学教授とともにシカゴ大学にて「狩猟者としての人類（Man the Hunter）」のシンポジウムを開催した。そこには，日本の渡辺仁（→95頁），馬淵東一（→62頁），中根千枝（→179頁）の3名を含め，レヴィ＝ストロース（→181頁）やコリン・ターンブル，ルイス・ビンフォードら世界各国の研究者が集まることになった。それまでは調査対象が分散し学問分野も多様な狩猟採集民研究を1つの形にまとめあげた点は画期的な出来事であった。個別のテーマでみると，生態と経済，社会組織，婚姻，人口，先史時代の狩猟採集民，狩猟と人類進化などである。その成果は，1968年（32歳）に，ドゥヴォア教授との編著である『狩猟者としての人類』という論文集にまとめられ，シカゴ大学出版会から刊行している。この論文集は，狩猟採集民研究を世界的な水準に引き上げた点で大きな成果をもたらしたものであった。

　この論文集において，彼はドゥヴォアとともに，「狩猟者と採集者研究の諸問題」という序論を書いている。その中で，狩猟者の定義（厳密に言うと，狩猟者は鉄や銃や犬をもたずに非狩猟者との接触のない人々であるが，これを当てはめると現代には狩猟者は存在しないことになる），狩猟者の事例の代表性（現存する狩猟者の自然環境は過去のそれとは異なるのみならず，農耕者の拡大によっても現況は異なっている），民族誌による歴史の再構成（文化伝統の継続性の有無について論議）などの問題を指摘している。

　その一方で，現在と昔の狩猟採集者には，以下のような2つの共通点があるという。それは，小集団で生きている点，および居住地を季節的に移動する点である。つまり，個々の局地集団（local group）の社会的構成は固定したものではないが，地理的な範囲と密接に結びついていて，その社会は局地的な複数のバンドで構成されているとした。また，経済システムでは，男は狩猟で女は採集という労働分業をするという基本的な特徴をもっていることが明らかにされた。そして，最も重要な点は，獲得された食糧資源をめぐる分配のパターンである。そこでは，個々人の所有物はできるだけ少なくして富の違いをあまりつくらない平等主義システム（egalitarian system）がつくられている。リーらは，過去の集団は食糧を獲得するために移動しなくてはならないが，現在の狩猟採集民は食料に不足していることはないことから，古代の狩猟採集民はより

よい環境に暮らしていたと想定され食料不足の問題は少なかったとまとめている。

　彼らはまた，世界中において現存する狩猟採集民の生計活動に関する58の民族誌事例を整理して，高緯度（北緯60度以上。例えばユカギールでは狩猟が60，漁撈が30，採集が10の割合，コパー・エスキモーの場合は，狩猟が55，漁撈が45の割合）では狩猟，中緯度（北緯40～59度。例えばアイヌは漁撈が40，狩猟と採集はそれぞれ30）では漁撈，低緯度（北緯0～39度。例えばクン・サンやグウィ・サンでは，採集が70で狩猟が30，漁撈は皆無）では採集のように，緯度別に生計活動の比重が異なる点を数値で示した。この成果は，世界的視野から各地の狩猟採集民を位置づけた最初のものになっている。

　その後，彼は，ドゥヴォアとともに，1968年に，ハーバード・カラハリ調査グループ（HKRG）を発展させていった。このプロジェクトでは，彼の中心的調査地であったボツワナ北東部ドベ地区のクン・サン社会において生態人類学や文化人類学，考古学，人口学，心理学，宗教学などの多様な分野の研究者がフィールドワークをするとともに，ドベ地区以外の地域でも別のサン集団の研究が行われた。そして，1976年（40歳）に，それらの成果を『カラハリ狩猟採集民：クン・サンと彼らの隣人（*Kalahari Hunter-Gatherers: Studies of the !Kung San and Their Neighbors*)』という論文集として刊行している。この論文集は，生態と社会変容，人口と健康，子供らしさ，行動と信念，サンと隣人との関わり方など多岐にわたるテーマから構成されるのみならず，主としてボツワナ内に暮らすサン社会の中での地域的多様性の問題にも触れることでサン研究の厚みがさらに増すことになった。

◆ 著作とサン研究の展開

　彼が，博士論文をもとに執筆した『クン・サン——狩猟採集民的視野のなかでの男性，女性，労働（*The !Kung San: Men, Women, and Work in a Foraging perspective*)』は，1979年（43歳）に刊行された526ページにもなる大著の民族誌である。同時に，アフリカの狩猟採集民サンの研究における古典となった本であり，経済人類学の分野で優れた業績をたたえるハースコビッツ賞を受賞し

Ⅱ　文化人類学の展開

ている。また，この本には，調査地ドベ地区の人口，ラテン名と現地名と利用法をつけた有用植物リスト，同様に動物種リスト，季節的に変わる食事内容などの詳細な資料がつけられている。その一方で，1984年に刊行された『ドベ地区に暮らすクン・サン（The Dobe !Kung)』は，狩猟採集民の優れた民族誌の入門書として，英語圏における大学の教科書用に頻繁に使用されている。その後，この本の題目は，クンからジューツワン（Ju/'hoan）へと民族集団の名称の変更に応じて，後者に変わっている。なお，この本には巻末にクン・サンに関する内容別の映像資料のリストも付与されていて，一般の読者にとって便利である。

　リーは，上述の民族誌の中で，ジュリアン・スチュワード（→75頁）の文化生態学，生産様式（the mode of production）という概念を用いて社会変化を把握する史的唯物論，エコシステムの考え方を人間社会に対して導入した生態システム論の３つを研究の枠組みとして学融合的アプローチを採用している。また，彼はサンが利用する動植物のリストを詳細に記述して，労働時間や食生活の中のカロリー量などについてはできる限り数量化して提示している。

　その一方で，彼の刊行した民族誌の内容は，生計活動，技術，集団構造，土地利用，性的分業などが中心の項目ではあるが，親族名称，社会組織，婚姻，コンフリクトや暴力，宗教や世界観，隣人との関係のあり方，社会変化など多岐にわたっている。中でも社会変化としては，農耕や家畜飼育への移行，賃金労働と出稼ぎ労働への従事，小学校の開設に伴う子どもの行動変化などが挙げられる。また，このような社会変化には個別の差が見られると指摘されており，変化しつつある多様なサンの現在の姿を紹介することが非常に難しくなってきている。

　その後，1980年代には，狩猟採集民を対象にした人類学的研究に関して「**カラハリ論争**」が生まれた。エドウィン・ウイルムンセンは，リーとほぼ同じ調査地で主として歴史学や考古学の研究をしてきたが，リーを代表とする生態人類学は外部社会との政治経済的な関係性の変化を考慮していないという批判を行い，この批判は修正主義と呼ばれている。その批判への回答として，リーは，ジャクリーン・ソルウェーとの共著で，ドベの南東部に位置するクゥエネン地

区とドベ地区との事例を歴史的に比較し，サンの歴史的状況には，隣人に大きく依存する地域と自立性を保持してきた地域があるにもかかわらず，修正主義者は地域差への考慮がないこと，接触の性質を検討する必要がある点を指摘している。

その後，1999年（63歳）に編著『狩猟採集民ケンブリッジ百科事典（*The Cambridge Encyclopedia of Hunters and Gatherers*）』を出しており，現在においてもこの分野における基本文献になっている。同書は，地球的視野から現存する狩猟採集民の民族誌を紹介しながら，世界の狩猟採集民研究の動向が研究テーマ別に理解できるような構成になっている。この本によって世界各地の狩猟採集民に関する個別の情報と同時に，彼らに共通する文化的特徴を知ることができる。

2000年代になると，彼の研究はアルコール問題やエイズ問題などのサンの人々が抱えている社会問題を正面から取り扱うようになる。また，彼は，ドベ地区に隣接するナミビア側でフィールドワークを続けており，国境を越えてサン集団がかかえる土地権の問題も研究している。

以上のように，リーの研究は，ボツワナ北東部のクン・サンに関する生態人類学的民族誌研究から始まり，世界的な視野から見た現存する狩猟採集民の生計維持機構の研究を展開する一方で，クン・サンの研究を歴史的脈略や開発問題の中で位置づけて深めてきた。同時に，複数の編著によって世界の狩猟採集民研究者とともに広範な問題を取り扱ってきた。

◆ 用語解説

カラハリ論争　狩猟採集民サンの歴史的な実像をめぐる論争。リチャード・リーを代表とする伝統主義者は，現存するサンの生活から旧石器時代の人類社会の初期的姿をみることができるとする。一方で，考古学者エドウィン・ウイルムンセンを中心とする修正主義者は，現存するサンの生活は王国や植民地支配などの影響を受けており，地域の中で最下層として社会的に形成されたものであり，人類の初期的な姿を継承するものではないと見なしている。現在においてもこの論争が解決されたわけではない。

Ⅱ　文化人類学の展開

◆ より深く学ぶために

〈原典・訳〉

Lee, Richard *The !Kung San: Men, Women, and Work in a Foraging Perspective*, Cambridge: Cambridge University Press, 1979.

＊ボツワナ北部に暮らすクン・サンに関する民族誌である。1963〜73年まで行ったフィールドワークを基に，サンの生計活動や技術，栄養状態，土地利用，暴力の状況，社会経済変容を総合的に記述・分析したものである。

Lee, Richard and Irven DeVore ed., *Man the Hunter*, Chicago : Aldine Publishing Company, 1968.

＊世界の狩猟採集民を対象にした世界で初めての論文集。英語圏を中心にして，文化人類学を中心にして考古学などの第一線の研究者が寄稿している。その主なテーマは，生態と経済，社会組織，婚姻，人口，先史時代の狩猟採集民，狩猟と人類進化などである。

Lee, Richard and Richard Daly ed., *The Cambridge Encyclopedia of Hunters and Gatherers*, Cambridge: Cambridge University Press, 1999.

＊世界の狩猟採集民を対象にした初めての事典。現存する人々を中心に，民族ごと，および7地域（北米，南米，北ユーラシア，アフリカ，南アジア，東南アジア，オーストラリア）における狩猟採集民の個別の特性を紹介している。また，グローバル化した現代世界の中で生活を営んでいる狩猟採集民の健康状態や生態学的知識や先住民運動などについても紹介している。

（池谷和信）

◆コラム◆　渡辺　仁（1919-1998）

　渡辺仁は1942年に東京帝国大学理学部人類学科に入学，1947年から助手を務め，1960年にアイヌの研究で学位を受けている。この間1954～56年までロンドン大学に留学し，ダーリー・フォードらの教えを受けた。渡辺は当初は考古学に関心があり，それまで注目されなかった原石や剝片も含めた石器製作システムの研究を行った。

　やがて縄文遺跡の立地やセトルメントシステムの解明のためにアイヌの民族誌を援用した一連の論文を発表した。これは考古学資料の解釈のために民族誌を援用するという，土俗考古学（渡辺の表現）の方法であった。渡辺の研究は，一地域内における縄文遺跡の異なった組み合わせと，母村やキャンプサイト等から構成されるアイヌのセトルメントパタンの構造的な比較という意味で，体系的で先駆的なものであった。

　やがて，本人の言を借りると「ミイラ取りがミイラになった」というが如く，関心が考古学から生態人類学的研究へと広がっていった。彼の博士論文は，渡辺の存在を世界的に知らしめたアイヌの生態系（Ainu Ecosystem）の研究である。渡辺の考える生態人類学はアイヌ社会の男女の活動系を彼らの生きる時間・空間系の中で分析する先駆的なものであった。さらに生態系は物質的側面と超自然的側面が分かちがたく結合したものであり，このような環境の認識に基づき，技術的活動系と儀礼的活動系を統合した形で適応していることを強調している（*The Ainu Ecosystem: Environment and Group Structure*, University of Tokyo Press, 1972）。

　このアイヌ研究によって渡辺は学史的にも名高い Man the Hunter シンポジウム（1967年）に招待された。このとき米国のニューアーケオロジーの旗手ルイス・ビンフォードも渡辺から刺激を受けたと言われる。そして渡辺はビンフォードのいたニューメキシコ大学に招かれ，半年間教鞭を執っている（1974年）。この時期と前後して中近東での旧石器の発掘，さらに大塚柳太郎とともにニューギニアで先駆的な調査（1971年）を行い，日本オセアニア学会の初代会長に就任している。

　1972年には理学部から文学部の考古学教室に移り，教授となった。1980年に東京大学を退官，その後北海道大学や早稲田大学などの教授を歴任した。さらに1983～84年はミシガン大学でも教えたが，1998年に79歳で鬼籍に入った。

　筆者が考古学研究室に76年に進学して，最初にゼミでテキストに指定されたのはコーネリウス・オスグッドの *Ingalik Material Culture*（『インガリックの物質文化』）であった。この民族誌は数多くある物質文化民族誌とは異なる側面をもつ。通常の民族誌は道具の羅列で終わるのに対して，この民族誌は1つの道具の製作や使用に関する変異（製作・使用する人間の性別，季節性，空間の違い，さらに形態や材質上の変異，等），使用年数，製作時に生じる残滓などにも言及している。残存した物的資料の多様性の中に

Ⅱ 文化人類学の展開

何らかのパターンを見出し，過去の人類の生活や行動に迫る考古学と，代表的な道具の記述で終わる通常の民族誌は似て非なるものであることに渡辺は気がついていた。

また渡辺は自分の研究を囲碁に例えていた。「関連しない多岐にわたる研究をしているような印象をもたれるが，個々の論文はそれぞれ定石にそった一手である」と。そしてその「定石」が完成したといえるのが『ヒトはなぜ立ち上がったか』(1985) である。渡辺生態人類学の二本柱，生態学と進化学が統合された壮大な作品である。

同書は考古学や古人類学のデータに民族誌的データを構造的に組み込んで，人類進化上の謎，二足歩行の起源について論じたものである。渡辺は，狩猟採集民のロコモーション，すなわち歩行，走行，匍匐，登攀などが採集活動，小動物狩猟および大型動物狩猟とどのように対応するかといった面に着目した。その結果，人類の二足歩行化には質の異なる2つの段階，アウストラロピテクスとホモ・エレクトゥスという2つの段階があったと結論づけた。

速度は四足獣や類人猿にも劣るのになぜ人類は二足歩行を始めたのかという問いに関して，渡辺は堀棒をもち運んで行う根茎類の採集と小動物の穴猟（短距離歩行ないし走行で可能）等の重要性を指摘する。最古の石器とされる礫石器に関しても，従来のように石核だけではなく，その製作の際に生じる剥片が，天然石片とともに堀棒の製作ないし保修，また小動物の解体などに使われたとする。

この堀棒からホモ・エレクトゥス段階では大型動物用の狩猟具が発達したと考える。またこの段階では狩猟採集民の民族誌に見られるように，長距離の走行が重要になり，前段階では類人猿の一時的二足歩行とは程度差しかなかった歩行形態が，ついに質的な転換をとげ，現生人類の歩行形態が完成したとする。

2012年に中部人類学談話会主催・生態人類学会協賛で「特集・生態人類学の現在」という研究会が2回連続して行われた。1回目は東大の渡辺仁，2回目は京大の伊谷純一郎の生態学について，それぞれ弟子や同僚が論ずるものであった。伊谷を祖とする京都学派はサルの個体識別法を駆使して霊長類から人類の進化を論じたが，その対象はあくまで種としての進化であった。一方，渡辺の方法論は個体，特に個体間の変異を軸とした生態学であった。このことは，両者を直接知る研究者がみな一致した点であった。

アイヌ研究から始まる渡辺の生態人類学は，『人類学講座12：生態』(1977) を見ると，東京大学理学部における弟子たちの調査において性別や年齢による分業あるいは技量差の問題，すなわち個人差の問題を重視している。さらに渡辺の晩年の著作『縄文式階層化社会』(1990) においては同じ社会の男女だけではなく，男性狩猟者間の差，さらに退役狩猟者などを含めた行動変異を軸に階層化を論じている。また日本先史時代の稲作導入に関しても男女，専業と非専業などの個人差から稲作導入のプロセスを論じている。

(後藤　明)

◆コラム◆　田中二郎（1941-）

　「ジロー」のことなら，老人から若者まで誰もが，嬉々として語る。南部アフリカの
ボツワナ共和国，その中央に位置するセントラル・カラハリ地域。ここに暮らすグイ語
やガナ語を話すサン（ブッシュマン）の間に，田中二郎を知らないものなどいない。田
中が初めてこの地を訪れたのは，今から半世紀も前，大学院生が気軽に飛行機になど乗
れなかった時代のことだ。彼は，１カ月近くもの船旅の末に辿り着いた南アフリカから
さらに北上し，カラハリ砂漠の奥地でさらに３カ月以上も探索を続けた。そしてようや
く遊動的な狩猟採集生活を続けるサンの人々に出会った。

　それ以来，田中は彼らと寝食をともにし，狩猟や採集に同行し，その活動をつぶさに
観察し，その話に丁寧に耳を傾けてきた。サンの生活のただなかで，長期にわたってフ
ィールドワークを続けてきたのである。そして具体的な資料に基づいて，サンの生業活
動や食生活，離合集散する柔軟な集団構造などを実証的に解明することに成功した。彼
の初期の研究成果は『ブッシュマン──生態人類学的研究』（1971）としてまとめられ，
さらに *The San Hunter-Gatherers of the Kalahari: A Study in Ecological Anthropology*
（1980）として英訳出版された。これらの著作は国内外で高く評価され，田中は狩猟採
集社会研究における国際的な第一人者として知られるようになった。

　サンに関する学術研究は19世紀後半には始まっていたが，彼らの生活の場に赴いて，
本格的なフィールドワークがなされるようになったのは，1950年代になってからであっ
た。こうした実証的研究はやがて，カラハリの乾燥した生態環境にサンの狩猟採集生活
がどのように適応しているのかという関心に絞り込まれていった。田中の研究も，この
流れの中に位置づけられ，1971年からは，同様の関心からボツワナ北西部でサンの調査
をすでに始めていたリチャード・リー（→89頁）を中心とする研究チームにも加わった。
田中は，彼の調査地であったセントラル・カラハリ地域が，ボツワナ北西部よりもさら
に乾燥の進んだ地域であることに着目し，恒常的な水源のないなかでの狩猟採集生活の
特徴をあぶりだした。サンの地域集団間比較の視点をもち込むことで，サン社会の柔軟
性を明らかにすることに貢献したのである。

　田中やリーらのサン研究は，国際狩猟採集社会学会を舞台に深められ，狩猟採集社会
の典型例を示すものとして多くの論議に貢献した。サンの生業活動と食生活の分析から，
１日労働平均時間は短くとも，十分なカロリーを摂取していること，それは豊かな植物
性食物に支えられていることが明らかにされ，狩猟採集民がそれまで信じられていたよ
うな「余裕のない貧しい生活」をしているわけではないことが示された。また広範囲の
土地を利用して，頻繁に離合集散しながら遊動生活を営んでおり，この高い柔軟性と流
動性が季節的，経年的な変動の大きいカラハリの自然環境に適応していることが指摘さ

Ⅱ　文化人類学の展開

れた。さらに得られた食物が徹底的に分配されること，個人の所有物が少なく，その格差も最小限であること，そして階層的な社会組織や社会的地位をつくらないことなどから，この社会が「平等主義的な社会」であることも論じられた。

　こうした田中の研究は，黎明期にあった日本の生態人類学の研究手法や理論の確立にも大きく貢献した。彼の徹底したフィールドワークによって，日本では初めて，自然に強く依存した狩猟採集社会の実態や特異性が実証的に明らかにされ，さらにピグミーなどの他の狩猟採集社会との比較研究へと広がっていった。また現存の狩猟採集社会の分析が人類社会の進化史を解明する手がかりとして重要な資料となりうることも確認された。

　ところがその後，セントラル・カラハリ地域における遊動的な狩猟採集生活は，大きな変化を余儀なくされることとなる。1979年には，定住化を伴う開発計画が実施され，さらに1997年になると野生動物保護と住民の生活改善を理由に住民移転が開始された。この激動の時代を目の当たりにした田中は，サンの社会がどのように変容していくのかという課題を掲げ，さらに根気強く調査を続けてきた。

　特筆すべきは，田中が十数名の研究者からなる学際的な研究チームを組織し，南部アフリカの政治・経済・社会の歴史的な変化の中にサン社会の変容過程を位置づける総合的な地域研究を進めたことである。この長期共同研究は，1つの地域を多角的な視点で捉えるという試みに関して，先駆的な成果を上げるとともに，現在も同一の地域コミュニティを対象とした調査研究を継続しており，世界的に見ても高い持続性を誇るものとして知られている。

　この研究をとおして，田中は，一連の開発政策が，カラハリの自然の中で絶妙な平衡関係で成り立ってきた狩猟採集生活を突き崩したことを，継続調査による詳細な資料に基づいて鋭く批判してきた。しかしその一方で，その未来をあきらめることなく，サンの人々の融通無碍な順応力に信頼をおき，ともに困難に立ち向かいながら，研究を続けている。生涯をかけてフィールドに寄り添う田中の研究姿勢は，フィールドワークを根幹におく人類学においてあるべき姿とも言えるだろう。

　そんな「ジロー」は，サンにとって，いわば苦楽をともにする親族の一員であり，そして地域史の重要な部分を占める存在でもある。「ジローは私たちのことなら何でも知っている。原野で動物を追っていた頃のことも，学校ができた頃のことも，そして，この新しい土地ではじめた暮らしのことも」。そう嬉しそうに語る人たちが，セントラル・カラハリ地域には今もあふれている。

（丸山淳子）

認識人類学

ハロルド・コリヤー・コンクリン

(Harold Colyer Conklin：1926-2016)

◆ モノグラフとしての人類学の到達点

　ハロルド・コンクリンは，フィリピンのハヌノオ族とイフガオ族における集約的かつ継続的なフィールドワークに基づき，民俗分類，色彩名称，在来知識，生業システムなどに焦点をあて，言語と文化と環境との関わりについての優れた民族誌的記述を残した，アメリカの文化人類学者・民族生態学者である。

　総合科学としての人類学の1つの到達点を2つの社会を対象としたモノグラフとして結実させた功績を筆頭に，語彙素分析に基づく民俗分類体系の抽出，分類と認識のプロセスとコンテクストに注目した個別文化の記述と分析，民族生態学の視点を組み入れた民族地図帳による農耕システムの動態の解明など，**認識**人類学を中心とした理論的諸課題の発展においても先導的な役割を果たしたことで知られている。

◆ 生い立ちと経歴

　1926年アメリカ合衆国北東部ペンシルベニア州に生まれ，ニューヨーク州ロングアイランド島で育った。7歳の夏にシカゴのワールドフェアで，ダコタ族の女性と踊った幼少時代の経験こそが，その後の研究人生の歩みを決定づけた。研究の半生を費すことになったフィールドのフィリピンを訪れたのは，第二次世界大戦に従軍中であった。この時に南西部パラワン島のタグバヌワ族と中西部ミンドロ島のハヌノオ族（現在はハヌノオ・マンヤン族と呼ぶことが一般的）の予備調査を行った。

　1948年に22歳で大学に復帰すると，人類学者アルフレッド・クローバーや言語学者マリー・ハースの指導の下，パラワン島とミンドロ島からもち帰った文書をカタログ化し，自身のフィールドノートを参照しながら600ページに及ぶ

Ⅱ　文化人類学の展開

ハヌノオ語彙集をまとめあげた。1950年秋にはイェール大学の大学院に入学し，親族名称の成分分析で知られる言語人類学者フロイド・ラウンズベリーの指導の下，学位論文『ハヌノオ文化と植物界との関連性』を完成させたのは1954年，29歳の時であった。

　学位論文を提出した翌日にはコロンビア大学人類学部に加わり，1962年まで准教授を務めた。そしてイェール大学人類学部において1962年に36歳の若さで教授となり1996年に70歳で退職するまで研究教育に従事した。

◆ 民俗分類 —— 言語学の応用による方法概念の確立

　アメリカでは，博物学者によって先住民社会における植物調査が行われ，民族植物学や民俗生物学という分野が開拓されていった。そこから生み出されたものは，単なる植物利用といった面にとどまらず，植物を媒介にして先住民の自然に関する知識を発掘していくことであった。

　コンクリン以前の**民俗分類**の研究者も，それぞれの土地に独自の民俗分類体系が存在していることを報告しているが，その調査については調査者の主観が入り込むことがあった。このような状況の中，コンクリンは語彙素分析（lexeme analysis）という言語学の方法を応用し，民俗分類の抽出と構成の基礎づけを行った。

　コンクリンは植物の科学的な同定結果と，ハヌノオの人たちの植物分類を明確に区分する。科学的な分類の科や属や種という分類カテゴリーである「タクソン（taxon）」と，土地の人たちの分類カテゴリーとを厳格に分け，後者に「植物タイプ（plant type）」という名を与える。1300以下にしかならないタクソンに対して，1625に及ぶ植物タイプを分類した。これは，両者がカテゴリーとして同じ性格を共有しているとは限らないことに，留意した結果である。

　コンクリンは，ハヌノオの人たちの分類のプロセスに徹底的にこだわり，弁別的な特徴として用いられる，ハヌノオ語の植物の部位や形質についての語彙を150も列挙している。また民俗分類を，その静態的な結果としてだけではなく，呪術や宗教，薬としての利用から，詩や歌や日常会話の中でのメタファーとしての援用まで，その利用の多様なコンテクストを詳しく記載した。彼の

『ハヌノオ文化と植物界との関連性』は，民俗分類の記載と分析，および植物についての知識の生活文化の中での利用のされ方を明らかにした，画期的な労作であったのである。

◆ 色彩名称 ── カテゴリー化の個別性とプロセスへの着目

　文化人類学において親族名称と並んで，意味論の理論的研究に大きく貢献した分野が，色彩名称であった。色彩は，それ自体閉じられた領域をなし，数字や曲線といったスペクトルで表すことが可能であるという客観的基準，つまりエティックな（etic）属性を担っていると同時に，認識という文化的レベルのイーミックな（emic）属性をも担っていることから，文化人類学のみならず言語学や心理学などの分野において注目されてきた。西洋科学では，色彩は〈色相・明度・彩度〉という3属性によって識別される。しかし色彩のカテゴリー化は，決して普遍的なものではない。そのことを初めて，特定社会における民俗分類として明らかにしたのが論文「ハヌノオの色彩カテゴリー」であった。

　ハヌノオにおける色彩語彙は，ビル（相対的な暗さ），ラッグティ（相対的な明るさ），ララ（相対的な赤の存在），ラトゥイ（相対的な明るい緑の存在）という4つの色彩基本語のうちの1つに分類された。ビルとラッグティには明るさと暗さとの対立，ララとラトゥイには乾き具合（乾燥度）と湿り具合（新鮮度）との対立という対立的意味領域が認められる。特にラトゥイの区別は植物に関して重要であり，ほとんどすべての生きた植物種が，ある種の新鮮でみずみずしく，たいてい「緑がかった」部分をもっていることと関係していたのである。したがって，ハヌノオが植物界との関係を通じて築きあげた色彩システムは，〈明るさ・暗さ・湿り具合・乾き具合〉という4つのカテゴリーによる分類を核としていると結論づけられた。

　このような言語の相対性と文化の個別性の主張に対して，ブレント・バーリンとポール・ケイは『色彩基本語（*Basic Color Terms*）』（1969）の中で，色彩基本語に関する普遍と進化を提唱した。世界の98の言語における色彩語彙を検討した結果，11の色彩基本語が存在すること，そしてそれらは7つのステージを経て進化したものであり，その進化は歴史，特に技術の発達と対応している，

Ⅱ　文化人類学の展開

という大胆な仮説を提唱した。それに対しコンクリンは，人類社会において色彩基本語が3つ見出されるとすれば，それらは必ず白と黒と赤であるということを発見した点などには敬意を表したものの，個別文化において色彩語彙間の対立関係性や階層性を考慮することのない普遍主義的進化論的アプローチの未熟さを批判した。

　コンクリンが色彩名称の分析を通じて探究していたことは，一般化や本質化ではなく，カテゴリー化の個別性，分類のプロセス，色彩認識が形成されるコンテクストであったと考えられる。個別性，プロセス，コンテクストに対する考察は，ルソン島イフガオの農業システムにおける地形の分類に関する考察を通じて，深化していく。

◆ 農耕の知識——時空間上に資源利用と土地管理の個別データを図示

　イフガオにおける地形に対する民俗分類では，8つのカテゴリー，すなわちマプルン（草地），キナラハン（森林），マビラウ（藪地），ピヌグ（植林地），ハーバル（焼畑地），ラッタン（居住地），キリド（灌漑地），パヨ（池地）を見出した。これらの語彙は，平坦か否か，耕作されるか否か，樹木が茂るか否か，最大限管理されるか否か，という弁別的特徴からカテゴリー化される。しかし，時間がたつと違ったカテゴリーになることがある。例えば，ある場所は1937～65年の間に，森林→焼畑地→植林地→池地→灌漑地→藪地→焼畑地→植林地→池地へと変わった。焼畑地→植林地→池地→灌漑地→藪地，そして再び焼畑地→植林地…と繋がる周期性を見出すことができる。しかしすべての場所が同じ経緯を辿るわけではなく，灌漑地と居住地と藪地と池地の間では双方向の変化が頻繁に起こるのに対して，草地→植林地，草地→灌漑地，池地→焼畑地，森林→草地，森林→藪地という変化の方向は見出せない。

　このような個別の地形のカテゴリー化のプロセスとコンテクスト，ひいては入り組んだ土地管理の実態について，イフガオが暮らす北中央地域の96平方キロメートルの地域を対象として，計1000点の航空写真を駆使して住民とともに作りあげる参加型マッピングの方法と，20年近くに及ぶ人類学的フィールドワークの結果を統合化することにより，熱帯地域の棚田・段々畑における農耕シ

ステムの全体像を浮き彫りにした。小縮尺の地図3.1平方キロメートル上には，1946を数える棚田・段々畑の位置，形状，所有に加えて，それらの築造の仕方，灌漑水の水源と流れの方向，宗教的な場所の位置，作付された作物の種類などの情報が合わされて，総合的に検討されている。これが『イフガオ民族誌地図帳』（1980）であった。

　それ以前にすでにコンクリンは『ハヌノオの焼畑農耕』（1957）において，土着のカテゴリーと実践に光をあてる「民族生態学的アプローチ」により，森林から草原への遷移もしくは草原から森林への遷移に関連した多様な要因を同定し，焼畑が草原への遷移をもたらすという，行きすぎた一般化の危険性を喚起して，焼畑という賢明な伝統的生業システムは持続的な土地利用たりうるという見解に達していた。

　社会生態学的な遷移は，決して１パターンのみでなく複数の経緯を辿り，長い時間幅の中で周期的に循環しつつも多様な方向性をもったものになる。したがって現在観察できることは，生態学的な過去また未来を見すえた人々による管理の一端を見ているにすぎない，ということをコンクリンは強く意識していた。だからこそ，１つとして同じ形や面積のものはない棚田・段々畑において繰り広げられる資源利用と土地管理に関するデータを時空間上に可能な限り簡明に図示することにより，農業システムの動態の全体像に迫ろうとしたのである。

◆ 優れた記述──敬意を払うこと，厳格であること，責任をもつこと

　長年の理解者であったチャールズ・フレイクはコンクリンの業績を振り返って，「優れた記述」と名づけることを提唱した。コンクリンの民族誌は，詳細であるだけでなく，壮大な構想のもとに入念に構成されており，芸術作品という観点からも優れていた。

　コンクリンの主要論文を集めた本『優れた記述』（2007）を編集したジョエル・カイパーとレイ・マクダーモットは，「民族誌の責任」と題した序章の中で，特定のフィールドでの長年の仕事に基づいたコンクリンの著作を全体として眺めた時，それらが類例のない価値をもっている理由として，調査データに対する姿勢を挙げた。その姿勢とは，事物と現象に敬意を払うこと，コンテク

Ⅱ　文化人類学の展開

ストに厳格であること，エスノグラファーとして未来世代に責任をもつことである。

　コンクリンは，どのようにハヌノオとイフガオの人たちが働き，話し，考え，遊んだかについての知識を発見し，記述し，表現し，残していくことに，あふれる情熱をもって挑んでいた。そして大学の講義においては，エスノグラファーは自分が記述する事物と現象に敬意を払うべきであることを学生に体得させた。そして彼の著作は，それぞれの文化，社会，環境におけるコンテクストに沿って，日々の現実を子細に記すことに厳格であった。

　エスノグラファーの最も大きな責任の1つは，対象社会の生活の仕方の複雑さについて細心の注意を払って，創意工夫をもって，表現することである。コンクリンは，それまでのそしてその後のどのエスノグラファーよりも，この責任を果たすことに最大限努めた。そして意図して，未来世代に向けて書いていた。

　未来世代には研究者のみならず，ハヌノオやイフガオの人たちがもちろん含まれている。『イフガオの民族誌地図帳』に基づく伝統農業システムの記録は，現地の人たちの暮らしに寄り添った政策立案に大いに活かされた。またコンクリンの研究成果の完成度が極めて高い理由の1つは，言語学，植物分類学，生物学，地理学，歴史学など関連する多くの研究者との調査現場での協力関係を通じて築きあげた点にもある。

◆ その後の展開──“人類学的探究のクライマックス”としての輝き

　21世紀における認識人類学と民族植物学において，コンクリンの民俗分類や色彩名称に関する仕事は古典としての地位を確立している。ただし認知科学の一分野として普遍性への志向がより顕著になった認識人類学の発展の方向においては，その影響は限定的なものにとどまっている。他方，民族植物学の関心は個別社会にあったとしても，生物多様性保全を前提とする問題意識が強くなったと言える。ポストモダンの人類学の波に押し流されず，むしろ「優れた記述」の価値が際立ったことにより，コンクリンは「最も偉大なエスノグラファー」の1人と言われる。

　自然との密接な関わりあいから生み出された叡知を，どんどん見失いつつあ

る現代において，コンクリンによる1940～70年代フィリピンの個別社会の優れた記述は，"人類学的探究のクライマックス（極相）"として比類のない輝きを放ち続けている。

◆ 用語解説

認識／認知（cognition）　日本では，cognition は「認識」と訳され，cognitive anthropology は「認識人類学」と呼ばれている。他方，言語学や心理学においては，cognition は「認知」と訳された。現代の認知科学（cognitive science）研究において，分類やカテゴリー化をめぐる分野においては認識人類学も開拓的な役割を果たした。

民俗分類（folk classification），民俗分類学（folk taxnomy）　民族分類学は，当該社会において科学的な分類学に匹敵するとみなせる知識体系を静態的に描き出そうとするのに対し，コンクリンは文化に内在する民俗分類としての論理と意味を動態として記述，分析することを志向していた。

◆ より深く学ぶために

〈原典・訳〉

H. コンクリン（縄田浩志訳）「ハヌノオの色彩カテゴリー」『エコソフィア』3，1999年。

H. コンクリン（橋本哲一訳）「ハヌノオ村の幼年時代」C. N. ルンベラ／T. G. マセダ編（橋本哲一編訳）『フィリピン伝統文化への招待』勁草書房，1990年。

＊邦訳には，上記の2論文がある。

Kuipers, Joel and Ray McDermott eds., *Fine Description: Ethnographic and Linguistic Essays by Harold C. Conklin*, New Haven, Connecticut: Yale University Southeast Asia Studies Program, 2007.

＊主要な論考が所収されている論文集。

〈入門・解説書〉

寺嶋秀明「フィールドの科学としてのエスノ・サイエンス：序にかえて」寺嶋秀明・篠原徹編『エスノ・サイエンス』京都大学学術出版会，2002年。

福井勝義「認識人類学」綾部恒雄編『文化人類学15の理論』中央公論社，1984年。

福井勝義「コンクリン──『新しい民族誌』の開拓者」綾部恒雄編『文化人類学群像──外国編②』アカデミア出版会，1988年。

松井健「動・植物の民俗分類」合田濤編『認識人類学』至文堂，1982年。

（縄田浩志）

II　文化人類学の展開

◆コラム◆　福井勝義 (1943-2008)

　福井勝義は，日本と東アフリカを舞台に，自然との共生のもとに生み出された人間集団の生存戦略，焼畑と牧畜を支える豊かな土着の知識，民族間の戦いにみる排除と受容のメカニズムを実証的に浮き彫りにした文化人類学者・社会生態学者・民俗生態学者である。

　1943年，島根県能義郡（現・安来市）に生まれる。1967年，京都大学農学部卒業。1971年，同大学院農学研究科博士課程中退。農学博士（京都大学，1973年）。東京外国語大学アジア・アフリカ言語文化研究所助手，国立民族学博物館助教授，京都大学総合人間学部教授，同大学院人間・環境学研究科教授として研究教育の発展に努めた。

　主著は『焼畑のむら』（1974）と『認識と文化――色と模様の民族誌』（1991）である。『焼畑のむら』は，日本の高度経済成長期（1960年代）に消滅しかけていた焼畑を最も多く残していた高知県椿山を調査地として，焼畑という生業を通じて獲得された自然認識と，急速に変貌しつつあった農村社会の構造や生活の諸相を描き出した著作である。山の呼び名の語彙分析を手がかりとして，土壌と植物の相関，輪作形態と植生の遷移，信仰などから，自然との相互作用から育まれる人々の自然観に迫った。同時に実際の山焼きにおける温度変化や土壌中の炭素量や窒素量の変化を記録して，山焼きの効用の科学的な検証を試みている。戸別ごとの土地所有・利用面積，1年間の労働配分と季節による労働の種類の変化といった量的データから，血縁・婚姻関係，日々のつきあいの様子や人生についての語りといった質的データまで，焼畑農耕文化の貴重な記録となっている。後年，民俗生態学的視点から焼畑農耕の普遍性と進化を射程に入れて基本的特徴を論じる際には，焼畑の原初的形態もしくは上位概念として，自然の遷移を基盤にした半栽培型農耕「遷移畑（succession field）」を提唱した。

　『認識と文化』は，エチオピア西南部ボディ社会において，色彩や模様の認識が家畜特にウシの毛色の認識や民俗遺伝観を基盤にしており，彼らの世界観や個人のアイデンティティの形成と密接に結びついていることを，認識人類学的アプローチにより解き明かした民族誌である。ボディ社会では8つの色彩基本語間に近縁関係を認めて，近縁の色彩や模様の一群に人間の血縁関係を意味するカテゴリーが当てはめられていることを明らかにした。色彩の近縁関係において，例えば「ビレジ（黄）」と「ギダギ（灰色を中心とするいくつかの色）」が「ゴニゲ（兄弟関係）」であるとされた理由は，母ウシがビレジだとギダギの子ウシが生まれるからだ，という遺伝観と深く関わっていたのである。中でも特に，首長筋の10代目の先祖の地からつれてきた「ベリヤッチ」と呼ばれる雌ウシは，母子関係を通して16世代にもわたり，毛色を辿っていくことができる。その一方，種ウシとして選択される雄ウシは，「モラレ」と対応する。「モラレ」とは，自分の生涯になう特定の色・模様であり，生後1年たって初めて社会的な名前をつけてもら

う際に父系の系譜を通じて継承する。その毛色をしたウシを手に入れるために結ばれる盟友関係は，最も強い社会的絆の１つとなっていく。そのほかにも，ウシを中心とする家畜の多様な毛色が種々の儀礼に用いられるなど，自然界や超自然界の１つひとつの要素と密接に結びあっている。こういった意味において，色・模様は，人々のアイデンティティの対象や生きがいになっているばかりではなく，彼らの社会の人間関係を強化し，次の世代に継承させていく文化装置の核にもなっていることを示したのである。

　その後，栽培植物モロコシに対しても「モラレ」の存在を確認し，植物や動物のドメスティケーション（domestication）といった人間と生物の歴史的な相互関係を考える際に「人間と栽培植物および家畜の共進化（co-evolution between humans and domesticates）」という概念を提起した（Katsuyoshi Fukui and Roy Ellen eds., *Redefining Nature: Ecology, Culture and Domestication*, Oxford: Berg, 1996）。また，情報の循環という観点から相互に関係し共鳴し合う近隣の複数社会を「エスノシステム（ethno-system）」として捉えることを提唱しつつ（川田順造・福井勝義編『民族とは何か』岩波書店，1988年），スーダン南部ナーリム社会では絶え間ない戦いの日常を詳細に記述し，エチオピア西南部では民族間の敵対・同盟関係を攻撃する側とされる側から複眼的に分析することにより，民族の生成過程や資源の社会化を明らかにする考察へと展開をとげた（Katsuyoshi Fukui and John Markakis eds., *Ethnicity & Conflict in the Horn of Africa*, London: James Currey, 1994）。

　牧畜研究に関しては，それまで混乱しがちであった「家畜飼養」や「畜産」といった概念との相違点を整理した上で，「牧畜（pastoralism）」を「遊牧（nomadic pastoralism）」の上位概念とし，その生業対象を「牧畜的家畜」（草食性でかつ群居性の有蹄類）とする定義によって，生業分類における牧畜の明確な位置づけを行った（谷泰・福井勝義編『牧畜文化の原像─生態・社会・歴史』日本放送出版協会，1987年）。牧畜社会を研究対象とする日本人研究者によって，その後様々な観点から批判的検討が加えられつつも，この定義は参照の出発点としての評価が定まっている。

　国際的な反響としては，国立民族学博物館において初の国際シンポジウムを組織して（1977年），マンチェスター大学のディヴィッド・タートンとの共編書『東アフリカ牧畜民の戦い』（1979）にまとめあげると（Katsuyoshi Fukui and David Turton eds., *Warfare among East African Herders*, Senri Ethological Studies No. 3, Osaka: National Museum of Ethnology），総合科学ジャーナル『*Science*』，欧米を代表する人類学ジャーナル『*Man*』『*Ethnos*』『*American Anthropologist*』『*Annual Review of Anthropology*』，地域研究ジャーナル『*Africa*』『*African Economic History*』等に書評が掲載され，世界を先導する研究拠点の１つに日本の牧畜研究，アフリカ研究，人類学研究を引き上げることに貢献した。　　　　　　　　　　　　　　　　　　　　　　　　　（縄田浩志）

経済人類学と構造主義歴史人類学

マーシャル・D・サーリンズ

(Marshall D. Sahlins：1930-)

◆ **理論派人類学者**

　アメリカの人類学者マーシャル・サーリンズは，第二次大戦後まもなく大学教育を受けた世代である。理論家として知られる。**新進化主義**に関わりつつ，**経済人類学**の理論家として名をあげた。同時に，社会運動家としても知られ，1965年にベトナム戦争に反対して彼が主導して開催した形式の討論集会は，後にティーチ・インと呼ばれて，各地で開催されるようになった。

　その後，構造主義歴史人類学として発表した『歴史の島々』をはじめとする一連のオセアニア地域を中心とした歴史研究は，人類学者のみならず歴史学者の注目も集めた。構造主義，機能主義といった人類学の中心的研究が研究領域の中では歴史研究を傍流に追いやる傾向にあったが，時間軸の問題を人類学の正面に取り上げた彼の研究の影響は大きい。

　論客として批判も多く行っているが，同時に多くの批判を受けてもいる。20世紀後半の人類学理論の形成に大いに貢献した人物の1人である。

◆ **生い立ちと経歴**

　1930年シカゴ生まれ。野球に夢中の少年時代を送ったという。ミシガン大学にてレスリー・ホワイト（→69頁）の指導の下で人類学を学び，1951年に学士号，1952年に修士号を取得した。その後，コロンビア大学にて，エリック・ウルフ（→114頁），モートン・フリード，シドニー・ミンツら先輩学究との交流の中，マルクス主義や政治経済学から多くを学び，同時にこの頃コロンビア大学で経済史を教えていたカール・ポランニーの授業に熱心に出席していたという。彼らが中心となってポランニーの理論を基礎に据えることにより経済人類学という分野が誕生した。1954年には博士号を取得し，その後約2年間のフィ

ールドワークの後，母校に帰りミシガンでの教員生活が始まる。この頃から，政治活動を始め，ベトナム戦争反対の運動を学生とともに繰り広げた。

　1960年代の後半，2年ほどをパリで客員教授として過ごしたが，その時にレヴィ＝ストロース（→181頁）と交流する機会を得て，構造主義に深く触れることになる。この経験から，後の構造主義歴史人類学の研究が始まるが，単行本として成果が出版されるのは1980年代になってからである。今日では経済人類学の古典とされる『石器時代の経済学』が出版されたのは1972年であり，1973年にはシカゴ大学の人類学部に移籍している。

　1981年に，キャプテン・クックの死の謎を解き明かす『歴史の隠喩と神話の現実』を出版，1985年には，オセアニア各地の歴史研究を行う『歴史の島々』を出版した。1990年前後には，ハワイのオハフ島アナフル谷のコミュニティの接触後の変容を，考古学者パトリック・カーチとそれぞれの視点を活かす研究を行い，それぞれの立場からの出版を行っている。

　その後も，2001年の9・11事件に対応して2004年に行われたイラクへの再攻撃を批判して『ツキジデスへの謝罪——文化としての歴史またその逆を理解するために』（2004）を出版した。2013年には，21年間務めた全米科学アカデミーの終身会員を辞任したが，それは社会生物学者ナポレオン・シャノンの選出と，全米科学アカデミーが軍事研究を受け入れたことに抗議するためであった。

◆ 博士論文とフィールドワーク

　近年のスタンダードな人類学者の経歴では，最初の通過儀礼的な長いフィールドワークの後に，そのデータに基づいた民族誌を書いて博士論文とし，学者デビューとなるのであるが，サーリンズは文献調査により論文執筆を行い，博士号を取得している。「ポリネシアの社会成層」と題した博士論文は，1958年に同じタイトルで出版されている。この研究は経済人類学的な理論を用いてポリネシアの王権・首長制を分析したものである。社会成層の深度に応じて，ハワイ等の王権からトケラウ諸島の首長制にいたるまで，4段階に分類してそれぞれの社会を検討した後，構造的に異なるラメージ型とディセント・ライン型の2つのタイプの王権・首長制を見出している。成層の深度には社会進化的な

Ⅱ　文化人類学の展開

説明が行われる一方，王権・首長制の型については，生態学的条件との結びつきが検討されている。ポリネシア人の移住が一系的になされたという事情に即して，同じ基層的な社会構造をもつ社会が，どのように進化していくのかという，まさに新進化主義的な課題から，社会変化の法則性を確かめる研究となっている一方で，王権・首長制社会の統合原理となるというポランニーの再分配の概念がそこに用いられている。

　一方，1954～55年に妻とともに移り住んで民族誌的調査を行ったモアラ島は，フィジーの主島ヴィチレヴ島の南東にある，フィジー人が約1200人居住する小島である。このモノグラフを記述する手法として，サーリンズは当時標準とされていた，技術，経済，親族，政治組織，法，儀礼等々といった具合に分類した記述を用いず，家族から順に大きな社会集団へと記述を広げ，最後は島の外へと関係を辿るという手法をとっている。文明社会＝市場社会では経済が独自の制度となり政府等とは別な動きをとるが，「未開社会」では，それらの制度をそれぞれに分離することは不可能で，人々の生活の基盤となっているのは親族組織だから，親族組織を中心に記述を行うとサーリンズは述べている。ここには，市場社会では経済が単独の制度として離床すると述べたポランニーの考え方が表れているが，一方で当時はアメリカ人類学とは対立関係にあったイギリス社会人類学の主張にも近いものがある。

◆ 経済人類学と社会の動態

　『石器時代の経済学』には，それまで書きためた経済人類学関連の論文を収録している。人類学者の間では，「未開交換の社会学」の章の議論が最も有名である。この章は，彼が教科書として書いた『部族民』（1968）の「部族経済」の章をもとにしているが，かなり加筆訂正がなされている。互酬性を，ここでは一般的互酬性，均衡的互酬性，否定的互酬性の３種に分け，これが社会関係の距離に応じて変化する様をダイナミックに提示している。互酬性をタイプ分けするこの分析概念は，教科書に多く取り上げられる結果となった。また，「贈与の霊」の章は，マルセル・モース（→22頁）が『贈与論』（1924）の中で，贈り物に潜む霊魂故に人々は返礼をする，と述べていることの意味について議

論している。モースのこの部分は，レヴィ＝ストロースをはじめ，多くの人々が問題にしている箇所である。

　一方，人類学者でない読者にとって大きなインパクトをもったのは「始原のあふれる世界」と題した，狩猟採集民の経済生活を述べた箇所である。狩猟採集民は，始終飢えるかもしれないという不安にさいなまれ，ギリギリの生活を強いられている，と人々は考えがちであるが，実際にはさほど欲を出さずに最低限必要なものを入手することを目標としており，低エネルギー生活である。男女の仕事時間（食料獲得だけでなく，家事に充てる時間を含めても）は，我々の通常の仕事時間を下回っているという事実を，様々なデータにより示して，文明社会の側からの思い込みに反して豊かな世界として記述している。

◆ 太平洋諸島と構造主義歴史人類学

　80年代に入ると，サーリンズは構造主義歴史人類学の分野で活躍を始めるが，それは本人も自覚しているとおり，それ以前の彼の経済人類学や社会／文化人類学の研究とは一線を画すものであった。彼は構造を変化するものと位置づけるが，それがどのようにしてなされるかは個別のケースによって異なる。人々は新しい事件を自分たちの文化・神話・世界観の枠組みの中で解釈し，新しい物を従来の枠組みに収めようとして，神話の実践が遂行される。しかし，それは多くの場合，新たな構造を生成し，歴史が形成されていく。

　『歴史の隠喩と神話の現実』『歴史の島々』の両方で取り上げられたキャプテン・クックのハワイ島訪問と彼の死を見てみよう。クックがハワイ諸島にやってきたのは，1778年12月はじめのことであり，それはちょうどハワイ島ではマカヒキ祭という収穫祭が全土で行われていた時である。クックは農耕神ロノに見立てられたと論じる。ロノ神の像を人々は取り巻き，島を海沿いに時計回りに巡行するのであるが，クックの率いる2隻の帆船は到着前に島の周囲を時計回りに巡行していた。マカヒキの終了後，クックは船の修理を終え出帆するものの，たちまち嵐に遭遇し，折れたマストの修理のためにハワイ島へと引き返す。しかし人々は以前の歓迎ムードとは打って変わった態度で，しまいにちょっとしたきっかけから乱闘となり，クックは殺害される。遺体が細分化され，

Ⅱ　文化人類学の展開

分配されたところを見ると，クックは犠牲として神に献げられたと思われるが，それはマカヒキ祭の終了に伴うロノ神の運命と同じなのであった。ハワイ側の事態の神話的解釈が，クックの帰還に対してなされ，神話の実践としてクックの殺害が果たされることになる，とサーリンズは解釈している。

　クックの殺害のテーマは，『歴史の島々』では第4章であるが，ここに収められているのは，ハワイ人の性愛の実践を遂行的構造として描いて見せた第1章，ただただ英国旗に向けて攻撃を繰り返したマオリの首長の神話実践を描く第2章，フィジーのキリスト教受容プロセスにより，首長と一体化していた部族アイデンティティと共に，外来王の思想をもつフィジーの王権を描く第3章，タプ（タブー）は，ハワイ人の世界観上重要な概念であったが，イギリス人船乗りと女性との性的交流や白檀交易を通じて，タプの意味が変容し，首長と平民の関係も変化したことを示す第5章という構成になっている。

　同書は発表当時から多くの賞賛も受けたが，同時に批判の対象ともなった。最大の批判はガナナート・オベーセーカラのもので，彼は『キャプテン・クックの聖列』（1992，邦訳2015）を著し，ハワイ人がクックを神と考えたというのは欧米人の思い上がりであるとしている。これに対しサーリンズも『「現地人」は，例えばキャプテン・クックをどう考えたか』（1996）により応酬し，他の人も巻き込んだ論争となった。また，サーリンズが取り上げたケースは，いずれも欧米との接触による急激な文化変容が生じており，それでは従来の文化変容（接触変容）で描かれてきたことと変わらないという批判もある。

◆ 論争と文化理論

　上記論争の他に，サーリンズ自身が仕かけた論争というのもある。初期に行った社会生物学批判もある——ナポレオン・シャノン問題での全米科学アカデミー辞任事件からすると，その考えは現在も変わっていないものと見られる——し，また，マーヴィン・ハリスとの間に交わしたハリスの文化唯物論に関する論争などもよく知られている。『何が親族であり，親族でないか？』と題して2013年に出版された冊子も，社会生物学との対決を念頭においたものと思われる。こうしてみると彼は，人間行動の基礎にあるものとして文化，あるい

は世界観を想定しており，文化に基づいた研究をしてきた。モアラの民族誌を描く時も，神話実践や文化こそが人間行動の基盤となって人間は環境に働きかけ，人間同士の関係を築いてきた，と考えているが如くである。

◆ 用語解説

新進化主義　人類学分野の新進化主義は第二次大戦後に展開。ホワイト，サーリンズ，エルマン・サーヴィスなどが主導。19世紀の社会進化主義のように，決定論ではなく，また派生する社会や，多系進化も認める。ホワイトが重視したのは技術であり，利用するエネルギーによって5段階の発展を想定した。

経済人類学　経済史学者のポランニーは，効用の最大化を中心に経済を研究する形式主義経済学に対して，実質的な暮らしに伴う物資の移動に着目する実在主義経済学を自らの課題とした。この影響を受けたのが，サーリンズの他に，ウルフ，フリード，ハリー・ピアソンらである。しかし，経済学の最新理論を応用する経済人類学者もおり，論争となっている。

◆ より深く学ぶために

〈原典・訳〉

Sahlins, Marshall D., *Social Stratification in Polynesia*, University of Washington Press, 1958.

M. サーリンズ（青木保訳）『部族民』鹿島研究所出版会，1972年。

M. サーリンズ（山内昶訳）『石器時代の経済学』法政大学出版局，1984年。

M. サーリンズ（山内昶訳）『人類学と文化記号論——文化と実践理性』法政大学出版局，1987年。

M. サーリンズ（山本真鳥訳）『歴史の島々』法政大学出版局，1993年。

Kirch, Patrick and Marshall Sahlins, *Anahulu: The Anthropology of History in the Kingdom of Hawaii*, 2 vols. University of Chicago Press, 1992.

Sahlins, Marshall D., *Apologies to Thucydides: Understanding History as Culture and Vice Versa*, University of Chicago Press, 2004.

〈入門・解説書〉

渡辺公三「構造と歴史——サーリンズの歴史は構造を超えたか」山下晋司編『文化人類学入門』弘文堂，2005年。

松村圭一郎「サーリンズ『石器時代の経済学』」『文化人類学』人文書院，2011年。

（山本真鳥）

ポリティカル・エコノミー論

エリック・ウルフ

(Eric Wolf：1923-1999)

◆ 資本主義・歴史・権力

　エリック・ウルフが大学院で学んでいた1940〜50年代にかけてのアメリカ人類学においては，文化を環境適応から論じる「文化生態学」や文化の不変的本質を明らかにする「文化とパーソナリティ」論，さらに巨視的な近代化論的思想としての「新進化主義」などが共存していた。ウルフは，これらのパラダイムや理論から離れ，社会や文化が変化するプロセスと要因をグローバルな視点から歴史の中に位置づけて理解することにつとめた。ウルフの人類学への貢献としては以下の3点が挙げられる。第1に，考察対象を隔絶された「部族民」から資本主義的なシステムに包摂された「農民」「労働者」「移民」まで拡大したことである。第2の革新は，従来の「歴史なき人々」をグローバルな関係性と15世紀以降の歴史のなかに位置づけ，植民地化や産業資本主義のもとでの社会や文化の動態分析を行ったことにある。第3に，権力や経済的諸力と社会・文化の関係を民族誌的な視点から考察したことが挙げられる。

◆ 世界を説明する

　エリック・ウルフは生前のインタビューで「私が最も興味をもつことは，我が身に起きたことを説明すること」と言い，「自分に影響したこと，作用したことを説明できるならば悪魔に自分の魂を売ることをいとわない」と続けている。「世界」を「説明」することを生涯にわたり求めたウルフは，1923年にオーストリア出身の父，ウクライナ出身の母のもとユダヤ系家庭に生まれる。ウィーンで社会主義者による初等教育を受け，ドイツ―チェコ国境地帯で育つ。戦間期ヨーロッパのコスモポリタニズム，ナチズムの台頭，そして国家や帝国の境界域での日常は，「世界が異なる文化を持つ様々な種類の人間からなるこ

エリック・ウルフ

と」を痛感させ，のちに人類学者の道を選ぶ契機となったと語っている。

　15歳のウルフは，ヒトラーによる併合直前の1938年にユダヤ人迫害が常態化するズデーテン国境地帯を離れロンドンに移住するが，敵性外国人として収容所に収監される。その後，米国に移り，ニューヨーク市立大学クイーズカレッジ在学中にイタリア・アルプスで従軍，人類学と社会学を専攻して学位取得後はGIビル（復員兵援護奨学金）を得て1946年にコロンビア大学大学院人類学部に進学する。すでにフランツ・ボアズ（→16頁）なき当時の人類学部は「文化とパーソナリティー」研究のルース・ベネディクト（→40頁）や多系進化論のジュリアン・スチュワード（→75頁）などの教授陣を擁していたが，ウルフは学友と組織した勉強会を通して独自の人類学的志向を育んでいく。「世界動乱の会（Mundial Upheaval Society）」と名づけられた勉強会には，シドニー・ミンツ，エルマン・サーヴィス，モートン・フリード，スタンレー・ダイアモンドなどが参加していた。彼らはカール・マルクスやカール・ウィットフォーゲル，そして考古学や歴史学の著作の輪読と議論を通して，唯物論的視座からの新しい人類学を志向していく。ウルフとミンツは，スチュワードが組織したプエルトリコ調査に参加を請われ，それぞれコーヒー栽培コミュニティとサトウキビ・プランテーションで調査を行い，後の研究テーマとなる「農民」や「労働者」への関心を育む。ウルフはこの調査に基づいた論文で博士号を得たのち，イリノイ大学，バージニア大学，イェール大学，シカゴ大学，ミシガン大学を経て，ニューヨーク市立大学で教鞭をとり1999年に亡くなる。

◆ ポリティカル・エコノミー研究

　アメリカ人類学におけるポリティカル・エコノミー研究の先導者の1人とされるウルフであるが，本人は「マルクス主義者」や「世界システム論者」などと呼ばれることをよしとしなかった。彼にとり，理論やパラダイムは，あくまでも分析のために有効な道具である限りにおいて意味をもつものであった。

　ウルフにとり，「ポリティカル・エコノミー」は新大陸発見以降に人類学の対象とされてきた世界の人々とヨーロッパの関係を理解するために最も有効なアプローチであった。ウルフはその原義を「資源が国家と社会に利用可能とな

115

Ⅱ　文化人類学の展開

る方法」に関する学問とし，これから派生する 2 つの研究視点を紹介している。
1 つは国家の財政政策に関わる市場経済の研究であり，ウルフが与する第 2 の
アプローチは「社会，国家，市場を歴史的に変遷する現象」として理解し，
「資本主義に特有な社会編成から生まれた諸概念をもって地球上の全ての空間
と歴史を理解することが可能か」を問い直すものである。この答えを見出すた
めに，ウルフは帝国主義や資本主義に由来する様々なシステムと非西ヨーロッ
パ世界との接合動態を民族誌的に理解することに努めた。

　ウルフにとって「ポリティカル・エコノミー」は極めて多義的かつ多層的な
アプローチである。彼自身，人類学を「累積的な営み」とし，先人の考え，理
論やパラダイムは常に異なる装いをもって蘇るものであると語っている。以下
で見るように，ウルフのポリティカル・エコノミーの視点も，啓蒙主義，反啓
蒙主義，ボアズ学派，マルクス主義，グローバル・ヒストリー，構造主義，従
属理論，世界システム論など様々な思想を含む。

　筆者はニューヨーク市立大学大学院でウルフの指導を受けた最後の世代であ
る。彼自身の言を借りれば，アメリカ人類学が「退避／隠遁主義（retreat-
ism）」に陥り，内省的なスタンスとともに理論やパラダイムを放逐しはじめる
1980年代後期のことである。以下では，1988年に大学院で行われた「ポリティ
カル・エコノミー」の講義ノートを手がかりに，そのアプローチの多元的な性
格を理解していきたい。

　講義においてウルフは，アメリカ人類学におけるポリティカル・エコノミー
研究の起源を人類学，啓蒙主義，反啓蒙主義の交わりの中から説きおこす。重
農主義経済学の祖フランソワ・ケネーの経済における労働フローの発想がマル
クスに与えた影響を詳細に検討し，すべての文化が「暗黒」から「啓蒙」へ進
化することや「文明」そのものを思想的に否定し，文化の固有性に注視するド
イツ反啓蒙主義がボアズのもとでのアメリカ人類学に与えた影響を検討する。
マルクスに関しては，自然と人間の関係，生産様式や生産関係，資本循環論，
商品化，疎外などの基本概念を講じている。アメリカ・インディアンの政治経
済や毛皮交易に関する良質な民族誌がボアズ門下により生産された1940〜60年
代をアメリカでのポリティカル・エコノミー研究の黎明期と見ていることも注

116

目される。続いて，水利社会研究のウイットフォーゲル，首長制研究のパウル・キルヒホフ，プランテーション生産やグローバルな商品連鎖と文化の問題に迫ったミンツ，スチュワードのプエルトリコ調査，唯物論的ジェンダー研究の先駆者エレノア・リーコック，考古学者のジョン・ムラ，文明史のゴードン・チャイルド，千年王国論のピーター・ワースレィ等々，多様な唯物論的研究を紹介し，さらにレヴィ＝ストロース（→181頁），クロード・メイヤスー，ルイ・アルチュセール，モーリス・ゴドリエ（→187頁），ジョナサン・フリードマン（詳しくは石川 1992）などの構造主義に言及し，「矛盾」「搾取」「支配」「意識」「イデオロギー」などの概念を論じた。さらに「ジャンボ・ヒストリー」という概念のもとでポール・スウィージー，アンドレ・グンダー・フランク，エマニュエル・ウォーラステイン等の生産様式移行論，従属理論，世界システム論などが検討された。ついで，アントニオ・グラムシに始まり，マイケル・タウシッグのフェティシズム研究など様々な民族誌事例を援用した「文化とイデオロギー」論をもって講義は終わる。このように，ウルフのポリティカル・エコノミーの視座は，先人の研究や議論の蓄積に依拠するものであり，これらの批判的考察と民族誌的事例へ援用を常に伴っていた。

◆『ヨーロッパと歴史なき人々』

　ウルフが残した仕事は，5冊の単著，3冊の編著，3冊の共著，94本の論文に及ぶが，半世紀に渡る研究に常に通底するテーマや姿勢がある。以下では，「グローバル」「歴史」「コネクション」「マクロとミクロ」「農民」「権力」などをキーワードとしながら，主著 *Europe and the People without History*（1982）（以下では『ヨーロッパと歴史なき人々』）を中心に研究の軌跡を考えたい。

　ウルフにとって社会や文化は常に因果律の中で変化するものであり，その要因として注目したのが政治経済的な諸力，すなわち帝国主義や資本主義に起因する構造的権力や国家や団体の組織的権力であった。加えて，重要な変化のエージェントとして注目したのが，これらのシステムに包摂された「農民」や「労働者」である。ウルフ自身の言葉を借りれば「日々を生き抜く普通の人々（real people doing real things）」への注目は，議論が静的な構造論に陥ることか

Ⅱ　文化人類学の展開

ら救っている。『ヨーロッパと歴史なき人々』では，隔絶され，静的で，閉じた「部族社会」が地球大の歴史や権力のもとで再考される。「人類学は歴史を発見する必要がある」と記したウルフであるが，同書では時間軸のみならず空間的にも分析枠組をグローバルなレベルまで拡大し，ミクロとマクロの社会事象のコネクションの理解に向けた新しい人類学を創出している。

　植民地化や産業革命に起因する資本主義的システムの拡大が世界の人々にどのような影響を与えたか，そして人々が変化のエージェントとしていかに振るまったか，そこに見られる変化をプロセスとして理解し，異なる空間と時間に起きた現象にパターンを見出すことをウルフは目的とした。ここで再構成される歴史は，国家史や帝国史でもなければ支配者の歴史でもない。ウルフが着目した社会的な「場」は，15世紀中南米での金銀の掘削現場に始まり，ハシエンダにおける商品作物栽培，北米やシベリアでの毛皮貿易，西アフリカの奴隷貿易，カリブ海や北米におけるサトウキビや綿花の栽培，産業革命後の紡績工場，東南アジアで拡大するプランテーション，そして労働移動に伴って形成される移民社会など多岐にわたる。ヨーロッパ起源の世界市場や資本主義的な生産システムと「歴史なき人々」がいかに接合したか，そしてそのバリエーションを理解するために，ウルフは世界の人々の労働がいかに動員されてきたか，そのダイナミズムに注目する。ウルフの語彙をあえて残して訳せば，「人々の社会的労働に働きかけるパワーのシステム（system of power）によって生成されるより大きな力の場（field of force）に人類学が対象としてきた人々を位置づけて理解する」ことが『ヨーロッパと歴史なき人々』のアプローチである。ちなみに「誰が誰を働かせるかに注意を払いなさい」という言葉は，筆者が博士論文調査のためにボルネオ島に出かける前の最後のオフィス・アワーで受けたアドバイスである。世帯，村落，焼畑耕作地，プランテーション，そして国境地帯や国家領域といった様々な「場」で，社会的な労働がいかに動員されるかに留意すべし，という言葉にもウルフの基本的な視点を窺うことができる。

◆ 文化と権力

　『ヨーロッパと歴史なき人々』執筆後のウルフの関心は「文化と権力」にシ

フトしていく。権力が文化の生成にいかに関わるかという問題は，前述の講義ノートや『ヨーロッパと歴史なき人々』でも取り上げられている。しかしながら，いわゆる上部構造へのポリティカル・エコノミー研究からの接近がなされたのは17年後に出版された *Envisioning Power: Ideologies of Dominance and Crisis*（1999）においてである。同書は，イデオロギーという概念のもとでしばしば隠蔽されてきた文化と権力の関係を分析することに向けられている。考察の対象とされたのは，北アメリカ北西沿岸のクワキウトル・インディアン，中央メキシコのアズテック，そして第三帝国のもとでのナチス・ドイツである。クワキウトルに関しては首長制，神話，親族組織，そしてポトラッチ儀礼，アズテックについては，位階制，コスモロジー，そして人身供犠，さらにドイツについては，第三帝国が分析の対象とされ，ユダヤ人大虐殺にいたる「ドイツのカタストロフィ」における権力と文化の関係，ヒトラーの台頭を許した思想が文化を媒介にしていかに生成されたかが考察される。このナチス・ドイツの分析は，まさにウルフが希求し続けた「我が身に起きたこと，作用したことを説明する」最後のプロジェクトであり，同書によってウルフの人類学者としての円環は閉じられた。

◆ より深く学ぶために

〈原典・訳〉

Wolf, Eric, *Europe and the People without History*, University of California Press, 1982.
Wolf, Eric, *Envisioning Power: Ideologies of Dominance and Crisis*, University of California Press, 1999.
E. ウルフ（黒田悦子・佐藤信行訳）『農民』鹿島研究所出版，1972年。
E. ウルフ（合田博子訳）「メソアメリカと中部ジャワの閉鎖的農民共同体」松園万亀雄編『社会人類学リーディングス』アカデミア出版会，1982年。

〈入門・解説書〉

石川登「民族誌と理論──『高地ビルマ』をめぐる人類学小史1954-1982」『民族学研究』57(1)，1992年，40〜52頁。

（石川　登）

象徴人類学

ヴィクター・W・ターナー

(Victor W. Turner：1920-1983)

◆ 動的象徴人類学の開拓者

　ヴィクター・ターナーの象徴人類学は，「象徴と社会のダイナミクス学派」と呼ばれている。ターナーは，社会的葛藤をめぐる社会過程に焦点を当てて社会の動態を捉えるマンチェスター学派の政治人類学の方法論に基づいて，アフリカのンデンブ社会の人々が儀礼を通して社会的葛藤を克服する過程を明らかにした。さらに，儀礼の象徴が世界の秩序を認知する分類のセットとしての構造をもつだけでなく，儀礼を通して体験されることによって社会にダイナミズムを与えるとして動態的な構造論を提唱した。またターナーは，社会批判や抵抗と結びついた現代社会の演劇や芸術，文学，哲学にも着目し，部族社会の儀礼から産業社会の演劇まで通文化的かつ通時的に広く事例を渉猟して象徴とパフォーマンスの理論を展開し，社会人類学を文字通り「人類社会の学」に深化させた。

◆ 生い立ちと経歴

　ターナーは，1920年5月28日にスコットランドのグラスゴーで生まれた。父は電子技術者であり，母は俳優でスコットランド国民劇場の創設メンバーとして活躍し，生涯にわたって演劇活動に携わっていた。スコットランドは独自の言語を保持し独立運動の機運も高い地方である。ターナーの象徴研究を特徴づける社会劇やパフォーマンス・アートへの関心に，母の存在が大きな影響を及ぼしたことは疑いえない。

　ターナーは1938～41年，ロンドンのユニバーシティー・カレッジで英文学を学んだ。第二次世界大戦の終戦直後，ドイツの空爆によって住む家を失いジプシーのキャラバンに暮らしていたとき，町の公立図書館でラドクリフ＝ブラウ

120

ン（→34頁）の『アンダマン島民』（1922）を読んで「人類学者になる」と決意し，ユニバーシティー・カレッジに戻って人類学の学士号をとった。その頃，彼はカール・マルクスの弁証法的唯物論に関心をもっていた。そこで，マンチェスター大学のマックス・グラックマンが民族誌の資料分析にマルクス主義を導入していたことを知り，彼の下で研究を続けることにした。大学院在学中にロード・リヴィングストン研究所の奨学金を得てザンビアに赴き，グラックマンが「マラリアも黄熱病もあるが儀礼もたっぷりある」と薦めたムカンザ村で，1950〜52年そして1953〜54年の2回にわたりフィールドワークを実施した。彼はンデンブ社会の豊かな儀礼の世界を研究する中で，次第に宗教や心理学へと関心を広げてゆき，1955年に帰国した後，ンデンブの社会組織について博士論文をまとめ，『アフリカ社会における分裂と持続 (Schism and Continuity in African Society: A Study of Ndembu Village)』（1957）を出版した。

　1962年，コーネル大学に招かれてアメリカへ出国する直前，ターナーはヴィザのトラブルで先の見通しも立たぬままヘイスティングスに滞在を余儀なくされた。その時に彼が市立図書館で手にした本が，ファン・ヘネップの『通過儀礼』（1960）だった。翌1963年，アメリカに渡り，1964年のアメリカ民族学会 (American Ethnological Society) 年次総会で「どっちつかず（Betwixt and Between)」を発表し，次いでンデンブ社会の詳細な民族誌『象徴の森（The Forest of Symbols)』（1967）を出版した。1966年にロチェスター大学で行ったモルガン講座でのレクチャーを中心に『儀礼の過程（The Ritual Process)』（1969）をまとめ，さらに『象徴と社会（Drama Fields, and Metaphors)』（1974），『儀礼から劇場へ（From Ritual to Theatre: Human Seriousness of Play)』（1982），『見世物の人類学』（1983）において，アフリカの部族社会の民族誌で展開した儀礼的な**リミナリティ**と**コミュニタス**の議論を，産業社会の祝祭や巡礼，宗教運動の分析に拡げてパフォーマンス論に発展させ，文学，歴史，演劇，芸術など多方面の研究者に多大な影響を与えた。

　ターナーはコーネル大学やシカゴ大学の教授職を歴任しながら，自ら演劇に参加して民族誌を脚本化するメタ民族誌の上演に関わり，「経験の人類学」の構築を目指した。晩年は，儀礼における社会構造と反構造の相互関係の根底に

Ⅱ　文化人類学の展開

は，合理的思考や言語など構造的な経験をつかさどる左脳とメタファーやシンボルにより全体的な把握をする右脳からなる脳の構造という人間の普遍的な身体性があるとして神経社会学（neurosocilogy）を模索し，1983年12月に逝去するまで精力的に研究活動を続けた。

◆ 儀礼の過程

　ターナーはンデンブ社会の儀礼に参加して，儀礼によって象徴的につくりだされる境界状況において文字通り象徴を生きる人々を観察し，ヘネップの通過儀礼論を用いて儀礼が社会を再構築するプロセスを分析した。そして，早産や流産を繰り返す女性の病気直しのためのイソマ（Isoma）儀礼や双子がもたらす災厄を克服するウブワング（Wubwang'u）儀礼の背景には，母系相続と夫方居住婚という相矛盾する規則によってもたらされる母系原理と父系原理の葛藤があり，儀礼はそれによって引き起こされる憎しみ，恐れ，愛，苦悩といった社会に危険をもたらす情念の潜在的エネルギーを象徴を通して公的な場で放出させ，社会秩序とそれが依拠する価値や美徳へと導くことで，社会を再構築し補強していることを明らかにした。ターナーは儀礼の象徴分析を通して，儀礼には神話と同じように構造があり，それは儀礼行為を通して経験されることによって人々を突き動かし社会にダイナミズムをもたらすとして，レヴィ＝ストロース（→181頁）の静態的構造論を批判し，動態的構造論を提唱した。

◆ コミュニタスと社会構造

　割礼儀礼や秘密結社への入社式，成女式の儀礼では，リミナリティ状況にある人々は社会的な地位，財産，職業，役割，序列といった世俗的な識別をすべて失って均質化される。このように社会構造が存在しないところに出現する未分化で未組織な開かれた状況を「コミュニタス」という。コミュニタス状況において，マルティン・ブーバーが論じた我／汝という人間同士の直接的かつ全人格的紐帯が生まれ，コミュニタスの経験がもたらす自己反省的な視点によって既存の意味の体系が解体されて別の意味が与えられ，社会の構造は修正され再構築される。コミュニタスはこうして社会を創造的に活性化するのである。

ターナーは，部族社会の通過儀礼のように社会制度に組み込まれた規範的なコミュニタスだけでなく，仏陀によるカースト制度の否定と世俗を離れた生活，社会制度から離脱し所有を否定したアッシジの聖フランシスコと彼の修道会の清貧と放浪，中世インドやヨーロッパの祝祭における身分の逆転，その痕跡を今に残すハロウィーンにおける子どもたちの仮装，社会秩序から離脱して性的自由を掲げ自発的で直接的な個人同士の繋がりを重視するヒッピーなど，時代や地域を越えた様々なコミュニタスの生成を論じ，コミュニタスとそれを取り巻く社会の構造との相互的な関係への注目を促した。

◆ 巡礼とコミュニタス

巡礼もまた人々がコミュニタスを体験する社会過程の１つである。巡礼は，巡礼団の準備，巡礼中のコミュニタス体験，巡礼センターへの到着とそこでの行動とイメージ，帰還の旅からなる社会過程であり，人々は巡礼によって，特定の地域とそこにおける比較的安定し構造化された社会関係のうちに生きる社会生活から自発的に離脱する。ターナーは，巡礼におけるコミュニタスの反構造性が個人の救済という側面を持つとともに，地位や身分が固定した社会構造との相互関係という側面も持っていることを指摘した。

また彼は，中世イスラーム世界のメッカ巡礼がイスラーム世界の文化的均質性と社会移動の可能性を助長しただけでなく，まさに巡礼そのものによって均一性と移動性がつくりだされたとし，中世キリスト教世界の巡礼においても，また今日のメキシコにおいても，それぞれの規模や形態に応じた文化的，経済的，政治的な一体性が生み出されていることを論じた。

現代社会では，儀礼的なコミュニタスにおける地位の反転のようなリミナリティ状況は失われている。しかし，人々は仕事の時空における社会的な位置づけから離脱して，遊びや観劇，旅行など余暇の空間において自由で開かれた関係性を体験することによってリフレッシュし再び仕事の時空間に戻る。ターナーはこのようなリミナリティに類似した状況を「リミノイド」と名づけ，現代の観光旅行やレジャーを巡礼との連続性において考察する道を開いた。

II　文化人類学の展開

◆ 社会劇と文化的パフォーマンス

　ターナーは，ケネス・バークやアーヴィング・ゴッフマンの議論を援用して，個人と社会，集団と集団との葛藤や衝突をめぐる社会過程を「**社会劇**」として捉え，それによって，アフリカ部族社会の儀礼から歴史的な事象そして現代社会の演劇までを見通す視座を確保した。

　彼はヘンリー2世と対立したカンタベリー大司教の殉教を社会劇として分析し，些細な争いから社会全体に亀裂が生じていく中で行為者の頭の中に無意識のうちに摺り込まれている「**ルート・パラダイム**」を抽出し，社会の亀裂が修復されていく局面における「メタファー」の効果に注目した。ルート・パラダイムとは，人々の行為を方向づけていく規範的なモデルのことである。

　また，ターナーはミルトン・シンガーにならって，儀礼や祝祭のような宗教領域と演劇やコンサートのような芸術領域が融合している状況における人々の行為の体験を「**文化的パフォーマンス**」と名づけた。演劇におけるパフォーマンスは，ンデンブ社会の儀礼における象徴的な行為の経験と同様に，メタファーを通して生の意味を解き明かす営為である。儀礼の象徴も演劇のメタファーも含めたすべての「文化的シンボル」は，演者にもう1つの社会体験をもたらし自己反省的なプロセスを促す。しかし，そもそもシンボルは多義的である。それゆえ社会劇のプロセスを通して文化的シンボルの意味の体系が解体され，別の意味に転換され再構築されて社会関係に変化が生じるのである。

◆ ターナーの象徴論の今日的意義

　1980～90年代にかけて，ターナーの象徴の解釈人類学は理念的であり，象徴の作用を理想化しすぎているという批判が相次いだ。しかし，ターナーの死後25年目に当たる2008年にセント・ジョーンズ編纂による『ヴィクター・ターナーと現代の文化的パフォーマンス（*Victor Turner and Contemporaly Cultural Performance*)』が出版され，近年，再評価が進んでいる。

　ネット環境が人々の日常に浸透した今日の高度情報化社会においては，ファンタジー小説やアニメの世界でユートピアが模索され，宇宙戦争をテーマに未知の不特定多数の人々がともに戦うゲームの世界が青少年の通過儀礼の場とな

り，自己と世界の関係を反省的に振り返るコミュニタスの時空となっている。こうしたインターネットを介したコミュニケーションの隆盛は，グローバル化と同時に社会的格差と他者排除の傾向が拡大する現代社会の構造との関係において成立している。グラハムがターナーを再評価しつつも，彼が充分に洞察していないと批判したコミュニタスの暗黒面についても，さらに研究を深めていく必要があろう。ターナーのルート・パラダイムやメタファー，文化的パフォーマンスをめぐる議論は，我々が現代世界の社会過程を捉える上で，多くの手がかりを与えてくれる。精神と身体，意識と無意識，日常と非日常，構造と反構造という本来切り離しがたい2つの領域の相互作用に焦点を当て，人々の生の体験をまるごと捉えることによって人間社会のダイナミズムを捉えようとしたターナーの議論の魅力と意義は，今も色あせてはいない。

◆ 用語解説

リミナリティ　社会的境界状況。

コミュニタス　社会構造が存在しないところに出現する未分化で未組織な開かれた状況。

社会劇　個人と社会，集団と集団との葛藤や衝突をめぐる社会過程。

ルート・パラダイム　人々の行為を方向づけていく規範的なモデル

文化的パフォーマンス　儀礼や祝祭のような宗教領域と演劇やコンサートのような芸術領域が融合している状況における人々の行為の体験。

◆ より深く学ぶために

〈原典・訳〉

V. ターナー（富倉光雄訳）『儀礼の過程——構造と反構造』思索社，1976年。

V. ターナー（梶原景昭訳）『象徴と社会』紀伊國屋書店，1981年。

V. ターナー（山口昌男訳）『見世物の人類学』三省堂，1983年。

〈入門・解説書〉

梶原景昭「ターナー——象徴と社会のダイナミクス」綾部恒雄編『文化人類学群像1
——外国編①』アカデミア出版会，1985年。

(杉本星子)

象徴人類学

デイヴィッド・M・シュナイダー

(David M. Schneider : 1918-1995)

◆ 移りゆく人類学

　デイヴィッド・シュナイダー。彼ほどその名を知られながらも，実のところその思想を理解されていない人類学者は多くはないだろう。シュナイダーは，象徴人類学の旗手として，主に親族論の領域で一世を風靡した研究者として知られている。しかし，彼の理論の射程は親族論を大きく超え出て，文化の一般理論へと，さらには人類学者の用いる記述概念それ自体を1つの象徴として読み解く，独自の内省的人類学（reflective anthropology）へと発展してゆく。

　シュナイダーは当初，親族関係の通文化比較を強く志向したジョージ・マードックや，イギリス構造機能主義（structural functionalism）人類学の影響を強く受け，太平洋のミクロネシアに浮かぶヤップ島の親族についての研究に従事していた。しかしその後，その視線を異文化から自文化へと転回させ，アメリカの親族関係の調査に着手する。そこで得た知見をもとに，彼は当時の人類学のグランド・セオリーであった親族論の自文化中心主義的傾向を徹底的に批判してゆく。彼が提唱した文化と象徴の理論は，その最も忠実な生徒ロイ・ワグナーへと受け継がれ，さらにマリリン・ストラザーン（→264頁）を含むイギリス社会人類学の新展開を主導する研究者のうちに，確実な足跡を残している。

◆ 象徴人類学への転回

　1918年，シュナイダーは東欧系ユダヤ人移民一世の両親のもと，ニューヨークに生を享ける。彼はコーネル大学を卒業し，イェール大学大学院に進学するが，同大学の行動科学主義的な人類学とそりが合わず，わずか半年で辞めてしまう。その後，紆余曲折を経て1946年，ハーバード大学に特別研究員の地位を得て，1947〜48年，ヤップ島で調査を行い，49年に博士号を取得する。

126

デイヴィッド・M・シュナイダー

1960年代初頭までに，シュナイダーはアメリカにおける構造機能主義人類学の主唱者として，その地位を確立していた。しかし，1960年代から，彼は劇的な転向を遂げる。エドマンド・リーチ（→167頁）による親族体系の類型論批判に触発されながら，彼は自らのヤップ島のデータを見直し，旧来の構造機能主義的パラダイムと決別し，フランスのレヴィ＝ストロース（→181頁）らに代表される構造主義の連帯理論のモデルへと接近する。そこで親族関係を社会的な機能の観点からではなく，象徴的な秩序の視点から理解する方向へと舵を切る。

これと並行して1961～63年にかけて，シカゴに住む白人の中産階級を対象に，親族関係のインタビュー調査を実施し，その成果を主著『アメリカの親族関係』（1968）として出版する。これ以降，彼は親族論を足場としながら，文化と象徴をめぐる諸理論の構築に専念してゆく。

◆『アメリカの親族関係 —— 文化的記述』

シュナイダーの名を世に知らしめることとなったアメリカの親族関係についての著作は，そのタイトルが示すとおり，親族関係の**文化**的記述を提示することに狙いがあった。彼は文化を，現実に観察される行動パターンや統計的事実といった社会学的事象とは峻別される，象徴の体系（system of symbols）として定義する。エドワード・タイラー（→3頁）以来の文化の定義，すなわちパターン化され，後天的に学習される人間的現象の総体としての文化の定義から手を切り，より厳密な規定を文化に与えることで，社会学や他の学問とは異なる，文化人類学独自の理論が構築できる，と彼は考えたのである。

彼が記述するアメリカの親族関係とは，象徴の体系（＝文化）である。では，ここでの象徴とは一体，いかなるものとして定義されるのか。第1に，象徴は，何か別のものを表すものである。例えば，鳩が平和を表す時，鳩は平和の象徴である。第2に，AがBを表す時，象徴するものAと象徴されるものBとの間に，何ら必然的・本質的な関係は存在しない。このような関係は，恣意的な（arbitrary）関係と呼ばれる。

第3に，象徴は単にその指示対象（象徴されるもの）と恣意的に結びつくだけではない。その指示対象は，意味世界の外部にある客観的な現実世界（ob-

Ⅱ　文化人類学の展開

jective real world）に対応物をもつとは限らず，それ自体が文化的な構築物
（cultural construct）である。例えば，幽霊を表す言葉や物（古屋敷，墓など）に
よって象徴されるもの（幽霊）を，我々は客観的な現実世界において観察する
ことができない。しかし，幽霊は意味のレベルにおいて存在する。これは何も
幽霊のような不可視の存在に限ったことではない。一旦，人類学者が象徴と意
味の体系にその研究範囲を限定した瞬間から，例えば犬も，客観的な現実世界
の動物それ自体ではなく，文化的な構築物として定義された「犬」として捉え
られねばならない。もちろん現実世界で人間は現実の犬を目にして接するが，
シュナイダーによれば，それは文化（象徴の体系）の問題ではない。

　このような枠組みのもと，文化は，客観的な現実世界とは区別される，それ
自体の現実性（reality of its own）をもつ，とシュナイダーは主張する。それゆ
え，話を元に戻せば，親族関係の文化は，客観的な現実世界で観察される行動
パターンや統計的事実とは，別個に探究され解明される必要がある。

　以上の彼の議論は，見かけ以上にラディカルなものである。親族関係を象徴
の体系として捉えると，例えば「父親」「母親」「息子」「娘」「兄弟姉妹」等々
はすべて文化的な構築物となり，それらの間の関係もすべて恣意的なものとな
る。ここで我々は咄嗟に，だが親族には大半の場合，生物学的紐帯が事実，実
在するではないかと言いたくなってしまう。しかし，繰り返すが，シュナイダ
ーにとって，問題はそうした事実ではなく，象徴にある。むしろ彼の理論の強
みは，そのように我々が事実と同一視してしまいがちな自文化の世界を，あた
かも異文化を研究するかのように一旦突き放し，我々にとって自明の現実性を
冷静に分析してみせるところにある。

　ここでシュナイダーの論述のすべてを追うことはできないが，その核心部分
は次のとおりである。親族関係を，生物学的な事実ではなく，象徴の体系とし
て分析したとき，まさにその（我々が咄嗟に頭に思い浮かべる）「生物学的な関
係」を構成する「血」こそが，親族と非親族を分かつ，それゆえ親族を定義す
る象徴であることが分かる。この象徴は，特定の人間が親族であるか非親族で
あるかを区別する（親族と非親族を差異化する）点において，両者の示差的特徴
（distinctive feature）を成す。このような血を含む，親族を定義する身体構成要

128

素は「生物発生的なサブスタンス（biogenetic substance）」と総称される。

ただし，アメリカ文化において親族は，血だけによって定義されるのではない。そこでもう1つ重要な象徴として挙げられるのが「婚姻」である。婚姻は，生物学的な関係との対立において定義される（象徴レベルの）慣習的行動様式，すなわち「行為規律（code for conduct）」を構成する。婚姻を媒介として，ある人間と別の人間は「義理の（in-law）」親族として定義される（そして血も婚姻も介さない人々は非親族として，親族から弁別される）。

これら血と婚姻，サブスタンスと行為規律はそれぞれ，アメリカ文化におけるより包括的な対立項，「自然の秩序」と「法あるいは慣習の秩序」の一特殊例である。言い換えれば，アメリカ人の親族関係についての思考は，大局的に見た時，自然と法・慣習との対立により構造化されている。

彼の論述はさらに，自然と法，2つの対立項を接合し，全体としての象徴体系を安定させ，かつ集約的に示す「中核的な象徴（core symbol）」としての「性交」（とその結果としての出産）の議論に及ぶ。性交は，婚姻関係にある夫婦の性愛を象徴するとともに，そこから生まれた血族（親子，兄弟姉妹）の非性的な愛を象徴する。アメリカの親族関係の核を成すのは性交（＝愛）という象徴であり，そこで表現される関係性をシュナイダーは「無限定的な，永続的な結束（diffuse, enduring solidarity）」と名づけた。家族の愛は，無限定的で，終わることを知らない。しかし，それらは，すべて恣意的な象徴である。

◆『親族研究批判』

上記の知見をもとに，シュナイダーは1984年の著作で，人類学の親族論，ひいては人類学者がもつ社会観を（あくまで文化的な観点から）全面的に批判した。その社会観とは，人類学者の属す（アメリカのような）「複雑な（complex）」社会とは対照的に，人類学者が研究対象とする（ヤップ島のような）「単純な（simple）」社会においては，(1)親族，経済，政治，宗教といった諸領域が未分化であり，かつ，(2)親族関係が社会の基盤を成し，そして(3)その親族関係とは人類に普遍的に見出される生物学的な関係に基づく，というものである。

シュナイダーは，この3つの前提のうち，主に最後の前提を突き崩すことで，

Ⅱ　文化人類学の展開

前者2つの前提をも掘り崩してゆく。彼によれば，アメリカの文化とは異なり，他の文化＝象徴の体系においては，生物学的な関係に基づく親族関係は必ずしも存在しない。ゆえに，存在しない関係が社会の基盤を成すことはできず，存在しない関係領域と他の諸領域が未分化であるという主張も成り立たない。この論述の背景には，生物学的な関係は，無限定的で，永続的な結束を表すアメリカ文化の象徴であり，その象徴を無批判に異文化に押しつけるべきではないという考えがある。人類学の理論は，科学的な装いのもとに，自文化の象徴を内に含み込んでおり，人類学者はその点を自覚し，批判的に吟味することを通してのみ，異文化それ自体の現実性を分析することができる。

　この主張の経験的な論拠として，シュナイダーはヤップ島の事例を取り上げる。彼はかつて自らが現地語でチィタマギンとファクと呼ばれる人間の関係を直感的に「父親」と「子ども」の関係として翻訳・記述したことを自己批判する。今一度，両者の関係を精査したところ，第1にヤップ島では，「父親」は「子ども」の妊娠に関わりがないと考えられていた（「母親」のお腹の中に「子ども」を宿らせるのは「父親」ではなく，彼が属する土地の「祖霊」である）。

　第2に両者の関係は，土地を媒介とした交換関係である。「父親」とは何よりも一定の土地を所有する者であり，「子ども」とはその土地で彼に養ってもらい，後に同じ土地で「父親」のために労働する義務を負う者である。仮に「子ども」がその義務を怠るならば，「父親」は両者の関係を「終わらせる」ことができる。つまり，両者は「父親」と「子ども」ではなくなる。この関係は明らかに，無限定的で，永続的な結束を表わす「生物学的な事実」としての性交や，「生物発生的なサブスタンス」の象徴によって定義されるものではない。それゆえ，両者の関係は，西洋的な意味での「親族関係」ではない。人類学者が「生物学」の象徴に束縛される限り，彼らの文化の分析は歪められてしまう。問題は常に，象徴（そして象徴と象徴の関係）にあるのだ。

◆ その後の展開

　シュナイダーは，その徹底した批判精神から，新たな理論の生みの親というより，むしろ親族論を「終わらせた」，通文化比較の道を閉ざした人物として

デイヴィッド・M・シュナイダー

評されることが多い。しかし，彼はその主著で人類学における象徴分析の理論を確立し，さらに後の著作では，人類学の理論それ自体に内在する象徴を，ヤップのデータを触媒に浮き彫りにする手法をとるなど，彼独特の仕方で1つの確固たる理論／方法論を打ち立てた人物であった。

　それだけでなく，例えば『アメリカの親族関係』で提示された，「自然」と「法・慣習」の対立項の，後者を「文化」に置き換えたとき，「自然と文化」が相互に地と図になりあいながら，互いに規定しあうようなかたちで，人類学者の理論的思考を構造化していると捉えることもできる。このとき我々は，シュナイダーの狙いが実はどれほど広いものであったかを知ることになる。彼のアプローチは姿をかえながら，アメリカではワグナーの象徴人類学『文化のインベンション』（1975）に受け継がれ，イギリスではストラザーンの親族の「自然と文化」をめぐる議論や，ジャネット・カーステンらによる親族関係の新たな比較理論へと発展を遂げてゆく。

　始まりのシュナイダー。彼は人類学の新展開の1つの礎となった。

◆ 用語解説

文化　象徴と意味の体系。人類学者は，調査対象の人々が実際に言うことや行うことから，特定の理論的仮説に基づき，象徴と意味の体系を抽出する。一方で，人類学者は，そうした体系が，人々の発話や行為に先立って存在し，人々に共有されているがゆえにコミュニケーションが成立し，社会的に意味ある相互行為が可能になると考える。

◆ より深く学ぶために

〈原典・訳〉

Schneider, David, *American Kinship: a Cultural Account*, Englewood Cliffs, NJ: Prentice-Hill, 1968.

＊『アメリカの親族関係』。彼の象徴分析の手法を端的に学ぶことができる。

Schneider, David, *A Critique of the Study of Kinship*, Ann Arbor: University of Michigan Press, 1984.

＊『親族研究批判』。人類学の社会観を問題化した点にも今日的な意義がある。

（深川宏樹）

Ⅱ　文化人類学の展開

◆コラム◆　山口昌男（1931-2013）

　山口昌男は，記号論に基づく独創的な発想を展開しながら，1970〜90年代の思想界・論壇における旗手として活躍した文化人類学者である。人類学的な知の特色と楽しさを伝える数々の著作は，他の人文社会系諸分野にとどまらず，芸術・芸能や文学など，文化の各領域に多大な思想的影響を及ぼした。

　北海道網走郡美幌町に生まれ，敗戦後の1951年に東京大学文学部入学。歴史家石母田正との出会いをへて，同大国史学科を卒業した。57年，東京都立大学大学院（社会人類学専攻）に入学し，岡正雄（→58頁），馬淵東一（→62頁）らの指導下でアフリカ神聖王権の人類学的研究に着手（修士論文は「アフリカ王権研究序説」）。63年に独立期のナイジェリア，イバダン大学社会学の講師（〜65年）に就任し，同国滞在中にジュクン族を中心としたフィールドワークを行う。66年に東京外国語大学アジア・アフリカ言語文化研究所（以下，AA研）の一員となり，以後94年までAA研に在籍しながら，エチオピア，インドネシア，メキシコ，スリナム，ギアナ，カリブ海諸国，韓国など，世界各地でフィールドワークを展開した。また，日本民族学会（現・日本文化人類学会）会長（84〜86年），AA研所長（89〜91年），日本記号学会会長（98〜2001年），札幌大学学長（99〜2001年）などの要職を歴任し，2011年には文化功労者に選ばれた。

　山口は，論壇の注目を最初にあびた1960年代後半の諸論考で，戦後の日本人類学には「近代」をめぐる視点が奇妙なほど欠落し，さらに，人間が世界について築きあげるイメージ（世界像）と現実の歴史とのダイナミックな相互作用を探究する視点にも乏しいことを痛烈に批判した。個々の文化が独自に構築してきた世界像を理解するには，惰性的な日常の社会秩序から疎外されがちな「非日常」の領域も考察の射程に入れる必要があり，文化の多層的な現実に接近するには現象学的視点が不可欠であることも，山口はあわせて指摘していた（『人類学的思考』1971）。

　「民主主義」や「進歩」「革命」といった概念を素朴に用いたことなど自分には一度もないと公言していたように，現実の歴史を顧みない没時間的な文化論や硬直した政治イデオロギーのたぐいを，山口は考察から徹底して斥けた。そのかわりに，現実の歴史（ヒストリー）を貫いて確かに見出せるような，人間の精神史の深層にひそむ世界認識（メタヒストリー）の構造を把握することが，彼のいう人類学的思考にとっての課題となった（『歴史・祝祭・神話』1973，『文化の詩学』1983）。

　ヒストリーとメタヒストリーの象徴的な相互連関を解きあかすうえで山口が理論上の基盤としたのは，「中心」と「周縁」のダイナミックな対立からなる記号論だった。社会の「中心」で維持される日常の秩序は，逆に規範などに頓着せず秩序からもおのずと逸脱するような「俗」なる存在をつねに「周縁」に配置することで，自己の「聖」性を

確保してきた。秩序のもとで抑圧された暴力を定期的に解除する目的で，「中心」は特定の個人や集団を「スケープゴート（贖罪の山羊）」として排除することさえあった。だが，たとえそうした手段に訴えても，時の経過につれて「中心」の力は自然と衰えていくために，いかなる社会でも，日常と非日常が逆転して「周縁」の力が荒々しく「中心」に流入し，秩序が再活性化される機会が儀礼的に設定されたり，あるいは現実の出来事として生起したりしてきた（『文化と両義性』1975）。

したがって，山口昌男の神話論にあっては，「中心」と「周縁」の間を自由に往復し，聖と俗，秩序と反秩序，文化と自然，善と悪といった二項対立の双方を具現するような両義的存在に，特権的な文化価値が与えられることになる。すなわちそれは「道化」であり，「トリックスター（いたずら者）」であり，さらには一見「道化」の対極にあるようにみえながら，二項対立の双方を具現する点では象徴論的に「道化」と等価な存在，つまりは「王」でもある（『道化の民俗学』1975，『アフリカの神話的世界』1971）。

「王」や「道化」のメタヒストリーは，そうして再びヒストリーの次元に接続されていくだろう。たとえばそれは，若き日の山口が神聖王権という人類学的主題の背後に見据えていた天皇制をめぐる考察であり（『天皇制の文化人類学』1989），あるいは近代日本の敗者の側に着目した歴史人類学的研究として，90年代以後に発表された「敗者学」3部作である（『「挫折」の昭和史』1995，『「敗者」の精神史』1995，『内田魯庵山脈』2001）。

山口は，世界各地の旅先でも大量の原稿を書き，講演を行ってきた。テーマもそのつど多様な方向に分岐・拡散しながら展開したために，日本語以外の言語で書かれた原稿まで含めれば，いまだにその業績の全貌が掴みきれていない。さらに山口の「フィールド」は，書物の森の深奥にまで達していた（『本の神話学』1971）。20世紀の名だたる思想家や表現者とも対話をかさね（対談集『二十世紀の知的冒険』1980，『知の狩人』1982），その底知れぬ知の博捜ぶりから「巨人」とも形容された。本書で紹介される研究者との関わりでは，1972年にレヴィ゠ストロース（→181頁）の招きにより，パリ高等研究院で「ジュクン族の王権と二元的世界観」を発表し，81年には，ヴィクター・ターナー（→120頁）らを日本に招き，国際シンポジウム「見世物と民族娯楽の人類学」を組織している（『見世物の人類学』1983）。ただし本人は，「文化人類学者の仕事とは遊びであり，大学の外にこそ知の愉しみがある」という屈託のなさで，学び知ることの愉しみを常に謳歌していた。そのため，ほかならぬ山口こそ真に自由なトリックスターだとも評されてきたし，彼の著作に知の愉しさを直感し，文化人類学の道を志したという研究者も少なくない。少年時代にはマンガ家をめざしていたほど絵筆にも長け，旅先で出逢った人の似顔絵をこまめに描いては，その場で気さくにプレゼントしていたという。

(真島一郎)

解釈人類学

クリフォード・ギアツ

(Clifford Geertz：1926-2006)

◆ ギアツと解釈人類学

　解釈人類学といえば「ギアツ」とほぼ同義である。20世紀の欧米人類学を代表するクリフォード・ギアツが，文化と社会そして「人」に関わるあらゆる分野について展開した重要な業績群を指すのが，「解釈人類学（interpretive anthropology）」という言葉である。

　「解釈人類学」がマックス・ウェーバーの interpretive sociology つまり「理解社会学」を踏まえていることも比較的よく知られている。しかしギアツ自身が解釈人類学という言葉を使うことは，論集『ローカル・ノレッジ』の副題を別にすればほとんどなかったし，解釈人類学を特定の研究分野あるいは学派として確立することにも全く関心がなかった。そもそも解釈人類学とはまとまりのある研究領域や一貫した研究方法ではないし，明確な研究関心でさえない。それは深いところで繋がる研究関心のあり方と言った方がよい。ギアツ自身が関心の赴くまま研究を進めた結果，輪郭も朦朧として中心も定かでない「彼流の」解釈人類学が現れた。当然ながら多様性の重視や統合性の不在，また体系性の拒否がその特徴である。

　明晰で系統的で断定的で，エビデンスに基づき仮説を検証したとされるものが，このように曖昧模糊として不完全なものより優れているわけではない。これはとりわけ，「もの」ではなく「ひと」を研究する分野では真実である。明瞭な体系や理論的帰結は，人文社会科学的な研究に関する限り，しばしば不相応の結論を先取りしているに過ぎないということを解釈人類学は示そうとした。これは20世紀後半の人類学，あるいは人文社会科学の全体において，最も重要な貢献の1つだったと言ってよい。

134

クリフォード・ギアツ

◆「遍歴」

　ギアツは1926年サンフランシスコに生まれた。中西部のリベラル・アーツの大学，アンティオク・カレッジで哲学と文学を専攻後，マーガレット・ミード（→46頁）に誘われて人類学が何であるかも知らずに人類学を選んだ。進学したハーバード大学社会関係学の大学院は，社会学，社会心理学，臨床心理学，社会人類学という4分野からなり，社会学者タルコット・パーソンズを中心に人類学者クライド・クラックホーン（→52頁）らが，統合的アプローチによる社会科学の再編を目指す野心的な場のはずだった。しかしギアツは，ナバホやズニなど5つの文化を比較研究する「退屈な」，野外調査ならぬ「野原調査」に従事しなければならず飽き飽きしていたところに，インドネシアでの共同調査計画に誘われ何も知らずに飛びつき，こうして1人のインドネシア研究者が生まれた。ジャワの諸宗教を民族誌的に調査して博士論文にまとめた後，1958年からカリフォルニア大学バークレー校の助教授になったが，これが純粋に人類学の中に身を置いた唯一の時期である。2年後にはシカゴ大学に移って学際の新興国比較研究委員会に参加するとともに，モロッコでの調査を開始した。1970年，プリンストン高等研究所に移って社会科学部門を創設し，政治経済学のアルバート・O・ハーシュマン，政治哲学のマイケル・ウォルツァー，社会史のジョーン・W・スコットを招いて「解釈学的転回」の拠点をつくる。この社会科学部門に，ギアツは2006年の最期の時までとどまった。フィールドワーカーで民族誌家であり，これ以上人類学者的な人はいない一方，人類学者だけの世界には常に背を向けたという逆説がこの人の特徴である。

　人類学をはじめとする人文社会科学の大半に与えた影響は，後継者の育成ではなくその著作によった。ギアツの文章は複雑かつ難解で曲がりくねり，極度に簡潔で凝縮され，文中の挿入の上に挿入を重ねて主語は割り込む語句により述語から遠く隔てられ，これによって曖昧な意味合いが精度の高い曖昧さで明確に表出されている。優雅で均衡のとれた文章である一方，その癖の強さと晦渋さが批判されることもある。他言語に翻訳することは不可能と言われ，英語の話者でも文意を誤解する。いずれにしても「書く」ことの重要性をここまで高めた人は，少なくとも人類学者の中にはいなかった。

Ⅱ　文化人類学の展開

　米国社会学会ソローキン賞（1974年），米国人類学会特別講演賞（1983年），英国王立人類学協会ハックスレー記念メダル（1983年），米国芸術科学アカデミー社会科学賞（1984年）などを受賞し，コロンビア大ほかの主要大学で特別記念講演を行っている。ケンブリッジ大など多くの大学から名誉博士号を贈られており，現代の人文社会科学で最も輝かしく飾りたてられた1人である。

◆ **書かれたもの**

　著書としては，博士論文をまとめた『ジャワの宗教』（1960）が最初である。続いて『行商人と君主——インドネシアの二共同体の社会発展と経済変化』（1963），『農業の内旋^{インヴォリューション}——インドネシアにおける生態学的変化の過程』（1963），および『インドネシアの一共同体の社会史』（1965）というインドネシア3部作の後，『イスラームを観る——モロッコとインドネシアにおける宗教の展開』（1968）で，2国のイスラームの異なった展開を比較し，宗教と社会についての理論的一般化を試みた。

　しかしギアツの代表作は，間違いなく1973年の『文化の解釈』（邦題『文化の解釈学』）である。人類学を越えて70年代以降の人文社会科学全体に大きな衝撃を与えた本書は，20世紀後期の社会学に最大の影響を与えた10冊，第二次大戦後の出版物として最重要の100冊に数えられている。

　『文化の解釈』第1部では，「厚い記述（thick description）——文化の解釈理論に向けて」と名づけられた序章が全体を総括する。第2部で人間にとって文化とは何かという問題——それは「象徴と意味のシステム」であり，「意味を運ぶ象徴」はフィールドで具体的に観察しうること——について述べ，第3部はそのような意味のシステムとしての宗教を，インドネシアの事例分析によって一般化する。第4部は同じく意味のシステムとしてのイデオロギーと政治をインドネシアの事例に基づいて論じ，イデオロギーとは単に現実を歪めて単純化する思想ではなく何かを「言う」ものであり，それを「読まなければならない」ことを明らかにした。第5部には，「野生の心性」をつくり出すレヴィ＝ストロース（→181頁）の観念論的な構造主義への批判，バリにおける「人」「時」「行動」の意味連関についての哲学的で実験的な考察，また，バリの闘鶏

クリフォード・ギアツ

を「テクスト」として読みとろうとする（特に歴史家が称賛する）論文が収録されている。

10年後の1983年，『ローカル・ノレッジ——解釈人類学論集』が出版された。ここでは現代の社会思想が分解し，あるいは重なりあい，ジャンルが混淆し変貌しつつあることが描かれ，意味のシステムとしての芸術や常識の分析，政治的カリスマの比較，人類学的理解の性質についての考察などが収められている。

1980年にはバリの民族誌と歴史研究に基づく『ヌガラ——19世紀バリの劇場国家』により，儀礼や表現が国家をつくるインドネシア史上の類型が描出される。そこではウェーバーの封建制国家・官僚制国家・家産制国家のいずれとも異なる「劇場国家」という理念型が提示され，演劇や儀式，表現や記号など，通常は国家の外側の「飾り」とされる「文化」が国家をつくり，国家を現実のものとする力をもつことが示される。さらに1988年の『作品と生——著者としての人類学者』（邦題『文化の読み方／書き方』）は，人類学の古典としてのブロニスロウ・マリノフスキー（→28頁），ルース・ベネディクト（→40頁），レヴィ＝ストロース，エヴァンズ＝プリチャード（→155頁）の民族誌を実に鋭く分析した。ページの上の人類学，「書かれたテクスト」の人類学である。

1995年には『アフター・ザ・ファクト』（邦題『事実の跡を求めて——インドネシアとモロッコの40年と私の人類学』近刊）を書いた。2国の歴史と「現代」という時代，人類学の変遷と人類学的理解の性質，またフィールドワークにより「事後的に」手にされる知とはいったい何なのかという哲学的問題（つまり，人類学者が直面するのは「前方へ生き後方を理解する」という現象であるということ）について，実際に自分が経験した自国他国での出来事を回想しながら考察している——インドの哲人が，眼前の象の前に座る。哲人は「これは象ではない」と言う。ようやく象が去っていくと，やはり象がそこにいたのかも，という考えが哲人の心に頭をもたげる。象が視野から消え去った後，おもむろに哲人は象が残した足跡を見やり，遂に言い切る。「ここには象がいた」。

ギアツが実践した解釈人類学は，そのような象の足跡を求めて事後的な理解を試みることだった。同書は次のように結ばれている。

　（人類学的に「事実」を追い求めても）確信できるところや閉じられた感触

137

Ⅱ　文化人類学の展開

があまりなく，これほど多様な時代の中，これほどさまざまな人々の間でこ
れほど不安定な知的探求を続けても，結局求めているものは正確には何なの
か自体がはっきりしない。それでもこれは，興味深く困惑に満ち，有益なこ
と楽しむべきことの多い，素晴らしい一生の費やし方である。

　ここには人類学の内部にとどまることをいつも避けながら，最良の意味での
人類学的な知の営みを追求し続けたギアツにとって，人類学にどれほど大きな
価値があったかが吐露されている。

　2000年，プリンストン高等研究所特別教授を退き名誉教授となった年に，講
演論文を集めて『手もとにある光――哲学的問題に関する人類学的考察』（邦
題『現代社会を照らす光』）を刊行した。多様性を理解することの意味や，政治
哲学のチャールズ・テイラー，科学哲学のトーマス・クーン，そして断片化す
る現代世界などについての随想的論文が収録されている。これが最後の著書と
なった。

◆ **書かれたこと，言われたこと**

　ある種の理論としての解釈人類学がある程度鮮明に現れるのが『文化の解
釈』で，それ以前は前駆的表現，それ以降は延長上の表現である，と言ってよ
い。とはいえ系統的な探求が現れたのではない。「自分がこれからどこに行く
のかよく分からないという人は多いだろうが，私の場合どこに行っていたかが
どうも分からない」と呟くギアツが，あちこちに行ったことは確かである。人
類学，歴史学，社会学，政治学，哲学，文学などの境界を越えて，ナショナリ
ズム，イデオロギー，イスラーム，思想，国家，儀礼，芸術，翻訳，常識，時
間，親族，市場，農業，経済，紛争，闘鶏，法律，テクスト，人類学批判，科
学と社会など，行かなかった場所の方が少ないかもしれない――ただ，『文化
の解釈』序章の次の一節では，それらすべてのテクストの根本で共通する何か
が言われている。

　　マックス・ウェーバーと同じく，人は自らが紡ぎ出した意味の織物に支え
　　られた動物であると信じる私は，文化とはそのような織物であると考え，し
　　たがってその分析は法則性を求める実験科学ではなく，意味を求める解釈科

クリフォード・ギアツ

学であると考える。私が追い求めているのは説明であり，表面上は謎めいた社会的表現を読みとることである。

すべてに共通しているのは，メカニズムを見出したり，実験により仮説を立て検証し法則性を見出そうとする科学ではなく，行為者にとっての意味を，必然的に部分的にまた不完全に，そして事後的に知ることによって分析するという種類の人間科学である。

一方，「多様性」に対する一種の倫理的立場も，ギアツの解釈人類学の深いところにいつもあり，時折表面に現れる。これもよく引用される以下の『ローカル・ノレッジ』序文の一節は，そのような表面化の一例である。

他の人々がわれわれを見るようにわれわれ自身を見ることは，目を開かせるものとなろう。他の人々にもわれわれ自身と共有するところがあるとして見ることは，最低限の心得である。しかし，われわれ自身を他の人々のさなかに見る，すなわちわれわれ自身を，人間の生がある場でとったかたちの局地的な固有の実例として，諸事例の中の一事例，諸世界の中の一世界として見るというはるかに大きな困難を達成して初めて，それなくしては客観性は自己賛美となり寛容性は偽善となる類いの心の広さが得られるのである。

これは，広く知られた「厚い記述」の概念について，つまり文脈の厚みと意味の重層性が「手元にある」ようにすることの意味について，別の角度から言ったに過ぎない。厚い記述が望ましいとすれば，そのような記述が現実についてのある種の見方，つまり異なる文脈が絡みあう中に自身が埋め込まれている現実が見えるような見方を可能にするからである。厚い記述は，様々に異なる理解が埋め込まれ得る理解の形である。しかしそうした理解の間に合意があるわけではない。合意のないことこそが，〈厚さ〉の源である。「心の広さ」という上記引用の言葉はややナイーブに響き，適切ではないように思うが，互いに異なる理解の間に合意がない状況の中で自らを無数の事例の中の1つの事例に過ぎないとして見ることができる立場は，倫理的であるとともに，紛争と対立の現代において特に有用でもある。

Ⅱ　文化人類学の展開

◆ より深く学ぶために

〈原典・訳〉

C. ギアツ（小泉潤二編訳）『解釈人類学と反＝反相対主義』みすず書房，2002年。

C. ギアツ（小泉潤二訳）『事実の跡を求めて──インドネシアとモロッコの40年と私の人類学』新曜社，近刊。

C. ギアツ（小泉潤二訳）『ヌガラ──19世紀バリの劇場国家』みすず書房，1990年。

（小泉潤二）

エスニシティ論

フレドリック・バルト

(Fredrik Barth:1928-2016)

◆ 単線的理解

　日本においては，長い間ノルウェーの人類学者，フレドリック・バルトや彼に代表される個人主義的な潮流が論じられなかった。その結果，日本における文化人類学の理解は，「機能主義から構造機能主義へ，そして構造主義や象徴人類学へ」という単線的なものに留まるきらいがある。ここで言う「個人主義的な潮流」とは，レイモンド・ファースの**社会組織**論や，個人の戦術を重視しつつ政治組織や親族組織について論じたエドマンド・リーチ（→167頁）の仕事を指す。これらはブロニスロウ・マリノフスキー（→28頁）の影響を受けつつも，理論的には構造機能主義への批判をより鮮明に表明している。この潮流は，一部マックス・グラックマン率いるマンチェスター学派とも重なる形で，展開していくことになる。

◆ 生い立ちと経歴

　バルトは，母国のノルウェーだけでなくシカゴやロンドン，ケンブリッジで文化人類学を学ぶとともに，オスロ，ベルゲン，エモリーなどで教鞭をとってきた国際的な研究者である。その言語能力を活かして，イラン，パキスタン，南スーダンやオマーンなどのイスラーム圏，ノルウェー，さらにニューギニアなどの社会で調査をして，重要な民族誌を上梓している。

　1946〜49年にシカゴ大学に留学した後，1952年には最初の調査地イランで考古学の発掘の手伝いをしながらクルド人社会について調査を行う。この調査の成果は『南クルド地域の社会組織原理（*Principles of Social Organization in Southern Kurdistan*）』として1953年に公刊された。1952年にロンドン大学経済政治学院（LSE）に留学するが，リーチを追いかけるようにケンブリッジに移

141

Ⅱ　文化人類学の展開

り，彼の指導のもとパキスタンで調査をして，博士論文をまとめている。これは，1959年に『スワート・パターン人の政治的指導力（*Political Leadership among Swat Pathans*)』として公刊された。さらにイランの遊牧民を調査し，1961年に『南ペルシャの遊牧民（*Nomads of South Persia*)』を出版した。1961〜71年までベルゲン大学の初代社会人類学科教授を務め，そこを拠点に**トランザクショナリズム**の理論書『社会組織のモデル（*Models of Social Organization*)』（1966）やエスニシティについての論文集『民族集団と境界——文化的差異の社会組織（*Ethnic Groups and Boundaries: The Social Organization of Cultural Difference*)』（1969）を発表している。その後ベルゲン大からオスロの民族博物館に移り，晩年はアメリカに渡る。

◆ スワート社会の民族誌

　まず，バルトの国際的なデビュー作で後のエスニシティ論の基礎となる『スワート・パターン人の政治的指導力』について紹介したい。

　パキスタンのスワート渓谷では，広大な土地を所有するパシュトゥーン（パターン）人が絶大な権力をもつ。彼らは正式名をヤスフザイ・パシュトゥーンといい，アフガン出身のヤスフを共通の先祖とする。彼らはカブール渓谷から追い払われ東へと移動，16〜17世紀にかけてスワート渓谷の住民たちを征服した。彼らの定住地の一部はパキスタン建国後，同国西北部の一部に含まれることになったが，かなりの自治を保持していた。

　スワート渓谷のパシュトゥーン社会についてバルトは，個人の活動を規制する諸要因として出自や土地所有に加え，カーストを認めつつも，次のように論じている。スワートには全部で24種類のカーストが存在し，最上位には預言者モハマンドや他の聖者の子孫である「聖者」と土地所有者のパシュトゥーンが来る。さらに彼らの下に司祭（ムッラー），金細工師や仕立屋など様々な職人が位置する。しかし，これらは必ずしも固定されているものではない。「彼らはパシュトゥーンだったが，土地をなくしていまは鍛冶屋だ」といった説明がなされる。カーストはたしかに人々の職業を表し社会関係を決定するが，バルトによればこれさえ選択可能なもので，「みんなが自由にどの集団に属したい

フレドリック・バルト

かを選ぶことができる」と述べる。

　さらに個人主義的なのが，契約に基づく人間関係である。スワート地方では優位にある者と従者が結ぶ契約がある。両者関係は自発的なもので，個人は自由に契約相手を選ぶことができるだけでなく，どんな契約も結ばないという自由を有する。

　契約に基づいて人々は大土地所有者をリーダーとする集団を形成し，リーダーへの忠誠と引き換えに物質的な恩恵を受けたり，他者からの攻撃があれば保護を受けたりする。そして，主として土地や収穫をめぐる争いが生じた際には動員されることになる。リーダーは単に忠誠を誓う人々を増やすだけでなく，他の有力者からの土地の収奪に備えより強いリーダーの庇護を求め契約を結ぶ。どのリーダーの傘下にも入らなければより大きな自由を確保できるが，物質的な恩恵を得ることができない。一方ある徒党に加入すると，物質的には安定するがリーダーの，それもしばしば理不尽な命令に従わなければならなくなる。

◆ **構造機能主義批判**

　バルトは，同書の序論において，当時支配的であった集団を中心とする見方に対して疑問を呈している。彼は，従来の人類学では，個人の地域のリーダーや集団への帰属というものは，生まれながらに決まっているという印象を与えるという。このため，政治的な忠誠をめぐって個人の自由な選択の余地というものは全くないように見える。ところが，スワート・パシュトゥーンでは政治的忠誠は，個人の自由選択に任されている。自由選択の結果社会的現実が生まれるというバルトの主張の背景には，ラドクリフ＝ブラウン（→34頁）が確立した構造機能主義人類学への批判を認めることができる。

　構造機能主義というのは，社会有機体説，全体論，そして均衡説からなる社会理論である。社会というものは，生物の体と同じようにいくつかの部分（制度）からなる。これらの制度を記述すると，全体としての社会の記述へと辿り着く。しかし社会は単なる部分の集合ではなく，それらにプラス・アルファを加えたものとして認識されていた。ここに全体という概念の重要性がある。部分はそれだけによって理解されるものではなく，他の部分と関連づけられ，さ

Ⅱ　文化人類学の展開

らに全体的な枠組みに位置づけられることによって初めて意味をもつ。部分と全体との関係が機能であり，各々の部分が構成する全体が構造である。したがって，各制度は全体としての社会の維持と存続に奉仕するために存在し，諸制度は他との関連で一定の均衡状態を保つことになる。またここでは個人よりもそれが属する集団が，そして集団よりもそれらによって構成される社会全体が何よりも重要な位置を占めることになる。構造機能主義的な視点から見ると，個人に着目する説明方法は無価値に等しいのである。後にバルトは，『社会組織のモデル』で，こうした個人中心の社会モデルの理論化を図り，その立場は後にトランザクショナリズムと呼ばれることになる。

　個人の自由な選択や意志決定は，もちろん理想的な形で実現されるのではない。そこにはそれの障害となる様々な要素が存在する。つまり，トランザクショナリズムは社会に2つの次元を想定している。1つは，個人の活動の次元であり，そこでの原則は利潤を最大限に追求する自由な選択である。そして，その総体が分析の対象となる「社会（社会過程，社会組織）」である。他方，選択に基づく活動を限定する社会慣習や価値の次元は，社会形態や社会構造（社会形式）として区別される。

◆ エスニシティ論

　バルトは，構造より過程を重視する観点をエスニシティ（ethnicity）にも適用し，民族集団（ethnic group）や民族間の境界を既存のものと見なす本質主義的視点を批判する。そして，ミクロな次元においてもまた歴史的にもより動態的なエスニシティ研究に道を拓いた。

　民族集団とは，言語や文化などを共有する集団である。どんな服を着てどんな家に住み，どんな食事をしているのかといった目に見える相違によって，我々は人々を複数の民族集団に分けるのである。例えば，食事の時に箸を使うかどうかは，日本人と西欧人とを区別する文化的な指標であろう。

　バルトの独創性は，民族集団の間の境界を文化的な要素に求めず，社会的なものと見なすことで，より動態的な観点をエスニシティ研究の分野に導入したことである。衣食住等の文化要素による相違は客観的であるにしても，人々の

144

自他関係すなわち社会関係を反映しているとは言えない。文化要素は，選択の対象となり，時に強調され，時に無視される。

人々は，パシュトゥーンの「カースト」と同様に時に別のエスニシティに変更できる。他民族への同化という場合だけでなく，生業などを変えることによってもエスニシティを変更する事例が報告されているのである。エスニシティを区別する境界は予想をはるかに超えて流動的と言える。しかし，自他を区別する民族の境界は存続する。

1つひとつの民族集団とその境界を所与のものとし，その歴史や文化的特性を考察するという視点をバルトはとらない。エスニシティにおいてもバルトは，集団の構造ではなく人々の相互関係に注目する。エスニシティとは，人々の本質の一部ではなく，他者との関係や社会的状況，生態との関数なのである。たとえば，パシュトゥーンには，そのアイデンティティの核となる社会的実践が認められる。それは名誉に関わるもので，男性の自律や平等性を示す行為となる歓待，男性たちの会合，男女の隔離である。バルトは，パシュトゥーン社会が接する他民族の政治組織との相違などを考慮し，上記の社会実践との関係でどのようなエスニシティの変更が起こるのかを論じている。例えばバルーチと接しているパシュトゥーンがバルーチになるという一方的な過程である。その理由は，両者の政治制度の性格と，パシュトゥーン自身が自らバルーチの特性を選択することで生じるという。

◆ その後の展開

エスニシティ研究では，バルトによる構築主義的な観点や道具的な視点は高く評価され，文化要素や歴史的特異性を強調する本質主義的な立場への批判として位置づけられた。しかしながら，利潤の最大化を目指す合理的な個人（経済的人間あるいは政治的策略家）をその基礎に置くトランザクショナリズムへの批判は根強い。それは，近代資本主義のもとで富の蓄積に精を出す計算高い近代人を彷彿させるからだ。

その後，バルトは，ニューギニアで儀礼や信仰を研究対象とし，人々が世界をいかに読むのか，その知識を通じてどのような相互関係を保持しているのか，

Ⅱ　文化人類学の展開

という知識の構築と利用を主題とする調査を行っている。その成果の1つが，『コスモロジーの創出（*Cosmology in the Making*)』（1987）という書物である。そこでバルトは，文化を所与のものと見なさず創出するものとして理解しようとしている。

　スワート渓谷からニューギニア内陸部へとフィールドを移すことによって，そのキーワードは自由な選択から創造力へ，その人間像は戦略家から創造者へと変化した。また，その対象も行動というより，知識の伝達や共有に移った。

　確固と思われていた集団や集合的カテゴリーがより流動的になり，個の力や繋がりの可能性が注目される現代社会において，バルトの仕事はますます重視されることになろう。

◆ 用語解説

トランザクショナリズム（transactionalism）　人間は，合理的な選択によって個人の利潤を最大限に獲得し，不利益を最小限に抑えるという考えに基づき，合理的戦術によって他者とのやりとりが「社会」を生み出すと主張する。

社会組織（social organization）　レイモンド・ファースの提案した概念。人間を規制する集団やカテゴリーとは異なる，個々人の選択からなる活動が生み出す一定の社会関係やパターンを意味する。

◆ より深く学ぶために

〈原典・訳〉
F. バルト（内藤暁子・行木敬訳）「エスニック集団の境界——論文集『エスニック集団と境界』のための序文」青柳まちこ編・監訳『「エスニック」とは何か——エスニシティ基本論文選』新曜社，1996年。

〈入門・解説書〉
田中雅一『誘惑する文化人類学』世界思想社，2018年。
＊バルトやマンチェスター学派の主要な業績についての考察が含まれている。
ジェレミー・ボアセベン（岩上真珠・池岡義孝訳）『友達の友達——ネットワーク，操作者，コアリッション』未來社，1986年。
＊個人を中心とする社会人類学的研究の代表作。

（田中雅一）

ナショナリズム・国家論

ベネディクト・アンダーソン

(Benedict Anderson：1936-2015)

◆ **変貌するナショナリズム**

　人文社会科学において長らく周辺的課題に過ぎなかったナショナリズム研究は1980年代に大きく変貌した。**ネーション**（nation, 文脈に応じて日本語では国民とも民族とも翻訳）と**ナショナリズム**（nationalism）の在り方に着目することで近代以降の国民国家（nation state）とは何かを問いかけ、ナショナリズム研究が脚光を浴びる契機を生んだのがアンダーソンの『想像の共同体』（1983）だった。

　『想像の共同体』の出版当初、ナショナリズムの論争史を熟知したイギリスでは好意的書評が続いたものの、アメリカではほぼ完全に無視された。ところが、1980年代末以降の冷戦終結とソ連崩壊によって状況は急変した。ソ連の「共産主義の脅威」という大きな枷が消えたあとの隙間を埋めるかのように、それまで抑制されていた「民族の問題」やナショナリズムの嵐が世界中に吹き荒れ始めた。アンダーソンの仕事はこうした現実政治の転変を目の当たりにした世界中の多くの人に紐解かれ、人文社会科学の様々な領域に浸透していった。

　以下ではアンダーソンの生い立ちと知的遍歴に触れたのち、彼の『想像の共同体』とその洞察が拓いたナショナリズム研究の視点について概観したい。

◆ **生い立ち，知的遍歴**

　1936年、中国雲南の昆明で海関税務司署に勤務するイギリス系アイルランド人の父とイギリス人の母のもとにアンダーソンは生まれた。健康を害した父の離職に伴って5歳で中国を離れ、その後はカリフォルニア、コロラド、ロンドン、独立アイルランドと移住を繰り返した。アンダーソンはイングランドの名門寄宿学校イートン校へ、さらにケンブリッジ大学に進学して西洋古典学を専

Ⅱ　文化人類学の展開

攻した。イギリスの生活では保守的環境への違和感と人種差別主義と帝国主義への嫌悪感を強め，彼自身この青年期の経験がマルクス主義やナショナリズム研究に自らを導いたと述懐している。

　大学卒業後，アンダーソンはイギリスで古典学を教える話を断り，イートン校時代の友人の仲介でニューヨーク州北部にあるコーネル大学の（彼にとって当時は全く未知の）政治学の教育助手に就くことを決めて1958年に渡米した。

　第二次世界大戦後，1950〜60年代初頭のアメリカでは覇権国家の立場を直接的に反映した地域研究が勃興期を迎え，コーネル大学ではインドネシア反植民地武装闘争の積極的な支援者でもあった政治学者ジョージ・ケーヒンの尽力のもと東南アジア・プログラムが立ち上がっていた。ケーヒン指導下の大学院生となったアンダーソンは「インドネシアの社会と政治に対する日本による占領の影響」を研究テーマに託され，1961年12月に戒厳令下のインドネシアに入り，1964年４月までジャカルタで調査を行った。1967年に政治学の博士号を取得後にコーネル大学助教授に着任し，爾来2002年に名誉教授となって以降も同大を拠点に世界の東南アジア地域研究を牽引し続けた。

◆ フィールドワーク，脱線，人類学的距離

　アンダーソンが大学院生としてインドネシア研究に身を投じた時，国家を枠組みとして東南アジアの政治を研究しようにも，先行研究の蓄積はまだ乏しかった。結果的に，彼は外部の人にはまだあまり知られていない地域社会を，好奇心・観察力・お喋りを武器に学ぶ人類学者のような立場に置かれ，実際に人類学の理論や方法論に大きな影響を受けることになった。

　フィールドではインタビューの楽しさにも目覚めた。また，博士論文のための史資料調査から積極的に脱線し，俗言ジャワ語，雅言ジャワ語，ガムラン音楽などを学び，ジャワ島内各地も頻繁に旅し，ジャワ音楽，舞踊，影絵芝居，仮面舞踊，精霊憑依も数えきれないほど見た。フィールドでは現地の言葉を先ず学び，そして研究を始めるという，言語，人，文化，歴史を重視した彼独特の複線的なフィールドワークによる政治研究の姿勢は生涯貫かれ，『想像の共同体』に見られる文化主義的傾向の基礎を築くことにもなった。

ベネディクト・アンダーソン

アンダーソンはフィールドワークに内在する根源的な意味を的確に理解していた。五感を鋭くしてすべてに対して不断の好奇心をもち，「何か違う，何かが変だという経験」を重視し，やがて自分の文化についても何かが変だと考えるように促されていく瞬間に意義を見出していた。些細なことも注意深く観察し，絶え間なく比較することで，人は自らを相対化することが叶う。アンダーソンはこの相対化の過程を「人類学的距離を保つこと」と表現している。

◆『想像の共同体』へ

『想像の共同体』は1983年初版，1991年第2版（「人口調査，地図，博物館」と「記憶と忘却」の2章を付加。邦訳の『増補』版），2006年第3版（「旅と交通」を末章として付加。邦訳の『定本』版）と版を重ね，2006年末までに30カ国，27言語で出版されたという。

1966年1月，アンダーソンはコーネル大学の小グループの一員として非公開の報告書「1965年10月1日クーデターの予備的分析」をまとめ，インドネシア政府当局が共産党によるクーデター未遂事件と断じた「9月30日事件」が実はインドネシア国軍の内部闘争だと指摘した。それが原因となって彼は1972年4月インドネシア再訪時に国外退去となり，1999年までの27年間インドネシア入国を禁止された（その間，1974～86年にシャムへ調査地を移し，88年からフィリピン調査も開始した）。インドネシア入国を禁止されたアンダーソンが，離れた場所からインドネシアを想い，自らに降りかかった政治的状況を観察し，その過程で手中にしたナショナリズムをめぐる「何か違う，何かが変だ」という問いかけが『想像の共同体』を生み出したのである。

アンダーソンは人類学的距離を保って，これまでの理論家たちが近代国家における国民という存在と特定の国民ないし民族に愛着しこれを遵奉する価値・規範・態度の集合体であるナショナリズムの存在を自明視してきたこと，ヨーロッパに生まれたナショナリズムが模倣されて世界の随所に広がったというヨーロッパ中心主義的で孤立した歴史主義を前提としてきたこと，ナショナリズムを論じる際に「大国」に議論を集中させてきたことを批判する。

さらに，こうした自明視と偏見を捨てなければナショナリズムをめぐるパラ

Ⅱ　文化人類学の展開

ドクスに対する答えを見出すことはできないと指摘する。そのパラドクスとは，第1に，歴史家の客観的な目には国民は近代的現象と見えるのに，ナショナリストの主観的な目にはそれが極めて古い存在と見えるということ。第2に，現代世界では誰もが特定の「国民への帰属」を手にする／すべきという社会文化的概念は形式的には普遍的なのに，それが実際に具体的な特定国民への帰属となると，常に手の施しようのないほど固有で独自の存在となってしまうということ。第3に，ナショナリズムは（そのために命を投げ捨てる国民がいるほど）大きな政治的影響力をもつのに，哲学的には貧困で定義できないほどに支離滅裂であるということ，の以上3つである。アンダーソンは，この3つのパラドクスは，ヨーロッパの理論家たちが，ヨーロッパの「大国」のナショナリズムの事例（小文字で始まる nationalism）を自明視し，それをあたかも概念的な普遍性を有するナショナリズム（大文字で始まる Nationalism）として実体化してしまったことに遠因があるのだと喝破する。

　そして，3つのパラドクスに対する答えを見いだすべく，アンダーソンは「いかに小さな国民であろうと，これを構成する人々は，その大多数の同胞を知ることも，会うことも，あるいは彼らについて聞くこともなく，それでいてなお，ひとりひとりの心の中には，共同の聖 餐のイメージが生きている」ことに着目して，「国民」という人間の集合体を「イメージとして心に描かれた想像の政治共同体（imagined political community）」として新たに定義する。

　そのうえで，いつ，どこで，ナショナリズムは始まり，それは，どうして，かくも強い情動的な力をもち，どのような仕組みを前提とすれば，地球上の至るところへの急激な拡大を説明できるのかという根源的な問いかけを始める。

◆ 出版資本主義をめぐるナショナリズムの起源と流行

　アンダーソンはナショナリズムの歴史的起源，すなわち国民という共同体想像の作業の誕生を，民族的ないし言語的な同一性原理の支配から外れた多民族的で多言語的な南北アメリカに求めた。まずスペイン領アメリカ各地で見られたナショナリズムのうねりを扱い，それを初期アメリカ合衆国のナショナリズムと比較して，新大陸に生まれたスペイン人クレオールの延長上に新大陸に生

まれたイギリス人クレオールの存在を据えてナショナリズムの起源を探った。さらに，南北アメリカのクレオール・ナショナリズムが，民衆的国民運動隆盛後の1820年代のヨーロッパにおいて周辺化されそうになった王朝帝国が苦慮の末に生み出した公定ナショナリズム（official nationalism）へと変貌し，ヨーロッパ帝国主義による植民地支配の拡張を経てアジア諸国を含むローカルなナショナリズムの醸成へと至る過程を描くことで，グローバルな視点からナショナリズムの歴史を示した。

さらに，アンダーソンは，ナショナリズムの起源とそのグローバルな流行の過程を解く鍵を18世紀中頃からヨーロッパと北アメリカで顕著になった現象である出版資本主義（print capitalism）に求める。

グーテンベルク以降の印刷技術と16世紀以降の資本主義市場の流通の発達を下地に，ヨーロッパでは書物（印刷された言葉）が多大な利益を生む商品となった。当初唯一の書き言葉はエリートのラテン語で，その市場はすぐに飽和してしまう。そこで，人々が巷で話す口語俗語（vernacular）を出版語（print language）に仕立てた書物が新たな市場として登場した。その市場の舞台には，ある口語俗語で書かれた書物を同じように読むことができる人たち，すなわち同じ言葉を共有する人たちとは他の何かも同じように共有し，同じ共同体にも属するのではないかという想いが胚胎してくる。

結果として，市場の俗語革命は国民の想像を可能とする契機となり，次第に出版語が意図的に固定されて，19世紀には特定の国民と特定の言葉の結びつきを絶対的なものとして自然化する国語の思想（言語的ナショナリズム）の誕生を可能にしたというシナリオをアンダーソンは想定する。同時に「人間の言語的多様性という宿命性」のもと，世界は異なる国語の異なる国民との対立へと導かれていく。そして，国民国家による公教育の普及（国語のリテラシーと国史／フィクションの知識を有する忠実な国民の再生産）と政治・教育の中心地への巡礼（pilgrimage）を通じて，自らが生まれ育った民族的・言語的・宗教的な地域の紐帯を超えた同胞意識を有する国民から成る国民国家が，想像された虚構の共同体としての地歩を固めていく過程が論じられる。

Ⅱ　文化人類学の展開

◆ ナショナリズムからアナーキズムへ

　一方で，『想像の共同体』が国民と国民国家を分析単位にしたことで，無視してしまった現実があることにアンダーソンは気を留めた。それは，国民や国民国家は広大な宗教ネットワークや経済的・技術的な影響，グローバルな政治思想的潮流（リベラリズム，ファシズム，コミュニズム，ソーシャリズム等々）によっても互いに結びつけられているという現実，あるいは，人はナショナリズム以外に他のことにも心奪われているという現実である。この気づきを発端に『三つの旗のもとに』（2005）では，1861〜1901年に世界各所で生起した反植民地主義的ナショナリズムを「電信と蒸気船で繋がれたグローバル・アナーキズム」の観点から取り上げ，フィリピン人ナショナリスト，キューバ人ナショナリスト，フランス人アナーキスト，ベルギー人のアヴァンギャルド文筆家，日本人の小説家やリベラル左派らの人生の軌跡を，国家や国民の境界を越えて生起した同時代的な学習，コミュニケーション，協調の過程として分析していく。言語，人，文化，歴史を重視した彼独特の政治の文化主義的研究の姿勢はここでも貫かれ，ナショナリズムの想像力がこれに対抗するグローバル・アナーキズムの想像力を生みだした呼応関係の近現代史を見事に描いている。

◆ 用語解説

ネーション（nation）　ラテン語の natio（生まれてきたもの）が語源。国際政治学等では「同一の国籍を保有する人々の集合。国民」と定義されるが，社会学的には「人間の集合体（共同体）を指す概念」を超えた厳密な定義を拒む言葉でもある。
ナショナリズム（nationalism）　特定のネーションに愛着しこれを遵奉する価値・規範・態度の総体を指す。ネーションが厳密な定義を拒む概念ゆえに，ナショナリズムの一義的な概念規定も困難であると言わざるをえない。

◆ より深く学ぶために

〈原典・訳〉

B. アンダーソン（白石隆・白石さや訳）『定本　想像の共同体——ナショナリズムの起源と流行』書籍工房早山，2007年。

（棚橋　訓）

◆コラム◆　綾部恒雄（1930-2007）

　綾部恒雄は，東京都立大学大学院社会人類学コース（当時）で岡正雄（→58頁）に師事し文化人類学（民族学）と出会った。岡が語るメラネシアの秘密結社ドゥク・ドゥクの話を聞き民族学のロマンを感じ，いずれかの地域の専門家となる重要性を教えられた。そしてファーブル昆虫記を読むために学んだというフランス語を生かし「佛領印度支那」と呼ばれていたヴェトナム，カンボジア，ラオスをフィールドに選んだ。1957年に日本民族学会（現・日本文化人類学会）が組織した戦後初の「東南アジア稲作民族文化綜合調査団」の最年少団員として初めて東南アジア調査を実施し，「タイ国伝統社会の構造分析」（1967）で博士号を取得した。

　自身であまり語ることはなかったが，綾部は終戦を外地で迎え苦労して帰国するという経験をしている。日本人としての幼い頃の異国での生活体験は，その後の異文化に対する綾部の基本的感受性に影響したと考えられる。

　研究視座の根底には，1960年からのアメリカ留学中に接したルース・ベネディクト（→40頁）らの「文化とパーソナリティ論」の影響がある。研究テーマおよびフィールドは多彩だが，通底しているのは，なぜ人は集団を形成するか，その集団内でいかに一生を送るか，そしてそのような集団の変容と布置を一覧化して捉えようとする視点である。社会人類学の組織論や成員論を基盤に，『通過儀礼』（V.ヘネップ，1977）を翻訳していることにも見られるように，ライフサイクルを宗教的価値観や世界観と絡めて捉えようとした。人が個人として特定のアイデンティティを自認するまでに，秘密などを含む集団内共有知を獲得する過程や心理学的側面にも関心を寄せた。

　1967年には，アメリカのペンシルベニア・ダッチ・カントリーでの1年間の調査に基づき，日系移民のアイデンティティとの比較研究を実施した。その後もアメリカ調査を継続し，カナダでの調査研究へと展開し，いくつもの共同研究を主宰した。また九州大学を皮切りに，長く筑波大学でも人類学と地域研究の教鞭をとり，学生の野外調査実習も兼ねて日本での調査も行った。

　このように様々な地域での研究を継続しながら，綾部は特定社会についてのみ論じるのではなく，当該対象社会と他の社会とを比較対照することによる一般化，あるいは一覧化を行った。そして，自分の生まれ育った母国と，発展途上地域の伝統社会の研究という2点観測よりも，母国，発展途上地域，先進地域の3カ所に軸足をおいた比較対照が文化人類学者には望ましいと考え「3点観測」にこだわり続けた。そこには，北米という先進地域を研究対象とすることで，母国の文化的従属を超えたいという想いが秘められていた。

　綾部は生涯を通じフィールドワークに基づいた，クラブ，結社などの約縁集団に関す

153

Ⅱ　文化人類学の展開

る研究を数多く残している。その中で，「民族」「民族集団（エスニック・グループ）」「エスニシティ」に関する研究は，言うまでもなく，綾部の業績の中核を成している。綾部は「民族」の定義には，言語や宗教などの特定の個別文化を指すゼボルド・W・イサジフのいう「客観的定義」と，主観的基準としての帰属意識やアイデンティティである「主観的定義」があるとし，フレドリック・バルト（→141頁）の民族境界論を評価した。そして「民族」が人間の文化共同体についての個別的，静的な表現であるのに対して，「民族集団」は他者との関係性や動態的性格を含んだ表現で，多民族的状況下ではマイノリティとしての意味を内包しているとした上で，こうしたエスニック・グループあるいはその一部の構成員が，その伝統文化の背景のもとに意識的・無意識的に表出する心理的・社会的特性をエスニシティと呼ぶとしている。さらに，このようなエスニシティを扱う議論は，多民族社会を捉える際に有効であると考え，国家と民族，多文化主義への議論へと研究を進めていったのである。

　綾部は1990年代を国際化の時代と捉え，日本社会がどのように対応できるかを考えるだけでなく，世界中の民族対立や分断の理解に，文化人類学は貢献できると考えていた。権利獲得などの実践的活動に直接関与することはなかったが，マイノリティとして周辺化される人々を理解しようと真摯に取り組み続けた。

　1996年には，京都文教大学人間学部（現・総合社会学部）に全国初の文化人類学科を新設した。コースや専攻ではなく独立した学科として，文化人類学の領域区分や地域区分をトータルに網羅する専門カリキュラムを実現し，後進の育成の制度化に尽力した。また日本の国際化と多文化社会化にとって，学校教育における文化人類学的知見の導入が必須だと考え，地理学など周辺分野との対話を深めつつ，なんとか中等教育の学校教科書に文化人類学的知性が反映できないかと方途を模索し続けた。

　綾部は専門的著作以外にも，『文化人類学15の理論』（1984）に代表される文化人類学の一般書や入門書を数多く編著として世に送り出した。研究分野や理論などの全体像を分かりやすく概説する導入書には，多くの初学者が助けられたのではないだろうか。貝殻の収集を趣味としファーブル昆虫記に傾倒した博物学的な分類や一覧化のセンスと，時代を先読みする洞察力で，テーマに即した執筆者を集め，多くの研究者に一般読者との接点を提供した。文化人類学的知性をより多くの一般の人々に少しでも分かりやすく伝えたいという願いとともに，多くの若手研究者にも自らの専門研究をかみ砕いて表現する重要性を教示した。綾部恒雄は，優れた研究者であっただけでなく，希有なコーディネーターであり編集者でもあったのだ。

（森　正美）

人文学的人類学

E・E・エヴァンズ＝プリチャード

(E. E. Evans-Pritchard：1902-1973)

◆ 文化の翻訳者

　フィールドワークに基づくデータと機能主義の理論で，現代的なイギリス社会人類学の基礎を築いたブロニスロウ・マリノフスキー（→28頁）とラドクリフ＝ブラウン（→34頁）の次の世代で，イギリス社会人類学の発展に大いに貢献した1人が，エヴァンズ＝プリチャードである。彼は長らくオックスフォード大学の教授を務めた。同僚や弟子からは敬愛を込めて E-P と呼ばれた。ここでも E-P と略記する。

　E-P は特に南スーダン共和国に住むアザンデ人とヌアー（ヌエル）人の研究で著名である。ラドクリフ＝ブラウンが社会人類学を法則定立的な社会の自然科学と考えたのに対して，E-P は歴史学をはじめとする人文学の一つとして社会人類学を位置づけ，文化のパターンの解釈や文化の翻訳を強調した。

　ここでは E-P の生い立ちと経歴を述べた後，主著である『アザンデ人の世界』（1937）『ヌアー族』（1940）を取り上げ，彼の異文化理解の実践を紹介し，その影響についても述べる。

◆ 生い立ちと経歴

　E-P は1902年イギリスのサセックス州に生まれた。父親はイギリス国教会の聖職者をしていた。しかし E-P は第二次世界大戦中の1944年にカトリックに改宗している。E-P はイギリスで最古の伝統を誇る名門パブリックスクールのウィンチェスターカレッジで学んだ後，オックスフォード大学エクセター・カレッジに進学し1924年に現代史で修士号を取得している。在学中社会人類学に興味をもちフィールドワークを試みたいと思うようになるが，オックスフォードにいる人類学者らにフィールドワークの経験がないことから，フィー

155

Ⅱ 文化人類学の展開

ルドワークの経験があるチャールズ・セリグマン，マリノフスキーのいるロンドン大学経済政治学院（LSE）の大学院に進学する。後にイギリス社会人類学の大御所となるレイモンド・ファースらとともに E-P は，人類学の新しい時代のリーダーであるマリノフスキーの最初の学生となった。しかし 2 人は，犬猿の仲だったようだ。もう 1 人の師セリグマンが病気になったため，そのかわりに E-P は南スーダンで調査を行い，アザンデのフィールドワークをもとにした論文で1927年に博士号を得ている。アザンデの調査は1926年からスタートし，1930年まで 3 度実施し調査期間を合計すると20カ月に及んだ。

1930年，当時イギリスとエジプトの共同統治下にあったスーダンの内務長官ハロルド・マクマイケルに懇願され，E-P はヌアーの調査を開始する。ヌアーは好戦的な民族として知られ，政府にたびたび反抗していたので，マクマイケルは彼らを統治するためにその社会についての情報を求め，調査を依頼した。非協力的なヌアーの態度と病気に悩まされたというなかば伝説と化した調査は，アザンデに比べると 1 回の滞在期間（ 2 カ月半～ 5 カ月）も，通算の調査期間（約 1 年）も短いものの，ヌアー 3 部作（『ヌアー族』『ヌアー族の親族と結婚』1951，『ヌアー族の宗教』1956）は，『アザンデ人の世界』とともに社会人類学の古典的名著として知られている。

第二次世界大戦が勃発するとエチオピアとスーダン，リビアで軍役に就いた。リビア滞在中にカトリックに改宗する。またリビア・キレナイカ地方を拠点に活動するイスラム教の神秘主義教団サヌーシについても研究した。

1946年にラドクリフ＝ブラウンの後任としてオックスフォード大学社会人類学（主任）教授に任命され，1970年に退職するまでその地位にあった。社会人類学は社会の自然科学ではなく人文学であると宣言した有名な「社会人類学——過去と現在」は，この間に行ったマレット記念講演（1950年）である。1966年にはウェールズ大学での D・オウエン・エヴァンズ卿記念講演を基にした『宗教人類学の基礎理論』を出版する。1971年にナイト爵に叙せられる。1973年死去。晩年はマレット講演を実践するかのように，アザンデ社会の歴史の研究である『アザンデ，その歴史と政治制度』（1971）を刊行，死後の1981年には弟子のアンドレ・シンガーによって『人類学的思考の歴史』が編纂された。

156

E・E・エヴァンズ＝プリチャード

◆『アザンデ人の世界』

　アザンデ人は，かつて複数の王国からなる帝国を築いていた。彼らは，病気や死，作物の不作など大小様々な不幸・不運に見舞われるとマング（*mangu*）という語を口にする。例えば，暑い日中，柱に支えられた穀物倉の下には陰ができるので，そこで人が休んだり手仕事をしていると，柱が崩れ，下にいた人は穀物倉の下敷きになり死んでしまった。このようなとき彼らは，マングだと言う。E-P はこの言葉がアザンデの哲学や思考様式を解き明かす鍵だと考えた。マングを E-P は witchcraft（以下，妖術）と訳した。妖術は人の体内にある妖物から発せられる，不幸をもたらす神秘的な力である。

　不幸を説明するのが妖術だと言うと，アザンデ人は出来事の正しい因果関係（白蟻が穀物倉の柱を蝕みぼろぼろにしたので柱が崩れ落ち，その下にいた人が死んだ）を理解できず，神秘的な力に原因を帰しているかに見えるが，そうではない。彼らも出来事の一般的因果関係（「いかにして（how）」）は十分理解している。しかし他の人が同じ穀物倉の下にいた時はなぜ崩れ落ちず，特定のある人が休んでいた時なぜ崩れ落ちたのか，似たような穀物倉は他にもあるのに，なぜその特定の穀物倉が崩れ落ちたのか，なぜ他の日時ではなく，他ならぬその時だったか。西欧人なら偶然で片付けてしまう「なぜ（why）」もアザンデは説明しようとして，言及するのが妖術なのである。19世紀の学者レヴィ＝ブリュルが論じたような，論理的思考ができずに神秘的世界の中で生きている未開人では彼らは決してないのだ。

　妖術は，人の妬みや憎しみから発する。しかしその人自身は自分が妖術をかけたという自覚がない。妬みや憎しみは日々の人間関係・社会関係の中で生じ，誰もが抱くものであり，その意味では誰でも妖術者として疑われることになる。

　妖術が疑われると，人は託宣（占い）にうかがいをたてる。託宣には様々なものがあるが，一番権威があるのはベンゲという毒託宣である。妖術を疑う者は，鶏の雛に毒を飲ませ，「もし誰々が自分に妖術をかけたなら，ベンゲよ，雛を殺せ」と口にするものである。仮に雛が死んでも，アザンデは1度の託宣の結果だけでよしとするのではなく，最初の託宣が正しいかを検証する。そして雛の羽を切り取って妖術者のもとへもっていくと，妖術者は自分自身には身

Ⅱ　文化人類学の展開

に覚えのないことではあるが，「自分の体から発した妖術のせいで病気になっ
たのなら申し訳ない，はやく回復を祈る」と言って水を雛の羽根に吹きかける。
この後で嫌疑をかけた者が，相手をいつまでも妖術者ということはない。

　しかし病気にかかり，託宣にうかがいをたてる前に人が亡くなると，その親
族は，報復の**呪術**を行使する。報復の呪術以外にもアザンデには治療のための
呪薬など様々な呪術が存在する。E-P によると，妖術・託宣・呪術は三角形
の三辺のごとくまとまって，アザンデ人の思考の枠組みを作り上げており，首
尾一貫した流れを構成している。託宣の結果の真偽を検証する姿勢は，実験に
よる批判的検討という科学的思考に通じるものがある。アザンデ人は合理的思
考や判断ができない人たちでは決してない。ただ彼らは個々の事件における妖
術関与について納得いく説明が得られればそれでよく，妖術や託宣についての
矛盾のない一般的理論や説明には関心がない。

◆『ヌアー族』

　アザンデと同じく南スーダンに住むヌアーは，言語的にはナイロート系に属
する牧畜民である。牛が彼らの価値観の中心であり，生業や経済面，結婚・相
続・賠償などの社会生活だけでなく，神への供儀獣として宗教面でも重要な役
割を果たしており，個人のみならず集団のアイデンティティにも深く関与して
いる。牛をめぐって彼らは他の地域的にまとまる政治集団（部族という表現を
E-P は使っている）やディンカなどの民族集団にも襲撃をいとわない。しかし
彼らには王や首長などの政治的指導者がいない。そのような社会がいかに一致
団結して敵に襲撃を仕掛けることができるのか。本書はその構造的メカニズム
も説明したもので，メカニズムとその骨格ともいうべき分節**出自体系**およびリ
ネージ（lineage，出自集団）の概念は，社会人類学の基礎概念になった。

　E-P が部族（tribe）と呼ぶ地域的政治集団はいくつもの下位分節に分かれ，
その分節がさらに下位の分節にというように枝分かれしている。E-P はこの
ような部族の統合の構造的メカニズムを図1で説明する。Aという部族とBと
いう部族があると想定しよう。BはXとYという地域的にまとまる分節（セク
ション）に分かれ，YはさらにY1とY2に，Y2はさらにZ1とZ2に分かれる

158

E・E・エヴァンズ＝プリチャード

とする（同様に Y1, X1, X2 も下位セクションに分かれるが図では省略してある）。

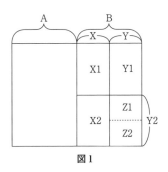

図1

今，Z1 と Z2 が争いを起こしたとする。このとき他のいかなるセクションも巻き込まれることはない。紛争は Z1, Z2 を越えて拡がることはない。しかし，Z1 が Y1 と諍いを起こしたときは，Z1 と Z2 はともに同じ Y2 に属するということで結束する。あるいは団結して Y2 となる。さらに Y1 のメンバーと X1 のメンバーが争いを起こしたら Y という同じ上位セクションに属する Y1 と Y2 は団結し，一方 X1 と X2 も団結して X になる。以下同様のことが，A と B レベル，ヌアーとディンカレベルで繰り返される。1 つの政治的分節が他の分節に関わる時，その内部の差異は解消されるのである。反対に戦いが終わると，上位セクションはまた下位セクションへと分裂していくのである。

部族とその下位分節は，地域的にまとまっているだけでない。彼らは父系親族でもある場合が多い。ある特定の祖先とその子孫との系譜関係に基づいて，その祖先から辿られる出自を同じくする人たちから構成される親族集団をリネージという。ヌアーは父系リネージの社会であるが，ヌアーのリネージは厳密に言うと，団体としての性格をもつ共同体でも地域的にまとまった共同体でもない。しかし特定の地域セクションと深く結びついているリネージが多く，リネージのメンバーは自分たちを居住集団と見なしている。それゆえ，争いにおいて地域セクションの人々が結束できるのも，彼らがともに同じリネージに属する親族同士だからである。

リネージも地域セクションと同様に分節化している。同じ父系出自で繋がっている人々でも，かりに曾祖父が異なれば，異なるリネージ分節のメンバーになることもある。しかし曾々祖父が同じなら一つのリネージとして結束することも可能である。系譜上の距離によってリネージのメンバーも結束したり分裂するのである。

このように，どの集団と対立したり結束するかによって，人がどの集団のメ

159

Ⅱ　文化人類学の展開

ンバーであるかが定まるのである。人のいわばアイデンティティを決めるこの
ような原理を E-P は構造的な相対性と言っているが，この考え方は，レヴィ
＝ストロース（→181頁）の構造主義に近い。

◆ その後の展開

　『アザンデ人の世界』は，社会的な事実の記述と解釈のあり方について哲学
者にも影響を与えた。また『ヌアー族』は，分節出自体系とリネージに基づく
社会構造の研究を社会人類学者たちの間に促した。

　E-P の著作はアフリカの社会人類学研究という限られた領域を越えて大き
な影響を与えた。緻密なフィールドワークと，豊かな感受性と深い洞察力に基
づいた異文化理解の姿勢は今後とも受け継いでいくべきである。

◆ 用語解説

呪術（magic）　神秘的力が宿っているとされる呪薬を用いたり，呪文を唱えることで目
的を達成することができると考えられている技術。呪術のうちで人に害を与える意図で
なされるものを邪術（sorcery）という。
出自（descent）　特定の祖先と，男性のみあるいは女性のみというように一定の形式で
生きている人間が結びつく系譜の関係。出自によって，つまり誰の（例えば父系の）子
孫であるかによって集団の成員権が決まるが多い。

◆ より深く学ぶために

〈原典・訳〉

E. E. エヴァンズ＝プリチャード（向井元子訳）『アザンデ人の世界——妖術・託宣・呪
術』みすず書房，2001年。
E. E. エヴァンズ＝プリチャード（向井元子訳）『ヌアー族——ナイル系民族の生業形態
と政治制度の調査記録』平凡社ライブラリー，1997年。

〈入門・解説書〉

G. リーンハート（増田義郎・長島信弘訳）『社会人類学』岩波書店，1967年。

＊E-P の弟子であり同僚だった著者による社会人類学の入門書。アザンデやヌアーにつ
　いての説明が簡潔にまとめられている。

（出口　顯）

構造論的社会人類学

ロドニー・ニーダム

(Rodney Needham：1923-2006)

◆ 理論家のフィールドワーカー

　ロドニー・ニーダムは，レヴィ＝ストロース（→181頁）やエドマンド・リーチ（→167頁）らとともに，構造主義（structuralism）人類学を主導した20世紀を代表する社会人類学者である。イギリスのオックスフォード大学を中心に学究生活を続けたことから，同大学初代の社会人類学教授ラドクリフ＝ブラウン（→34頁）の機能主義人類学，あるいは同第2代の社会人類学教授エヴァンズ＝プリチャード（→155頁）の人文学としての社会人類学という学風の影響を受けながらも，卓越した語学力を生かして，後者のような英語圏だけで通用する方法論からも一定の距離を置き，独自の構造論を展開した。専門地域は東南アジアであったが，その民族誌上の守備範囲は全世界に及び，アフリカや新大陸に関する論考も発表している。フィールドワーカーとしても優れたニーダムの理論的な関心は，「親族」研究と分類研究に大別することができる。しかし，ニーダムにとって両者は不可分の関係にあった研究テーマである。古典学や歴史学への造詣に加えて，その思想にはルートヴィヒ・ヴィトゲンシュタインやフリードリヒ・ワイスマンの言語哲学の影響が色濃く見られる。

◆ 生い立ちと経歴

　ニーダムは，1923年にイギリスのケント州に生まれた。ロンドン北部にある東インド会社カレッジの流れを汲む名門パブリック・スクール，ヘイリーベリー・カレッジを卒業後，イギリス陸軍のグルカ旅団に大尉として従軍し，インパール作戦によりコヒマに進撃してきた帝国陸軍第31師団との実戦を経験した。第二次世界大戦後，ロンドン大学東洋アフリカ学院で中国語を専攻するが，その関心は次第に社会人類学へ移り，オックスフォード大学へ転学する。オック

Ⅱ　文化人類学の展開

スフォード大学ではマートン学寮に所属し，エヴァンズ＝プリチャードらの指
導を受けながら，1951～52年にボルネオ島の熱帯雨林地帯において狩猟採集民
であるプナン族のフィールドワークを実施，この成果は1953年に「プナン族の
社会組織」という博士論文に結実した。1954～55年には東部インドネシアのス
ンバ島でフィールドワークを行い，1956年にオックスフォード大学社会人類学
講師，1976年にはモーリス・フリードマンの後を継いで第4代オックスフォー
ド大学社会人類学教授に就任，慣例によりオール・ソウルズ学寮へ移動した。

　1950年代後半から，1990年にオックスフォード大学を定年退職するまで，ニ
ーダムは研究教育活動に八面六臂の活躍を見せることになる。10冊以上に及ぶ
著作や編著，数えきれないほどの論文と書評を公刊し，20世紀後半の世界の社
会人類学界をリードした。国外でも，アメリカのスタンフォード大学やオラン
ダのライデン大学などで客員として研究を続ける一方，翻訳家としても優れた
才能をみせ，フランス語，オランダ語，ドイツ語の文献の英訳を行った。代表
はレヴィ＝ストロースの『親族の基本構造』の監訳（1969）である。フランス
の構造主義やオランダのライデン学派の成果が英語圏で積極的に論じられるよ
うになったのは，ニーダムによる諸翻訳が出版された以降のことである。また，
その過程において，忘れ去られていた過去の碩学の諸著作の再発掘にも成功し
ている。ニーダムは研究者として秀逸であったばかりではなく，教育者として
も超一流の人物であった。その約35年間の教員時代に，ニーダムから直接的あ
るいは間接的な指導を受けた社会人類学者は100名近くに上る。2006年にオッ
クスフォードの自宅で死去。83歳であった。

◆「親族」研究

　ニーダムはその学究生活の最初期に，プナン族の資料を活用した喪名の研究
を公にして世界的な注目を集めた。レヴィ＝ストロースは，『野生の思考』
（1962）の中でその重要性を再喚起している。しかしながら，ニーダムの名前
が全世界に知られるようになったのは，1962年に出版された『構造と感情』か
らである。アメリカ学士院からモノグラフ賞が与えられた同書は，ジョージ・
ホーマンズとデイヴィッド・シュナイダー（→126頁）が共著で発表した『婚

162

姻・権威・目的因』(1955) への反論書である。シュナイダーらは，母系出自社会では父方交差イトコ婚が，父系出自社会では母方交差イトコ婚が選好されている事例が多いことから，レヴィ＝ストロースの『親族の基本構造』(1949) を心理学上の因果関係という見地から批判した。これに対してニーダムは，選好婚と規定婚とを厳密に分ける必要があると論じ，インド東部に分布していたプルム族の文献研究から，非対称規定的縁組は母方交差イトコ婚のみにより成立するという結論を導いた。さらに，エミール・デュルケームの『社会学的方法の規準』(1895) を引用する形で，社会現象が心理学的現象によって直接説明された時には，それは常に誤謬であるという立場を明確にした。ニーダムの単側交差イトコ婚についての結論は全く正しかったが，肝心のレヴィ＝ストロースが選好婚と規定婚との峻別に難色を示し，さらに実際の行動のレベルでは厳格な規定に当てはまらない実例が数多く報告されるようになってくる。そのため，ニーダムは，規定的縁組の本質は「親族の基本構造」ではなく，「分類の基本構造」であるという問題意識をもつにいたり，この後，象徴分類や関係名称体系の研究に向かっていくことになる。

　こうした中，ニーダムは「親族」という概念にも懐疑的な見方を示していく。その編著『親族と婚姻再考』(1971) において，ニーダムは「親族」「婚姻」あるいは「出自」などというこれまで社会人類学界全体で無批判に使用されてきた概念はすべて曖昧なものであり，民族誌上共通の規準とはなりえず，こうした概念は調査者の先入観にのみ外在するものであるとした。さらに，このような規準を個別社会の解釈にもち込むのは危険ですらあり，マイヤー・フォーティスの親族研究のように，当該社会のすべての集合表象が「親族」に還元されてしまうというような傾向につながり兼ねないとさえ示唆した。「親族個別説」の登場である。この考え方によれば，それぞれの文化がもつ関係名称体系もその社会でのみ意味をもつということになり，マードック流のタイポロジーは無効で，そのオマハ型関係名称などはオマハ・インディアンの間にしか観察できない体系であるとなる。こうした思考の背景には，ニーダムとアーネスト・ゲルナーとの間の有名な論争がある。「親族普遍説」の立場に立つゲルナーは，「親族」を生物学上の関係，すなわち有性生殖や系譜関係，から再定義しよう

II　文化人類学の展開

と試みた。これに対して，ニーダムは，社会人類学が取り扱うのは社会的事象で生物学的事象ではないとした。ニーダムがその晩年にもっとも注目した中国南部における父も夫もいない，「婚姻」もない母系の「乱婚」社会の発見は，ゲルナーの主張した父と母の存在という「親族」の生物学的な普遍性を崩壊させた。この「乱婚」社会の報告を，ニーダムは「天啓」と表現している。ただし，ニーダムは構造主義の見地から，「親族」という概念を保持するという姿勢は堅持した。

◆「一次的要因」と分類研究

　「親族個別説」を主張しつつ，その一方でニーダムは，すべての人間に当てはまる共通の思考様式，あるいは人類全体に普遍する構造の存在を確信していた。すなわち，ニーダムは，「一次的要因（primary factor）」というものを想定し，ゆえに比較研究は可能であるという議論を展開したのである。「一次的要因」を大脳皮質の属性であると解釈した上で，したがって，それぞれの社会はある程度は似通った制度あるいは集合表象を作り上げてきたと考えた。こうした類似性を生み出している個々の要因として，象徴的要素，関係，形態，分類，心理，理性が挙げられている。象徴的要素は一見して多様なようではあるが，同じ要素は別個の社会においても繰り返し登場してきており，その総数も限られているものである。関係としては，それぞれの社会には対称，非対称，交替などの関係により統合的に規定しうる体系があり，形態としては，関係名称体系や出自組織，婚姻規制があげられる。分類は，ヒエラルキー型とアナロジー型に大別され，前者には階層などの伝統的な分類が，後者には規定的縁組や象徴的双分分類などが含まれ，とりわけ後者の分野における社会人類学の貢献が期待されている。心理とは，ニーダムの言によれば，人間の心の能力の範囲と内的状態のことで，一般に思われているほどには複雑でもなく，種類も多くない。デュルケームの言う心理学的現象とは異なり，ニーダムの考える個人の意識や表現は，あくまでも集合表象の中で拘束されているものである。理性については，思考様式の多様性は結局のところありえず，あらゆる言語や思考形態，文化的傾向の基盤には1つの論理が存在するのみである。こうした要因を参照

164

していけば，人間の思考や行動の実証的な抽出はできうるという方向性がニーダムの比較研究に対する見解である。「一次的要因」により人間精神の想像と思考の中から自然に生み出されてきたものの1つとして，普遍的に観察できる右と左の象徴的な対立や現象の双分的な分類にとりわけ注目したニーダムは，ロベール・エルツの仏語論文『右手の優越』の英訳（1960）を経て，『右と左』（1973）の編者となる。これ以降，社会人類学の研究者間ではこの方面の構造研究が量産されていくことになる。

　比較研究のために社会的事実を分類する際に，「婚姻」や「出自」などという概念がこれまで作り上げられてきたが，これらは「単配列分類（monothetic classification）」によっていたというニーダムの主張がある。ここでは，共通の特性をもつ個体が1つのクラスあるいはグループを形成している。ところが，例えば，複数の社会の出自を父系出自というクラスで一まとめに分類しようとした場合，小さな相違が見つかるということは多々ある。その場合には，とある社会の出自は従来の父系出自というクラスでは分類できなくなるので，新しいクラスが作り出される。リーチも批判した通り，このような作業を進めていけば，出自のクラスは半永久的に増大していくことになる。そこで，社会的事実は「多配列分類（polythetic classification）」に基づくべきであるとニーダムは考えたのである。「多配列分類」では，それぞれの個体が共通の特性をもつこともあるが，それを1つのクラスあるいはグループ全体として見れば，すべての個体に共通する特性は存在しない。それぞれの個体の間には類似性があるだけである。出自の分類についても，そこに父系出自も母系出自も含まれる，有系出自という多配列のクラスをニーダムは提唱している。しかし，関係名称体系だけは「単配列分類」に基づく社会的事実であると最終的にニーダムは確信したようで，この流れから個々の社会の関係名称体系の分類により全体的な構造を抽出するという作業が晩年にかけて精力的に行われていった。

◆ 社会人類学の王道

　その論文集『公理の静謐に抗して』（1983）という表題は，ニーダムの生涯の研究姿勢を象徴している。しかしながら，ニーダムの態度はある意味では，

Ⅱ　文化人類学の展開

社会人類学研究の基本に立ち返るものでもあった。人間社会に存在する集合表象を支配している「一次的要因」から生み出されている類似性を比較研究を通して同定し，それぞれの社会について記述された信頼に足る民族誌に基づいて多様な社会的事実からそれらを認識，解釈していくという作業は，まさに社会人類学の王道である。ニーダムが追究したものは，「一次的要因」にもっとも近い分類のレベル，当該社会の集合表象あるいは規範のレベル，その社会の個々人の意識あるいは行動のレベル，この３者から個別社会の文化の翻訳を行い，研究者の分析概念を区別しながら民族誌の中で全体を再体系化していくという作業である。しかし，個別社会の集合表象はあくまでも一事例に過ぎないという事実を忘れてはならず，できるだけ多く他の民族誌を比較研究の対象としていくことにより，社会人類学者は人類に共通の構造あるいは普遍的性向が認知できると考えたのである。一方で，謙虚なニーダムは，我々はいまだその永遠の途上にあるとも自戒している。これについて，著書『信仰・言語・経験』(1972) の結論を，「かつて，アルベルト・アインシュタインは，『宇宙に関する永遠に理解不可能な事実は，それが理解可能であるということである』，と述べている。人間経験に関する唯一理解可能な事実は，それが理解不可能であるということである」とニーダムは結んでいる。この言説は，社会人類学に対するニーダムの悲観論というよりもむしろ，社会人類学研究の難しさを改めて喚起するのと同時に，人類の集合表象の多様性と社会人類学がこれからも我々にとって必須の研究分野であり続けるというこの学問の不滅性を強調しているのである。

◆ より深く学ぶために

〈原典・訳〉

R. ニーダム（三上暁子訳）『構造と感情』（人類学ゼミナール４），弘文堂，1977年。

R. ニーダム（江河徹訳）『人類学随想』岩波現代選書，1986年。

R. ニーダム（吉田禎吾・白川琢磨訳）『象徴的分類』みすず書房，1993年。

R. エルツ（吉田禎吾・内藤莞爾・板橋作美訳）『右手の優越』垣内出版，1980年。

F. ワイスマン（F. ロボ・楠瀬淳三訳）『言語哲学の原理』大修館，1977年。

（岩淵聡文）

象徴論

エドマンド・R・リーチ

(Edmund Ronald Leach：1910-1989)

◆ 構造人類学者でないリーチ

　エドマンド・リーチは英国出身の代表的な社会（文化）人類学者である。2つの重要な民族誌，高地ビルマ社会の政治システムを扱った『高地ビルマの政治体系』(1954) とスリランカの親族と土地所有について論じた『プル・エリヤ・セイロンの村——土地保有権と親族の研究』(1961) は，民族誌的な事実と理論的な主張とが密接に結びついたものとして，極めて重要な位置を占める。親族研究においては，ルイ・デュモンやロドニー・ニーダム（→161頁）らとともに，レヴィ＝ストロース（→181頁）の**連帯理論**（alliance theory）に触発され，これを発展させた。研究対象は親族や政治だけでなく，儀礼や神話分析（聖書分析）に及ぶ。それらには，『神話としての創世記』(1969) や『聖書の構造分析』(1983，共著）などがある。また学会誌上で多くの論争に深く関わってきた。その批判は，敵対する勢力（マイヤー・フォーティスやマックス・グラックマンら）だけでなく，自身に近い研究者（フレドリック・バルト［→141頁］やヌール・ヤルマンら）へも容赦なかった。私財を投じた財団を通じて多くの海外調査を支援しただけではない。ケンブリッジ大学キングス・カレッジの学寮長として，その発言は大学を越えて大きな影響を与えてきた。また，『レヴィ＝ストロース』(1970)，『文化とコミュニケーション』(1976) や『社会人類学案内』(1982) などの入門書の著者としても，リーチの名前はよく知られている。

　日本の文化人類学では，リーチは，主として神話や儀礼を対象とする構造主義人類学者としての側面に偏って紹介されてきた。しかし，先に挙げた2つの民族誌において，重要なのはむしろ個人の選択という次元を導入することで構造機能主義を批判的に継承したということである。この点を念頭に『高地ビルマの政治体系』を中心に紹介する。

167

Ⅱ　文化人類学の展開

◆ 生い立ちと経歴

　ケンブリッジ大学で工学を学び，1933年から仕事で４年間中国に渡るが，契約期間が過ぎると台湾に移り数カ月ヤミ族の暮らす島に滞在する。帰国後ロンドン大学経済政治学院（LSE）でブロニスロウ・マリノフスキー（→28頁）のゼミに参加する。1938年にイラクのクルド人調査を行うが政情不安のため断念する。1939年に高地ビルマに赴き，陸軍士官として任務を遂行しつつも調査を行う。戦後レイモンド・ファースの指導のもと博士論文をロンドン大学に提出し，1947年に学位を得る。同年サラワクで調査をする。帰国後 LSE の講師，さらにリーダーとなるが，1953年にはケンブリッジ大学に異動する。1966年にキングス・カレッジの学寮長，1972年に教授，1975年に爵位を受ける。マリノフスキーやファースの流れを汲みつつ，独自の文化・社会人類学を切り拓き，ケンブリッジで多くの人類学者を育てた。南太平洋とアフリカが主たる調査地であった英国人類学において，リーチは数少ない南アジアや東南アジアの専門家として，英国人類学の研究対象地域を拡大させ多くの後継者を育てた。

◆『高地ビルマ』の独創性

　『高地ビルマ』の何が斬新的なのか。簡単に列挙してみよう。まず，同書は，研究対象とすべき「全体（システム）」の境界を特定の言語集団の境界と同一視していないという点で従来の人類学の社会観とは一線を画する。同書の対象となっているのは，ビルマの山岳地帯に住むカチンと総称される焼畑農耕諸民族（言語的に４種類，13の下位区分に分かれる）の政治体系である。したがって，同書は，単なる１つの民族（言語集団）についての民族誌でも，村落調査の報告でもない。第２には150年にわたる歴史資料を駆使してビルマ高地の社会変化を構造的特性と結びつけて論じていることである。これに関連し，本書は静態的な記述に終わらず，社会を，政治権力をめぐる葛藤の場として捉え，より動態的な視点から分析を展開している。第３は異なる言語集団が相互に理解可能なのは社会について共有されている観念が存在するという考え方である。しかし，リーチはそこに首尾一貫した秩序や体系を求めているわけではない。最後に本書では，社会変化に際しての個人の役割がしばしば強調されているが，

エドマンド・R・リーチ

それは方法論的個人主義（methodological individualism）のように単純なものではない。なぜならリーチは社会変化を説明するにあたって個人と社会とを直接結びつけるのではなく，社会の変化というのは人々の抱く社会についての観念を媒介とすることで初めて起こり得ると主張しているからである。

◆ グムサ，グムラオ，シャン

　リーチはまず，ビルマ高地のカチン社会を理解する際に鍵となるのは，政治的に自律している集団（地域社会）がとる政治体系であると指摘し，その理念型としてグムサ型とグムラオ型を挙げている。グムサ型は，首長，貴族，平民，奴隷という階層の原理に基づいた封建的あるいは専制的な政治体系である。その領地はムンと呼ばれ複数の村落からなる。領地名は開拓者が属していた父系親族集団（リネージ）に由来する。このリネージが領地を所有する貴族を構成し，そこから首長を輩出する。いずれにせよ，平民に土地の所有権はなく小作人として働く。

　これに対して，グムラオ型は平等主義の原理に基づいた民主的な政治体系である。その政治単位は村であり，村民の間に貴族，平民の区別はない。換言すると，グムラオ型の村には貢租の義務はない。ここではすべての人々が平等であると考えられている。グムラオ型の社会が村を超えて1つの領地を形成していることもあるが，その場合でも村は政治的には独立を保っているのである。リーチによると，山地社会は，グムサとグムラオという2つの理念型の間を振子のように揺れ動いている。このような理念が，文化的な特徴の相違を超えて，一見混沌としている山岳地帯の社会に共通の「社会構造」を与えている。

　ところで，カチンの居住地区に隣接する河谷にはシャンという水稲耕作民が住んでいる。そこには，貴族，平民，下級民の区別があり，国家を形成し，世襲の王侯が存在する。グムサ型は，このシャン型と比べると，同じ階層の原理に基づいてはいるが不完全である。グムサ型の政治体系は，リーチがシャン型と呼ぶ政治体系の亜種とも言えよう。この地域の政治組織の真の理念型はシャンとグムラオであり，グムサはこれらの中間形態である。

169

Ⅱ　文化人類学の展開

◆ マユ-ダマ関係

　さて，リーチが繰り返し強調しているのは，グムサ型やグムラオ型の社会は現実にはきわめて不安定であるということである。そして，その主要な原因をカチンの親族組織の特徴に求めている。

　カチン社会では，婚姻は個人間の取り決めではなく，2つのリネージ間の連帯である。妻のリネージ（すなわち女性を与える側の父系親族集団）は夫のリネージ（女性を受け取る側の父系親族集団）からマユと呼ばれ，夫のリネージは妻のリネージに対してダマとなる。そしてこのような関係は数世代にわたって繰り返されることが理想とされ，系譜上は母方の交叉イトコ婚（母の兄弟の娘と同じカテゴリーに入る女性との婚姻）として表現される。男性は自身のリネージに属する女性や自身にとってダマであるリネージ（すなわち自分たちが女性を与える相手の人々）から女性を娶ることはできない。そして，マユはダマよりも上位に立つと考えられている。この不平等は土地所有や居住形式と密接に関係する。すなわち，土地は領地を最初に開いたリネージに属する。通常首長はこのリネージの出身である。このリネージに属さない男性は，首長のリネージに属する女性と結婚してこの領地内に移り住んだダマである。彼らは，理想とされる夫方居住の規則に反して妻方居住によってこの村に住みついた。

　グムラオ型の社会では，平等原理が強調されるが，それによってマユ-ダマという上下関係が否定されるのではない。マユとダマとの優劣関係が発達すると，グムサ型の社会へと移行することになる。

　グムサ社会も同じような不安定要素を抱えている。シャンの社会では，王侯とその従属者との関係は絶対である。これに対して，カチン社会は親族に基づいており，首長は直接的な社会関係によって支配関係を確立しようとする。このとき重要な役割を果たすのが婚姻である。首長はシャンの王にならって自分のダマの成員たちを，自分に従属する奴隷として扱おうとする。結婚の連帯関係に基づくマユ-ダマの上下関係を絶対的なものに変えようとするのである。しかし，ダマは劣位にあっても，共同意識の強い親族に相違ない。このため，絶対的な優位者として振舞おうとする首長は人々の反発をかい，グムラオ型の社会へ向かう「革命」の契機を作る。したがって，グムサ型はシャン型と同じ

エドマンド・R・リーチ

原理に基づきつつも，シャン型の安定性を確立することは不可能なのである。

◆ 歴史，構造，個人

　リーチは，政治体系の変化の要因として，自然環境，政治史（特にシャンや英国の影響），人間的要素の３つを挙げる。これがすでに指摘したマユ−ダマという姻族関係の内的矛盾に基づく変化に強く働きかけたり，制約をかけたりする。ここで，リーチはとくに人々の権力への意志が変化を生み出すことを強調する。

　つまり，リーチは高地ビルマの社会を動態論的な視点から記述分析しようとする時，従来の社会学的な記述に加え，理念的な構造としてのグムサとグムラオを想定し，さらに様々な環境的・政治的条件のもとで両者を選択する主体としての個人を導入するという重層的な枠組みを呈示している。

◆ その後の展開

　観念としての社会構造と個人の権力欲とを結びつけることによってリーチは『高地ビルマ』で均衡を前提とする構造機能主義を批判し，人類学者による独自の歴史研究の可能性を示した。彼は，高地ビルマでは言語集団ごとの調査がその理解にあまり役に立たないこと，社会集団の境界は曖昧なため，人々のアイデンティティは流動的であることなどから，より抽象的・観念的な次元に社会構造を設定した。そこには，平等主義かそうでないかによる少なくとも２つの社会理念（グムラオとグムサ）が認められ，現実の社会はこの２つの理念の間に位置づけられる。具体的な社会形態は，２つの理念の間で振り子運動をしているというのがリーチのカチン社会観である。この結論は歴史的な資料を吟味することで初めて可能となった。つまり，従来の共時的な機能主義的方法のみでは得られなかった考察である。歴史を考慮することは，ラドクリフ＝ブラウン（→34頁）らが想定したように，社会理解を阻害するというのではなく，むしろ促進するのである。

　その後の『高地ビルマ』研究の流れは，こうした構造的矛盾よりも外的な変化（例えば阿片交易の盛衰など）を強調する方向に進んでいる。それは構造的な

171

Ⅱ　文化人類学の展開

条件よりも，より歴史的な文脈を強調する方向である。換言すると，この流れは，マユ–ダマ関係という小さな物語から，大きな物語への変化である。

　しかし，大きな物語に視野を広げることは重要ではあるが，それによって再度歴史の流れに翻弄される「自動機械」としての人間が生まれてしまうのではないのか，という懸念も生じる。大きな歴史に配慮しながらも，それに時には迎合し，時には対抗する人間のありかたを等身大の視点から記述していくことこそ，文化人類学に求められている課題と思われる。

　リーチ自身は，1953年にスリランカ北部の村落で調査を行い，『プル・エリヤ』という民族誌を1961年に公刊する。同書では，親族集団と土地保有との関係を取り上げ，親族集団を既存のものと見なす従来の親族研究を批判し，より個人主義的かつ経済還元主義的な立場を提示することになる。1960年代後半になると，親族研究の大作を公刊したレヴィ＝ストロースが，『野生の思考』や『神話論理』4部作などを通じて，人類の普遍的な思考の様式へと関心を移すのに応じる形で，神話分析についての著作を著している。

◆ 用語解説

連帯理論（alliance theory）『親族の基本構造』（1949）においてレヴィ＝ストロースが提示した理論。従来の人類学では出自に基づく集団（単系出自集団）が政治的性格を有する単位と見なし，結婚は家庭内の領域に位置づけられていた。これに対し，彼はオーストラリアから東アジアや南アジア地域を事例に結婚を通じて生じる2つ以上の集団（姻族）の同盟（alliance）の重要性を明らかにした。

◆ より深く学ぶために

〈原典・訳〉

E. リーチ（関本照夫訳）『高地ビルマの政治体系』弘文堂，1987年。

〈入門・解説書〉

E. リーチ（長島信弘訳）『社会人類学案内』岩波書店，1985年。

＊これまで行ってきた自身の研究を踏まえて，学生に向けて書かれた社会（文化）人類学の入門書。

（田中雅一）

象徴論

メアリー・ダグラス

(Mary Douglas：1921-2007)

◆ センザンコウに魅せられる人類学者たち

　アメリカの文化人類学者のクリフォード・ギアツ（→134頁）の著作の中に「私たちは，今なお闘鶏やセンザンコウによって心を奪われもの思いにふけっている」という言葉がある。まず闘鶏は，賭博としての闘鶏にのめり込むバリ島人男性のアイデンティティについてギアツの名論文「ディープ・プレイ（深遠な遊び）」（1973）のことを指す。そして他方のセンザンコウは，アフリカのバンツー系農民のレレ社会での**センザンコウ（パンゴリン）**を崇拝する儀礼をメアリー・ダグラスがその社会的意味を明らかにしたことを指す。この2つは，それぞれ米国の文化人類学と英国の社会人類学における理論の発展にそれぞれ大きな寄与をした動物に関する事象なのである。本章ではダグラスの生い立ち，経歴，そして研究を紹介する。

◆ 生い立ちと経歴，研究

　彼女は，1921年イタリアのサン・レモにおいてメアリー・テゥとして生まれた。母フィリス・トゥワミィ，父ギルバート・テゥの長女であった。父ギルバートはインド高等文官でビルマからの帰任の途中のイタリアで母は出産することになる。両親ともにカトリック教徒で，メアリーもまた受洗している。帰国後，妹のパトリシアとともに，母の実家のデボン州トットネスに住まう。1933年の母の死をきっかけに，12歳のメアリーは南西ロンドンのローハンプトンにあったカトリックの聖心修道院の寄宿生になる。この時代の経験が聖書に対する該博な知識や宗教と社会構造への生涯にわたる興味を生み出したようだ。

　1939年オックスフォード大学セント・アン学院で哲学・政治学・経済学を専攻した。1943年にオックスフォード大学を卒業し植民省に戦時動員として1947

173

Ⅱ　文化人類学の展開

年まで働く。第二次大戦後にオックスフォードの社会人類学コースが改組され，彼女はオックスフォード大学大学院に入学する。インド出身の社会学者マイソール・スリニヴァスとエヴァンズ＝プリチャード（→155頁）に学んだ。特に，ラドクリフ＝ブラウン（→34頁）の後を受けて教授に就任したばかりのエヴァンズ＝プリチャードには学部時代から指導を受けており，彼女の学位取得論文にも多大な影響を与えた。

　1949〜51年まで（1953年にも）ベルギー領コンゴ，現在のコンゴ民主共和国でバンツー系農民のレレ社会の民族誌調査に従事することになる。1951年ロンドン大学ユニヴァーシティ・カレッジに移籍し，その後四半世紀にわたって教鞭をとった。同年ジェームズ・ダグラスと結婚し，メアリー・ダグラスと称するようになる。1953年「カサイのレレ族の社会構造の研究」で哲学博士号を取得する。

　1963年ユニヴァーシティ・カレッジ講師（Reader）に昇進し，同年，博士論文を改稿し，民族誌『カサイのレレ族』を出版する。レレ社会は母系制で長老制をとり一妻多夫婚がありセンザンコウを使った複雑な婚姻儀礼を行っていた。

　レレのセンザンコウの儀礼は，彼女の儀礼理論にとって重要なテーマになるが，実際には次の著書により彼女の民族誌家よりも人類学理論家としては名声を馳せることになる。それが，1966年の『汚穢と禁忌』である。この本は，人間の普遍的な分類（方法や思考）の１つに原題でもある「清浄と汚染」という基本的な区別があることから出発する。この区別の秩序は人間にとって儀礼的かつ宇宙論的なものであるばかりでなく，近代衛生学における清潔の概念にも影響を与えている。そしてこの二元論意識をより強固にするのは，その境界を越境したり混乱させたりすることからくる恐怖や不快感によるものだと結論づける。

　主著『汚穢と禁忌』の公刊以降は，そこで論じられたエミール・デュルケーム社会学をベースに，バジル・バーンスティンの言語コード論をとりいれ，共同体（社会）と個人の関係の類型などの比較研究を通して，**グリッドとグループ**の理論の研究等に勤しむ。1970年ロンドン大学ユニヴァーシティ・カレッジ教授に昇進する。同年に，前書の続編とも言える『象徴としての身体』を出版

した。この本は，グリッド（他者と関連づける自己の強さの度合い）とグループ
（境界をもった社会単位の経験の度合い）の２つの軸から構成される４象限分類
から，個人と社会の関係を論じたものである。

1971年，エセックス大学から招聘されて，後の著作『儀礼としての消費』の
骨子となる講演を行う。この頃から彼女は，レレ族の民族誌家としてよりも，
豊富な民族誌知識に裏づけられた理論家としての頭角を現すことになる。その
後『規則と意味』（1973），『暗黙の意味』（1975）などの著作を定期的に出版す
る。彼女の知的に冷静沈着な論述のスタイルは研究のみならず丁寧な教育的態
度にもあらわれ多数の弟子を育てた。1973年には指導教員であり生涯を通して
友人であったエヴァンズ＝プリチャードが亡くなっている。1977年よりラッセ
ル・セージ財団文化調査部長に就任し1981年まで務める。同部長の就任時期は
３年と短かったものの，社会人類学と文化人類学の対話について専心し，北米
を中心に英国以外の人類学徒の育成にも貢献した。

1978年には『商品の世界』をバイロン・イシャーウッドとの共著で出版する。
同書で彼女は，西洋社会の消費行動が，非西洋社会でよく観察される儀礼行為
にほかならないことを示し，消費はコミュニケーション行為であることを示し
た。彼女は自分の不得意な西洋社会の経済学の勉強を始めて，共著者を得て，
同書を完成させたため同書が世に出るまで長い時間がかかったと述懐している。
その後もプリンストン大学等で教えながらも，執筆活動は旺盛で『どのように
組織は考えるか』（1986）などを出版している。

1989年英国に帰国後，英国学士院会員に選出される。また1992年には大英帝
国勲章が授与された。その年に，自然保護（環境問題）に異議申し立てをする
人たちのリスク認識について考察した『リスクと非難』を出版する。2000年に
は『文学としてのレビ記』が出版されるが，これは『汚穢と禁忌』の出版以降
彼女のレビ記の集大成である。2003年には彼女の選集が出版されて，社会人類
学者の理論家としてメアリー・ダグラスの名声は不動のものとなる。亡くなる
１年前暮にはエリザベス女王２世の名誉称号を受けデイム（Dame）の爵位が
付与された。翌2007年５月に86歳で永眠した。

175

Ⅱ　文化人類学の展開

◆ 理論上の特色

　ダグラスは，消費やリスク概念など西洋近代の独自の合理的概念や行動であるとは捉えずに，個人と社会の関係の形式という図式的な独特の比較社会論，西洋近代起源の概念や行動も人間の普遍的で共通の性格をもつという観点から，社会／文化人類学がそれらの現象の分析に大いに役立つことを，自らの事例研究を通して明らかにした。

　ダグラスの生涯の仕事から重要なことを３つ挙げるとすると(1)レレ人社会におけるセンザンコウ儀礼の指摘，(2)旧約聖書レビ記における禁忌の体系に関する該博な考察，(3)社会制度や個人の行動と社会のタイプの関係に関するグリッドとグループの理論，ということになるだろうか。ダグラスの議論は，過度の一般化があり，様々な反証によりその有効性に限界があるという批判者がいるが，そのような批判者たちは，それに対する代案を提出していない点で，有効な批判を行っているとは筆者には思えない。現代社会の様々な問題に対して「まず個人と社会の関係のパターン」を抽出するダグラスのモデルは「考え議論するのに適している」ということは間違いないだろう。

◆ 用語解説

センザンコウ（パンゴリン）　オナガセンザンコウ（学名：*Phataginus tetradactyla*）は，ウロコを持ったアリクイの仲間である。レレ族にとって儀礼にも使われる象徴的に重要な動物。他の野生動物が逃げて身を守るのに対して彼らは丸くなって身を守る。野生動物は人里を避けるのに，わざわざコミュニティに定期的にやってきて犠牲になる（＝食べられる）。旧約聖書のレビ記におけるユダヤ人の食物タブーに似て，他の家畜や野生動物とは真逆のような特性（哺乳類なのに魚のようにウロコをもつ等）が，両義性をもつといい，気味悪がられると同時に，特定の集団や儀礼の時期には神聖視されるのである。
グリッドとグループ　社会のタイプは「他者との関連のなかで位置づけられる自己の強さの度合い」＝グリッドと，「集団としての社会が個人にもたらす経験の度合い」＝グループからなる，それぞれの強-弱の軸で区分される４象限に分類されるという図式をダグラスは考案する。『象徴としての身体』で初めて登場したが，様々な改良を加えてダグラスのいろいろな著作や論文に登場する。その都度，修正されており，彼女の並々ならぬ関心が窺える。

メアリー・ダグラス

穢れの概念　日本語の穢れ（ケガレ）はそれが象徴的な禁止とすぐに理解できる。例えば「女性が相撲の土俵に上がることができないのは（月経のある）女性が『穢れた』存在だからである」という解説だ。しかし英語では穢れは汚れ（pollution）のことである。ダグラスの功績は，穢れは色彩が汚れているとか細菌が繁殖しているという理由から人々に避けられるのではなく，象徴的な清浄／汚いという区分によるもの，つまり感情レベルでの反応に近い点を明らかにしたことにある。その見事な証明は『汚穢と禁忌』の冒頭の彼女自身の記述からも知ることができる。

自然のシンボル（ナチュラル・シンボルズ）　人間集団は顔つき，肌の色の違い，平均身長や体重など多様性に富むが，共通の身体構造をもつ。身体（個人）と社会組織（集合的な身体）を対比すれば，身体はどのような社会を分析する時にも基本的単位と見なすことができる。口にいれる食事の調理や生理的に排出される汚物の処理など，身体の開口部の管理にみられる態度などに着目すれば，このような社会様式の多様化（グリッドとグループの組み合せ）が明らかにできるとダグラスは考えた。それがどの程度まで有効かについて評価は後の研究者により分かれるが，彼女の提唱した思考実験の重要性については多くの人たちが同意している。

◆ より深く学ぶために

〈原典・訳〉

M. ダグラス（塚本利明訳）『汚穢と禁忌』ちくま学芸文庫，2009年。

＊1966年に原著が出版され，今なお読みつがれている名著。清浄と汚穢，なぜタブーが恐れられるのか，社会はどのような現象を宗教として理解するのか，旧約聖書（レビ記）における「汚らわしいもの」の構造論／象徴論的分析など，その後のダグラスが生涯をかけて追いかけた理論上の原点がここにある。

M. ダグラス（江河徹ほか訳）『象徴としての身体』紀伊國屋書店，1983年。

＊原著名は「ナチュラル・シンボルズ」（用語解説「自然のシンボル」を参照）。個人と社会の関係をグリッドとグループ（用語解説を参照）で説明する意欲的な書物。この理論にはもはや有効性がないという研究者もいるが，これを出発点として，自分たちの社会を反省的に分析するためには今なおその意義が失われることはないだろう。

M. ダグラス／B. イシャウッド（浅田彰・佐和隆光訳）『儀礼としての消費』講談社学術文庫，2012年。

＊原著名は「商品／財の世界」。経済人類学の書物であるが，研究対象は非西洋世界ではなく西洋世界における消費の行動である。商品の価格と流通量はその必要性と供給量に応じて変動するという新古典派経済学の効用理論に対して，人間が消費する際にそ

Ⅱ　文化人類学の展開

の財やサービスに人はどのような象徴的秩序を持ち込むのかというアイディアを，実際の経済統計などとつき合わせ分析を行った。

〈入門・解説書〉

谷泰「ダグラス，メアリー『汚穢と禁忌』」小松和彦ほか編『文化人類学文献辞典』弘文堂，2004年，125～126頁。

谷泰「タブー」小松和彦ほか編『文化人類学文献辞典』弘文堂，2004年，795～796頁。

杉島敬志「ダグラス，メアリー『象徴としての身体』」小松和彦ほか編『文化人類学文献辞典』弘文堂，2004年，126頁。

渡辺公三「ダグラス，メアリー The Lele of the Kasai」小松和彦ほか編『文化人類学文献辞典』弘文堂，2004年，496頁。

波平恵美子「浄と不浄」小松和彦ほか編『文化人類学文献辞典』弘文堂，2004年，771頁。

＊他の書物に収載された2，3の短い評伝があるが執筆された時代が少し古くおすすめできない。ただし上記のものは内容がしっかりしており現在でも十分に参考になる。

＊池田光穂は次の URL で英語関連の参照資料を公開している。

http://www.cscd.osaka-u.ac.jp/user/rosaldo/17_Mary_Douglas.html

（池田光穂）

◆コラム◆　中根千枝（1926-）

　国際的に大きな学術的インパクトを与えた日本の人類学者と言えば，まず中根千枝が挙げられる。その代表作の1つ，50年にわたって117万部も購読されてきた『タテ社会の人間関係——単一社会の理論』（1967）の議論を，筆者自ら英語で書き下ろした*Japanese Society*（1970）は，世界13カ国の言語に翻訳されている。

　社会人類学者としての基盤は，3年間のインド調査の成果を携え，1956年に留学したロンドン大学（LSE）大学院での，当時，世界の社会人類学の中心といわれたレイモンド・ファースのセミナーで培われた。出席者が各自のフィールド経験を踏まえて理論仮説を提示し，鋭い議論を展開する活気に満ちたセミナーを体験し，中根は，この社会人類学のアプローチ，理論形成が最も自分にあっていることを認識した。ファースの勧めでケンブリッジのエドマンド・リーチ（→167頁）からも学問的刺激を受けている。

　中根の研究は，英国の機能主義人類学の系譜上に位置づけられる。『社会人類学——アジア諸社会の考察』（1987）では，アジア諸社会の比較とともに，機能・構造主義人類学の展開を辿りつつ，自身の社会構造研究の理論的枠組みを提示している。レヴィ＝ストロース（→181頁）の勧めでパリにおいて刊行された，初期のアッサムのガロやカシの母系社会の研究以来，中根は常にフィールドでのデータに基づき，比較を通して社会組織を分析し，当該社会の原理やシステムを抽出してきた。また，中根の強い関心は，当初から今日まで一貫してチベット社会にあり，欧米の人類学研究の対象がいわゆる未開社会を中心としていた1950年代から，インド，日本を含めて長い歴史を有し，文献資料の蓄積も豊富な社会で研究してきた点に特徴がある。

　中根は1926年に，現在の高田馬場に近い，東京の戸塚で生まれ，小学6年から高等女学校4年まで北京で過ごした。上級学校進学を控えて高等女学校最終学年を日本で学んだ後，1944年に津田塾専門学校外国語科に入り，2年次に終戦を迎えた。津田塾を卒業した1947年，女子を受け入れるようになった東京大学に合格し，入学した。

　多感な時代を過ごした北京での体験は，研究者中根に少なからぬ影響を与えた。幼少期に愛読した『少年倶楽部』の小説などによりアジア大陸内部に興味を持ち，北京の自宅前でストーブの石炭を運んできたラクダを見て，アジア奥地への想いがより現実的なものになった。東大の文学部東洋史学科を受験したのは，中央アジアについて学ぶためであった。また，中国から日本に帰国した際，人々のふるまいや雰囲気が異なることに気づいたという。行為の背景にある社会や文化を対象化し，考察するセンスが早くから磨かれる条件があった。大学時代から始まる人類学への関心も中国での生活と無縁ではない。東洋史学科で周囲の学生たちが抱く中国のイメージが，自身の実体験に基づくものとかけ離れていると感じ，生きた社会を知る学問を求めて人類学に辿り着く。当時，

179

Ⅱ　文化人類学の展開

東大には理学部人類学科があり，形質人類学や土俗学を聴講した。民族学協会の集まりにも出かけ，岡正雄（→58頁）や石田英一郎の文化伝播論と自身の関心との相違を認めている。

東大で山本達郎や江上波夫といったスケールの大きい学者の薫陶を受けながら東洋史研究への理解を深め，学問的興味は次第に中央アジアよりも研究蓄積の薄いチベットへと移行した。多田等観や青木文教にチベット語を学び，大学院ではG.トゥッチ，ジョージ・ルーリッヒの大著に感銘を受けた。これらチベット学の泰斗の研究は，文献学と同時にフィールドワークに基づくもので，それが自身の求める理想の研究であるとの認識を早くから得ている。

東洋史学科大学院修士課程修了と同時に，東大で初めての女性の助手として1952年に東洋文化研究所に奉職。直後にルーリッヒに自ら手紙を出して教えを乞い，承諾の返事を受けている。翌年にインド政府の2年間の奨学金を得てカルカッタのインド政府人類学研究所に所属し，時に北部国境の町，カリンポンでルーリッヒからチベット文献を学んだ。最初は人類学研究所の調査に同行し，インドでのフィールドワークをアッサムから始め，シッキムへも出かけるが，チベットには入れず，その後，インド社会にも目を向け，ナヤールやヒンドゥーの調査を行う。インド滞在3年目からスウェーデンのワグネル財団の助成を受けて，タイプが異なる諸社会の調査を精力的に続けた。4年目に論文執筆のためにヨーロッパの大学への留学を希望し，財団から勧められたのがロンドン大学であった。1957年秋に日本に帰国する前，ローマでトゥッチの下，8カ月ほどチベット研究にも従事している。1959年からシカゴ大学，ロンドン大学で各1年客員講師を務め，学生への講義や研究者との交流を通して，その後，長年にわたり国際的研究者として活躍する基盤が築かれた。

『家族の構造——社会人類学的分析』（1970）は，インドと日本の家族に関する初期の研究の集大成である。この土台の上に，企業など社会の諸集団を幅広く考察し，同じ資格を持つ者同士のヨコの関係が強いインドや英国に比べて，第一義集団としての小集団におけるタテに連なった関係が重要という日本の特徴を指摘した。さらに『タテ社会の力学』（1978）は，小集団が全体社会に統合されるメカニズムを論じている。政府機関委員を多数，務めた経験も，日本社会を観察する一助となった。

中根は幼少時から絵を描くことを好んできた。直観力も動員して対象を洞察し，事例を貫く理論を構築する資質は，「研究旅行の途次，遭遇したいろいろな人々のデッサンを集めた」という『未開の顔・文明の顔』（1959）の文章に生き生きと表れている。

（横山廣子）

構造主義人類学

クロード・レヴィ＝ストロース

(Claude Lévi-Strauss：1908-2009)

◆ **構造という方法と思想**

　1960年代半ばから，構造主義という思想が世界的にブームとなった。その影響力は文化人類学だけでなく，哲学・思想史・文芸批評・精神分析など，広く人文科学全般にまで及んだ。その立役者がフランスの文化人類学者クロード・レヴィ＝ストロースである。ブームは短く，1980年代末には構造主義やレヴィ＝ストロースの研究はあまり省みられなくなっていたが，彼が100歳を迎える頃から，再び言及されるようになってきた。ここでは，生い立ちと経歴を紹介した後，レヴィ＝ストロースの膨大な業績の中から，親族，分類，神話という3つの主題に関する彼の研究を概観し，ついでその研究に寄せられた批判，そして今日彼の研究を見直す意義について述べていく。

◆ **生い立ちと経歴**

　レヴィ＝ストロースは，1908年にユダヤ系フランス人両親のもとベルギーに生まれた。父親は画家であり，幼い頃から絵画や音楽に接する自由な環境で育った。パリ大学では法律と哲学を学び，1930年に哲学教授試験を優秀な成績で合格した。在学中は特に人類学に関心をもっていたわけではなかった。
　大学卒業後地方のリセ（高等学校）で数年哲学を教えるが，この頃読んだアメリカの人類学者ロバート・ローウィの『原始社会』（1920）に影響されフィールドワークの希望をもち，1935年ブラジル・サンパウロ大学へ社会学の教員として赴任する。その年の冬期休暇を利用してカデュベオとボロロ社会を短期調査する。38年にはブラジル奥地を横断する調査を行い，ナンビクワラなどの民族を調査した。この時の記録は後に自伝と紀行が融合した傑作『悲しき熱帯』（1955）の中にまとめられている。

181

II　文化人類学の展開

　1939年フランスに帰国直後第二次世界大戦が勃発し，ナチスの反ユダヤ政策から逃れるため1941年アメリカへ亡命。ニューヨークのニュースクール・フォー・ソーシャルリサーチに職を得る。そこで，やはり東欧からの亡命者である言語学者ローマン・ヤコブソンと出会い，音韻論など構造言語学の最新成果を学び，ヤコブソンの勧めもあり親族研究の博士論文に着手する。その成果を出版したのが『親族の基本構造』（1949）である。

　第二次世界大戦終結後フランス大使館参事官としてパリとニューヨークを往復した後，1949年社会科学高等研究院講師となる。1958年にマニフェストと目される『構造人類学』を出版，1960年にはフランスの最高学府であるコレージュ・ド・フランスの教授に選ばれる。1962年に『今日のトーテミスム』と『野生の思考』を出版，後者は最終章でジャン＝ポール・サルトルを批判したことから一躍有名になり，実存主義から構造主義へという流れをつくった。1964年新世界（南北アメリカ）先住民の神話を構造分析した『神話論理』の第 1 巻『生のものと火を通したもの』を刊行，以降『蜜から灰へ』（1966），『食卓作法の起源』（1968）と続き，1971年『裸の人』で完結する。しかし神話研究はその後も継続され，「小神話論理」と称される『仮面の道』（1975，増補版1979），『やきもち焼きの土器作り』（1985），『大山猫の物語』（1991）を出版する。1972年アカデミーズフランセーズ会員に選出，1983年，コレージュ・ド・フランスを退官。しかし研究活動は旺盛で，芸術を題材にした『みる　きく　よむ』（1993）なども出版した。1977年に初来日，生涯で計 5 回来日している。2008年100歳を記念して，フランスの偉大な作家・思想家の作品を収録するシリーズであるプレイヤード版の 1 冊として，著作集が刊行された。2009年10月死去。101歳になるほぼ 1 カ月前であった。

◆ インセストタブーと縁組

　ヤコブソンから学んだ音韻論の考え方を用いれば，説明が複雑になりすぎている親族組織や婚姻関係も比較的簡潔にかつ体系的に分析ができるのではないかという着想から生まれたのが『親族の基本構造』であり，出発点にインセストタブーの新たな理論が据えられた。

クロード・レヴィ＝ストロース

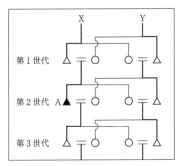

図1 双方向交叉イトコ婚
△は男性，○は女性。＝は夫婦関係，｜は親子関係，—は兄弟姉妹関係。（図2も同様。）第二世代のAを例にとるなら，彼にとって配偶者は父方交叉イトコ（父の姉妹の娘）であると同時に母方交叉イトコ（母の兄弟の娘）でもある。

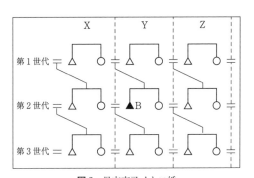

図2 母方交叉イトコ婚
Yの男性から見て，Xは妻の与え手，Zは妻の受け取り手になる。第二世代のYの男性Bを例にすると，彼の妻は母方交叉イトコ（母の兄弟の娘）になる。

　いかなる人類社会であっても，誰とでも自由に配偶できることを認めている社会はなく，必ず配偶相手として禁止される人がいる。これをインセストタブーという。禁止される相手は近親者が多いことからインセストタブーは「近親婚（近親相姦）の禁止」と訳されるが，誰が近親者として禁止の対象になるかは時代と場所によって異なる。この禁止によって，例えば男性は自らの姉妹を配偶者とすることができなくなり，彼女を外部の男性の配偶者としてさしだすことになる。一方彼自身も外部から配偶者を求めることになる。こうして自身が属する集団（身内）と外部の集団（他者）との間で配偶者交換が行われることになる。社会とはこの交換が成立するネットワークの領域であり，インセストタブーによって初めて社会の再生産が可能になるのである。
　『親族の基本構造』はこのように，親族研究の中心に縁組（婚姻）を据えた。それは出自の研究を中心とする，ラドクリフ＝ブラウン（→34頁）に代表されるイギリス社会人類学の研究と大きく異なるものであった。
　親族の基本構造とは，好ましい配偶者を半自動的に決定する体系のことであり，交叉イトコ（母の兄弟の子ども，父の姉妹の子ども，あるいはかれらと同じ親族名称で一括りにされる人たち）との婚姻がその典型である。交叉イトコ婚には2集団で双方向的に配偶者をやりとりする双方的交叉イトコ婚（図1）と，3

Ⅱ　文化人類学の展開

集団以上で自らの集団にとって妻の与え手集団と受け取り手集団が異なる母方
交叉イトコ婚（図2）などがある。複雑な婚姻の形態を，演繹的で数学的なモ
デルによって単純な規則に還元して捉えようとした点に，レヴィ＝ストロース
の分析の特徴があった。

　一方アフリカや現代の欧米のように，富の移転や自由な配偶者選択に基礎を
置く体系は複合構造と呼ばれる。その分析は1970年代末からの**「イエ」社会**の
研究へと結実した。

◆ **トーテミズムと分類**

　母方交叉イトコ婚では，縁組に携わる人間集団は「自己」「妻の与え手」「妻
の受け取り手」のように分類される。この分類という主題をさらに追求したの
が『今日のトーテミスム』と『野生の思考』である。

　トーテミズムとは，主に特定の動植物の種を自分たちの祖先と見なし崇拝す
る信仰と言われる。崇拝の対象となる種をトーテムといい，トーテムは崇拝す
る集団のシンボルともなり，食べたり殺傷することが禁じられる。しかし，ト
ーテミズムは宗教や信仰の領域に属する現象ではなく，人類に普遍的な原理で
ある分類の一形式なのである。3つの氏族A，B，Cがそれぞれタカ，クマ，
カメをトーテムとするのは，自然種の間の差異や相互関係が人間集団の差異や
相互関係を表現するのに用いられたからであり，それは世界の3区分（空／陸
／水）にも対応する。そこに見られるのはカテゴリー化である。自然種は分類
を考えるのに適しているのであり，西洋が未開と見なす人たちは，神秘的世界
に生きているのではなく自然種という具体的なものを用いて合理的で知的な思
考を営んでいるのである。レヴィ＝ストロースはさらに進んで，人名などの固
有名詞も個別性を指示するのではなく分類の極限的な形態であると論じている。

◆ **神話の構造**

　神話分析はレヴィ＝ストロースのライフワークであり，主著の『神話論理』
「小神話論理」だけでなく，数多くの論文も発表している。

　神話とは，動物界と人間との間にまだ区別がなく，太古と言われる時間の中

クロード・レヴィ＝ストロース

で生じた出来事の物語である。それは、いろいろな事物がどのようにしてでき
たかを語る。その際神話が目論むのは物事が適正なへだたりをおいて配置され
ているのはどうしてか説明することである。この目論見のために神話が用いる
方法が、二項対立・媒介・変形である。韓国の牽牛織女を例に挙げてみよう。

　天上界のある国の王の娘である織女がいて機織りに一心不乱であった。年頃
になったので隣の国の牽牛に嫁がせた。牽牛は牛飼いが仕事であった。結婚す
ると２人は片時も離れようとせず、それぞれの仕事を全くしなくなったので、
怒った王は１年に１度会うことを定めとして、２人を天の川の東と西に引き離
した。１年後の７月７日に２人が会おうとすると滔々と流れる天の川が２人の
間に横たわっていた。泣き続ける２人の涙で地上の世界は未曾有の大雨に見舞
われた。困った地上の王は、カササギの一群を天上界まで遣わし天の川にかか
る橋にした。こうして牽牛と織女はようやく会えることになったのである。

　この神話には、天／地、西／東、勤勉／放縦などの二項対立がある。そして
カササギの橋が媒介となり、１年に１度という適正なへだたりが達成されるの
である。では変形はどうなのだろうか。カササギが牽牛と織女の間をとりもつ
仲介者なら、２人を隔てる遮断者の存在を想定してみることができる。さらに
カササギは群れをなすがその遮断者は一羽であることも考えられる。中国の広
東省の伝承がその例として挙げられる。そこではカラスが１月に１度会うとい
う天帝の命令を１年に１度と間違って伝えてしまうのである。カササギは仲介
者、カラスは遮断者である。カササギが黒と白という相異なる色を併せ持つの
に対してカラスは黒１色である。さらに変形していくと、この両者をあたかも
媒介するかのような存在も考えられる。それが北アメリカ先住民の神話に登場
するツルである。その脚が地上の川に架かる橋脚となったツルは、ある者は対
岸へ渡すが、別の者は川へ落とすという「半導体的」媒介者になるのである。

　このように、荒唐無稽の極限にあるかに見える神話にも、それなりの論理的
規則性があることが分かる。

　そしてベーリング海峡が陸続きの石器時代に、人類が旧世界から新世界へと
移動するとともに、神話も変形をくり返しながら伝播していったのであれば、
神話の意味とは、社会構造や生態との関係ではなく、他の神話との関係の中に

Ⅱ　文化人類学の展開

見出されるべきものである。しかし神話が無数にまたくり返し語られ続けるなら，我々は最終的な意味というものに到達することはないのである。神話分析の本の終わりはとりあえずの終わりでしかない。

◆ その後の展開

　レヴィ＝ストロースの研究は，特定の場所と時代を越えてなされる比較研究である。そのため，一民族集団の村落に集中的に住み着いて長期の調査を行う英米圏の人類学者から，自分自身の理論に合うよう民族誌を曲解していると批判された。また静態的な構造や体系を過度に強調するため，歴史的な動態が描かれず具体的な人間の姿が見えないとも批判された。しかし近年では，存在論の人類学に与えた影響により，再び言及されてきている。また文化間の差異の重要性を主張し他者に対する配慮を強調するその倫理観は，不寛容な時代にあらためて見直される必要がある。

◆ 用語解説

「イエ（maison）」社会　実際のもしくは擬制的な系譜（養子や娘の婿を息子として後継者することなど）によって姓・財産・称号などを永続させようとする，１つのまとまりをもった集団をイエといい，それを中心に組織された社会。

◆ より深く学ぶために

〈原典・訳〉

C. レヴィ＝ストロース（川田順造訳）『悲しき熱帯Ⅰ・Ⅱ』中公クラシックス，2001年。

C. レヴィ＝ストロース（大橋保夫訳）『野生の思考』みすず書房，1976年。

〈入門・解説書〉

出口顯『レヴィ＝ストロース──まなざしの構造主義』河出ブックス，2012年。

＊神話，「イエ」，仮面，自己などのテーマを中心に，他者に対して開かれたレヴィ＝ストロースの思想を解説。

（出口　顯）

マルクス主義人類学

モーリス・ゴドリエ

(Maurice Godelier：1934-)

◆ 経済史と人類学を橋渡しする

　フランス人類学の第一世代がマルセル・モース（→22頁）やヴァン・ジェネップ（V. ヘネップ）であるとすれば，ドゴン社会研究で有名なマルセル・グリオールをはさんで，第二世代がレヴィ＝ストロース（→181頁）とジョルジュ・バランデイエ，第三世代がこのモーリス・ゴドリエということになる。経験主義の伝統をもつ英国の人類学と異なり，第二世代までのフランス人類学は優れたフィールドワーカーを生まなかった。ゴドリエの世代になって，フランスはフィールドワークと理論研究を総合する新しいタイプの人類学者を生んだのだ。

　ゴドリエは，2009年に逝去したレヴィ＝ストロースの次の世代のフランス人類学を代表する研究者の1人であり，主流派経済学の批判や史的唯物論の再考など，人類学の枠を超えた幅広い研究はわが国でもよく知られている。彼の著作は20冊近くになるばかりか，日本語訳もすでに6冊を数えており，わが国でレヴィ＝ストロースについで最も多く翻訳された人類学者だといってよい。

　ゴドリエは1934年，フランス北東部のカンブレに生まれている。高等師範学校の哲学クラスを修了後，パリ大学で心理学と文学を学んだあとで，レヴィ＝ストロースや著名な歴史家フェルディナン＝ブローデルの研究助手をつとめている。ゴドリエに限らず，彼の世代のフランス人類学にはマルクス主義者や**経済人類学**者が多いが，それはマルクス主義哲学者ルイ・アルチュセールが高等師範学校で哲学教師をつとめ，学生に絶大な影響力をもったためである。

　ゴドリエの名が最初にクローズアップされたのは，1960年代後半に論じられた，マルクスの未刊の『資本主義に先行する諸形態』に関する論争であった。国家をもたないにもかかわらず，政治的自律性を備えた社会をどう理解したらよいのか。国家をもたない社会において，その内部と外部で一定の自立性と安

Ⅱ　文化人類学の展開

定性を実現可能な政治的メカニズムとはどのようなものか。こうした問いは，ルイス・H・モーガンの『古代社会』以来人類学の主要な課題の１つであると同時に，狩猟採集民から資本主義までの人間の歴史を総体として理解しようとした史的唯物論の中心的議題でもあった。この２つの領域，すなわち文化人類学とマルクス主義経済史学，フィールドワークと理論的考察に橋をかけることこそゴドリエが一貫して目指したものであり，そうした問題関心は，初期の『経済における合理性と非合理性』（1966）から，近年の『人類学の再構築──人間社会とはなにか』（2011）にいたる彼の著作に一貫している。

　ニューギニアでのフィールドから戻ったゴドリエは，フランス国立科学研究センター（CNRS）に入り，レヴィ＝ストロースの後継者と目されるほどの評価を得た。1982～86年にかけて，彼は国立科学研究センターの「人間と社会の科学」部門全体を統括する研究部長に就任し，前後してパリの社会科学高等研究院の研究指導教官となり，80歳を越えた今もそこで教鞭をとっている。

　その間，2001年に国立科学研究センターの金メダルを授与されていることからも，フランスにおける彼の評価の高さを窺うことができる。これは毎年フランス全土でただ１人の科学者に与えられる賞であり，受賞者の多くがその後ノーベル賞の受賞者ないし候補者になるほど，最高の権威を有する賞である。1954年に始められたこの賞の受賞者は，人文社会科学の領域ではレヴィ＝ストロース，ルロワ＝グーラン，ル・ゴフ，ピエール・ブルデュー（→193頁）など錚々たる顔ぶれであり，ゴドリエで８人目に過ぎないことを見ても，フランスにおける彼の業績への評価の高さは特筆されるべきである。

◆ ビッグマンとグレートマン

　初期には市場を重視する古典派経済学を批判して，政治や宗教などと関連させて経済活動を理解しようとする経済人類学の旗手として学界に登場したゴドリエであったが，レヴィ＝ストロースに勧められて1966年からの３年間をニューギニアのバルヤ社会でのフィールドワークに費やすことで，人類学者としての基礎を固めている。ニューギニア東部の高地にあるバルヤ社会は1950年代初頭まで西洋人と接触をもたず，新石器文化を生きていたとされる社会であり，

ゴドリエの調査時期はまさに彼らが，新石器時代から鉄器時代を経て，資本主義経済に巻き込まれるという急激な社会変化を経験した時期であった。彼らのもとでフィールドワークに専念したゴドリエは多くの成果をもたらしたが，中でも最大の成果が1974年に出版された『グレートマンの生産』であった。

　ニューギニアを含むメラネシアの諸社会は，リーダーの地位が出自や年齢によって決定されるのでなく，財の駆け引きや雄弁，戦争の能力といった個人的能力によって獲得される点に特徴がある。人類学ではこれは「**ビッグマン**」と呼ばれ，メラネシア社会の特徴であるだけでなく，人類社会に広く見られる政治組織の一類型として理解されてきた。これに対し，ゴドリエは自分のフィールドであるバルヤ社会において，特定の人間に政治的・宗教的権威を授ける宗教儀礼が存在することに注目し，それによって首長が誕生するシステムを「グレートマン」と呼んで新たなタイポロジーを提案した。この視点は人類学に大きな論点を提供し，英国の人類学者マリリン・ストラザーン（→264頁）と2人で編集した論文集『ビッグマンとグレートマン』（1991）は広く読まれてきた。

　ビッグマンとグレートマンの違いは何に由来するか。それは2つのタイプのリーダーの資質の違いではなく，彼らを生んだ社会の違いに求められるべきである。ゴドリエらによれば，グレートマンを擁する社会の多くがニューギニア高地に位置するのに対し，ビッグマンの社会はニューギニア海岸部や他の島嶼にある。前者が厳格な親族組織をもち，婚出する女性に対する返礼は女性に限られるのに対し，後者では女性に対する反対給付は豚などの財でもよい。また，前者の場合には交換や贈与が厳格にコントロールされているのに対し，後者の場合には贈与や交換は競覇的な性格をもち，それに向けて多くの豚が飼育される傾向がある。最後に，前者では男性全員が経るイニシエーション儀礼が極めて重要で，儀礼の執行者に高い社会的位置を与えられているのに対し，後者ではイニシエーション儀礼等にさほどの重要性が与えられていない。

　こうした違いは何に由来するのか。研究者の多くはグレートマン型社会からビッグマン型社会への移行を推測しており，その主要な要因として挙げるのがサツマイモ栽培の導入である。それは発達した農耕技術を必要とする一方で，

Ⅱ　文化人類学の展開

より高い生産力をもつことから，人間と豚の数を増やし，富の獲得のための競争を激化させた。また，農地が拡大されたために野生動物の数が減少し，野生の鳥の羽を用いる儀礼的道具の生産が困難になった。そうした社会経済的変化の結果，社会はよりオープンな性格をもつようになり，リーダーの地位が親族の枠で相続されるグレートマン型の社会から，個人の資質がより重視されるオープンで競覇的な性格の社会へと推移したというのである。

　とはいえ，１つの社会の中にビッグマン的リーダーとグレートマン的リーダーとが共存しているケースもあれば，隣接する社会の一方がグレートマンをもち，他方がビッグマンを擁することもあるのだから，注意が必要である。以上のような２タイプの分類と一方から他方への推移は，理論上は可能だとしても，現実の次元では様々な中間形態とバリエーションが存在するのである。

◆ **想像されたものと生きられたもの**

　かつてマルクスは「宗教は民衆のアヘンだ」と言った。こうした単純な見方は，マルクス主義者を自認するゴドリエにとっても容認できなかった。何より，メラネシア世界の特徴とされたビッグマンの理念型を批判させたものこそ，彼がフィールドで遭遇したバルヤ社会の男性イニシエーション儀礼であり，そうした宗教的実践を核として成立した親族組織や権威構造であった。フィールドから戻ったゴドリエは，理論偏重の傾向のある経済人類学の分野から離れ，具体的な社会的実践へと関心を向けていく。とりわけ彼が関心を寄せたのが，宗教が社会の再生産にどのように寄与しているかを解明することであった。

　ゴドリエがマルクスとともに師と仰いでいたレヴィ＝ストロースを批判したのはこの点であった。言語活動などの象徴的活動を規制する（と考えられる）脳の無意識的構造を重視するレヴィ＝ストロースは，『神話論理』全４巻（2006〜2010）で神話内部の構造分析に傾注し，社会生活から切り離す傾向があった。これに対し，フィールドワークによって現実世界との深い接触をもったゴドリエは，神話や宗教などの観念的世界がどのように人々の経済活動を規制し，社会のあり方を規定しているかを解明することを目指したのである。

　例えばバルヤ社会では次のような神話が存在する。東南アジアやオセアニア

モーリス・ゴドリエ

に見られる，ハイヌウェレ型と呼ばれる栽培作物の起源神話の一タイプである。

「当時，男も女も野生の植物しか食べていなかった。肌は黒く，汚れていた。ある日，一人の男が妻を連れて森に出かけ，彼女を殺して秘かにその死体を埋めた。そして村に戻ってくると，突然彼女がいなくなったと言明した。後で殺人現場に再びやってくると，死体を埋めた土から植物が生えているのが見つかった。その葉を食べてみると美味しかった。……こうして男たちは耕作を開始し，これらの植物を食べ出して，肌が変わったのである」。

女性から生まれたのは栽培作物だけではない。天体や自然の存在までもが女性によって作り出されたのである。

「ある時，ニシキヘビが菜園にあらわれ，それを退治しようとしてもできなかった。そのため，ひとりの女を贈ることで退出してもらうことにした。ニシキヘビは女を連れて煙の柱を通って空に昇っていったが，女は窯のそばで白熱した石を拾っていた。空に昇ったニシキヘビが自分の住処に入ると，女は先ほどの石をとって戸を塞ぎ，急いで降りようとした。その途中で女は金星に変身した。一方，ニシキヘビは家から出ようとして焼けた石に鼻をぶつけて，大声で叫んだ。それが雷の起こりであり，雨と虹の起源であった」。

なぜこれらの神話がバルヤ社会で語られているのか。女性の死体から栽培作物が生えるはずはないし，ニシキヘビが空に昇ることも，雷や雨に転じるはずもない。ありそうもないことについて語っている点で，神話は人間の想像力が生んだ産物に他ならない。しかも，ハイヌウェレ型と呼ばれる栽培作物の起源神話が広く分布していること，ニシキヘビが転じて虹や雷になったという神話が世界中にあることを見ても，レヴィ＝ストロースが行ったような神話の比較研究が意義をもつことは言うまでもない。しかし他面で，神話が個々の社会でどのように生きられているかと問うなら，違った答えが返ってくるだろう。バルヤ社会の核にあるのは男たちのイニシエーション儀礼であり，その過程で，年長者が年少者に精液を飲ませることで男たちの結社に加える。この社会では女性は穢れた存在と見なされているため，女をいまだ知らない年長者の精液を飲ませることで，年少者に純粋な生命力を与え，女の世界から切り離して男の世界に取り込むのである。この社会は男権的な社会であり，男たちはことある

191

Ⅱ　文化人類学の展開

ごとに力を見せつけるべく女性に暴力を課す。にもかかわらず神話は，農業であれ雷や雨であれ，一切が女性によってもたらされたとすることで，表面的には男性優位のこの社会も女性なしでは成り立たないことを告げるのである。

　考えてみれば当然であろう。女性がいなければ子どもも生まれず，社会の存続は不可能なのだから。そこで彼らにとっての問いが出てくる。あらゆる存在を生み出したのが女性であることを承認しながら，なおかつ男性が権力を維持するには何が必要なのか。そのために作り出されたのが，農業や弓矢を発明した女性たちはそれを乱用したので男性が介入したとする神話であり，女性から生まれた少年を男性化するための複雑なイニシエーション儀礼であり，女性の交換を男性の指揮下に置くための親族と婚姻の規則である。その意味では，神話や宗教は人間の想像力が生みだした産物だが，決して個々の社会から遊離して存在するわけではなく，現実の社会がなぜかくあるかを説明し，説明することで社会が再生産されるのに決定的に貢献しているというのである。

　ゴドリエの著書からは，人間がいつの時代も各地で現実について思考し，その思考が現実の再生産に貢献しているとする信念を見て取ることができる。思考は生きられる現実から遊離するべきではないというメッセージこそが，彼の強い主張と言えよう。

◆ 用語解説

経済人類学　個々人が自由な市場において各自の利益が最大になるように行動すれば，最終的に最適な資源の配分がなされるという市場重視の古典派経済学を批判し，人間の経済活動には交換や贈与などの市場以外の領域があることを認め，経済活動がどのように社会の中に埋め込まれているかを考える立場。

ビッグマン　リーダーが出自や年齢によってではなく，富の巧みな分配や雄弁などの個人的能力によって選任される制度であり，メラネシア社会の特徴の１つとされる。

◆ より深く学ぶために

M. ゴドリエ（山内昶訳）『贈与の謎』法政大学出版会，2000年。

M. ゴドリエ（竹沢尚一郎・桑原知子訳）『人間社会の基礎』明石書店，2011年。

（竹沢尚一郎）

実践理論 ▬▬▬▬▬▬▬▬

ピエール・ブルデュー

(Pierre Bourdieu：1930-2002)

◆ 人類学者ブルデュー

　フランスの民族学者・社会学者ピエール・ブルデューは，20世紀後半における最も重要な社会科学者の1人である。社会科学の古典理論と自らの民族学的研究成果とを組み合わせて社会に関する精緻な理論を練り上げた。英米圏で実践理論（practice theory）と呼ばれる彼の理論は，人文社会科学の幅広い領域にその影響を及ぼしている。

　ブルデューは生涯に40冊近い著作を生み出したが，その中で最もよく知られているのは，おそらく『再生産』（1970）や『ディスタンクシオン』（1979）など，フランスの階級，文化，教育についての社会学的研究であろう。しかし人類学にとっては，英語版『実践理論の素描』（1977）や『実践感覚』（1980）など，初期の植民地アルジェリアの研究の方がより重要だ。ここでは後者に焦点を絞って，ブルデュー理論を概観してみよう。

　以下，ブルデューの生い立ちと経歴を紹介した後，彼の理論の核となる概念，「実践」と「ハビトゥス」について略述する。続いて，ブルデューによるアルジェリアの結婚戦略の分析を取り上げ，最後に，彼の実践理論に向けられた批判の妥当性について検討したい。

◆ 学問界の「よそ者」

　ブルデューは，1930年，フランス南西部の小さな農村で生まれた。父親は小作農の子で，郵便配達人であった。小作農や職人の子である同級生たちと幼少期を過ごすが，学業成績の優秀さを認められ，11歳で親元を離れ，県庁都市ポー，続いてパリで高等中学校の寄宿生となる。1951年，超エリート校である高等師範学校の哲学科に入学する。後にブルデューは，『ホモ・アカデミクス』

193

Ⅱ　文化人類学の展開

(1984) や『国家貴族』(1989) で学校教育システムを論じた際，その頂点に立つこの母校を痛烈に批判している。

　1954年，哲学教授資格試験に合格し，中部ムーラン市の高等中学校に哲学教師として赴任する。しかし1955年，25歳の時，一兵卒として徴兵され，アルジェリアに派遣された。兵役終了後，そのまま現地に残り，1958年から3年間，アルジェリア大学文学部助手をしながら，植民地支配下にあったアルジェリア社会の民族学・社会学研究に従事する。

　1960年，帰国したブルデューは，パリ大学でレイモン・アロンの助手になる。1961～64年までリール大学文学部助教授，1964～2001年まで社会科学高等研究院教授を務めた。フランスに戻って以降のブルデューは，アルジェリア民族学から生まれた理論を用いて現代フランス社会の諸局面を分析していく。まずは教育制度，続いて文化生産や消費，さらには言語や国家，不動産市場などを対象にした。1982年には，コレージュ・ド・フランスの教授に任命され，2001年までその地位にあった。

　社会科学高等研究院でのブルデューは，1970年に教育・文化社会学センター（後にヨーロッパ社会学センター）を立ち上げ，精力的に仲間を集めて，写真，美術館，学校システム，オートクチュールなどの共同研究を指揮した。1975年には機関誌『社会科学研究紀要』を創刊し，以降，自身と仲間の研究成果のほとんどをここで発表していく。ブルデューは生涯に数多くの名誉ある賞を受けたが，2000年，その最後に，英国王立人類学会からハクスリー記念メダルを授与され，「参与客観化」という講演を行った。2002年，肺ガンのため，71歳で亡くなっている。

　ブルデューは，学校世界での卓越した評価によって，低い社会的出自からフランス学問界最高権威の地位にまで昇りつめた。その過程で彼はいつも周囲に溶け込めず，「よそ者」だと感じていたという。こうした軌跡が，学者的な視点に対する飽くなき警戒を特徴とする彼の実践理論を育んだのだろう。

◆ 実践とハビトゥス

　ブルデューは，社会科学の2つの主要なアプローチに対する批判として実践

理論をつくり上げた。まず構造主義は，個人の意識や意志とは独立した客観的な規則性を築き上げ，科学者による社会関係についての形式的モデルを，行為者による世界についての常識的な理解より優先している。他方で現象学やエスノメソドロジーは，行為者による世界の表象を現実そのものとして扱い，そうした表象が生み出される社会的条件を分析しようとしない。これら2つのアプローチはいずれも科学者自身と調査対象社会との関係を考慮しない点で共通しているとブルデューは批判し，「**実践**」概念を用いて両者を統合し，それぞれの弱点を克服しようと試みた。

　ブルデューのいう実践とは，働く，食べる，寝る，贈り物をする，結婚相手を選ぶ，などの人々が日常的に行う慣習的な行為のことである。これらの行為はほとんどの場合，規則に従って行うものではない。意識的な選択や合理的計算なしに達成されるが，それでもこれらの行為はその場の状況に適切なものになるように調整されている。これはなぜかと言えば，行為者は日常のありふれた行為において必要な，実践的な感覚，勘，ゲームの感覚を身につけており，それが理に適った行動を生み出すように方向づけているからである。

　こうした実践的な感覚をブルデューは**ハビトゥス**と呼んだ。ハビトゥスとは心的諸傾向のシステムであり，人びとは慣習的にこれに基づいて現実を知覚し，評価し，行動する。ハビトゥスは，子どもの頃より多様な日常的活動に繰り返し参加する中で知らず知らずのうちに獲得される身体化された知識であり，実践的な能力である。ブルデューによれば，社会的な危機の時を除き，ハビトゥスが生み出す実践や表象はそれらの目的に客観的に適合している。言い換えると，ハビトゥスに基づく実践によって，行為者は社会構造の再生産に寄与する一方で，自らは状況から名誉などの形で利益を引き出すことが可能になる。

◆ アルジェリアの結婚戦略

　レヴィ＝ストロース（→181頁）によれば，結婚は無意識的な規則に従って行われており，いずれの社会にも優先的な婚姻の様式がある。例えば，アルジェリアのベルベル社会では，父親の兄弟の娘である平行イトコの女性か，母親の兄弟の娘である交叉イトコの女性との結婚がそれだ。ところがブルデューが

Ⅱ　文化人類学の展開

現地で調べてみると，ベルベル族の男性で，実際に平行イトコと結婚する割合は非常に低いことが分かった。また，平行イトコと結婚している場合でも，その理由は当事者によってかなり異なっていた。

　こうした状況を説明するために，ブルデューは戦略の概念を導入する。ある人が結婚相手を選ぶ際には，相手との系図上の関係だけでなく，夫婦の年の差，家族間の貧富の差，家族内でのそれぞれの相対的位置，家族間の過去の結婚の歴史，結婚に向けての交渉の歴史など，これらすべてが考慮に入れられる。その上で，自らが置かれている歴史的状況と地位において，客観的に可能な組み合わせのうち，どれが家族の名誉を維持し蓄積するのにもっとも役立つかについての実践的な知識と暗黙の感覚に従って，結婚相手が戦略的に選ばれている。

　言い換えると，立派な結婚相手を選び，それによって利潤を手に入れる者は，身分違いの結婚を避けようとするようなゲームの感覚を備えている。ブルデューがハビトゥスと呼ぶこの感覚は，子どもの頃から，首尾一貫した少数の原理によって構造化された社会的状況の中で，ある特定の方向性をもった慣習的行動を繰り返し生み出すことによって獲得されていく。例えば，社会的地位が高い家の長男は他の立場の人間に比べ，名誉に関わる価値をとりわけ尊重する傾向が強く，その地位にふさわしい結婚相手を選ぶようになる。行為者の目に極めて重要なものと見える特性に基づいて，ないしは自らの「自然な」感情に基づいて選んだ結果，客観的にみて必要と思われるような結婚相手を選ぶということが起こりやすくなるというのである。ブルデューによれば，「優先的」結婚は，ハビトゥスによって生み出され，名誉の獲得を目指す戦略体系のなかで意味をもつ，再生産の戦略として理解されねばならない。

◆ **決定論という批判**

　ごく簡単ではあるが，以上によって，ブルデュー実践理論の基本的な考え方を得たことにしよう。彼の理論に対してはすでにたくさんの批評が出ているし，中でも見かけ上の決定論をめぐる批判はよく知られている。ブルデューは社会の再生産過程を過度に強調するあまり，歴史的変化についてほとんど説明しえていないというのである。とりわけ批判の矛先は，ハビトゥス概念の，利害に

一致する行為のみを生み出す傾向に集中してきた。

　この批判は，かなり一方的なものである。もともとブルデュー理論の主題は象徴的支配の再生産メカニズムを解明することにあったのだから，決定論という批判は見当違いだ。それはともかくとしても，ハビトゥスの定義の中にそもそも変化は織り込まれている。過去の経験が知覚・思考・行為の図式という形で身体に沈澱したものがハビトゥスである。それゆえこの図式にそって生み出される実践は，世界に適合的なものになる傾向がある。しかしハビトゥスが作られた状況とハビトゥスが作用する状況とに差異がある場合，そこには調整や変化の余地がある。人は新しい経験をする度に，ハビトゥスを再編成するのだ。

　さらに，『資本主義のハビトゥス』（1977）や『ホモ・アカデミクス』がよい例だが，ブルデューは社会的危機の時に何が起こるかも扱っている。ハビトゥスには変化に抵抗する強い傾向性（履歴効果）があり，社会に急激な変化が生じた時には，客観的構造とハビトゥスによる主観的な期待との間の調和が崩れ，これまで疑問視されてこなかった想定（ドクサ）を批判的に考察したり討論したりする機会が生まれる。この時，社会分析を通じてハビトゥスは自覚へと変換され，ハビトゥスに働きかけることが可能になるとブルデューは指摘する。ただし彼によれば，こうした見直しの可能性は以前のハビトゥスの性質によって決定されるため，根底的なものにはならない。

　このように，ブルデュー実践理論が歴史的過程や出来事を理解するのに無効だというのは誤解に基づいている。むしろ社会が象徴的に再生産される傾向がより強まっている現代社会において，変化を考える上で有効なアプローチの1つになりうるだろう。ただしブルデューが繰り返し言及するように，変化の展望は一般的に述べることができない。それは歴史的状況に依存し，その意味でつねに偶然性の性格を帯びる。ブルデューの残した実践理論を使って，その具体的過程を分析していくことは，人類学の今後の課題となる。

◆ 用語解説

実践（pratique/practice）　慣習的行動であり，前反省的な身体的行為。ブルデューのいう実践は，自由な個人による選択的な行為としてのプラクシスではない。それは意識

Ⅱ　文化人類学の展開

的に計算されたものでも，機械的に決定されたものでもなく，社会的世界に参加する中で獲得された実践感覚に基づいている。

ハビトゥス（habitus）　実践を生み出す獲得された心的諸傾向のシステム。心的諸傾向とは，行為者の行動や知覚，評価の傾向のことであり，この傾向ないし実践的な感覚をもっていることで，行為者は状況に応じた理にかなった行動を取ることができる。このシステムは，子どもの頃から特定の生活条件のもとで経験を積むことによって獲得される。

◆ **より深く学ぶために**

〈原典・訳〉

P. ブルデュー（今村仁司・港道隆訳）『実践感覚Ⅰ・Ⅱ』みすず書房，1988・1990年。

＊ブルデュー人類学の決定版。

P. ブルデュー（原山哲訳）『資本主義のハビトゥス』藤原書店，1993年。

＊ブルデュー初期のアルジェリア民族学の傑作。都市に移住した農民の経済的実践の変化を分析。

P. ブルデュー（丸山茂ほか訳）『結婚戦略』藤原書店，2007年。

＊故郷南仏をフィールドとする家族社会学の論文3編。

〈入門・解説書〉

P. ブルデュー／L. J. D. ヴァカン（水島和則訳）『リフレクシヴ・ソシオロジーへの招待』藤原書店，2007年。

＊ヴァカンとブルデューによる若手研究者向けセミナーの記録。入門書として最適。

P. ブルデュー（石崎晴己訳）『構造と実践』藤原書店，1991年。

＊ブルデューが自らの理論を語る。

加藤晴久『ブルデュー　闘う知識人』講談社選書メチエ，2015年。

＊ブルデューと長年親交があった，多くの著作の邦訳者によるブルデュー入門。人物だけでなく，その理論も紹介している。

（平井京之介）

象徴論

ダン・スペルベル

(Dan Sperber：1942-)

◆ 人類学から認知科学へ

　ダン・スペルベルはフランスの文化人類学者，言語学者，認知科学者である。彼の主な業績は，文化人類学と言語学に関わる。人類学者としてのスペルベルは，象徴分析や文化相対主義，民族誌における記述の方法を批判する理論家として出発した。この人類学批判は，文化の拡散メカニズムを説明する「表象の疫学（epidemiology of representations）」へと発展する。彼の人類学批判および**表象**の疫学の基礎となるのが**認知**的アプローチであり，それは，認知科学の知見の積極的な活用を重視する。言語学者としてのスペルベルは，コミュニケーションにおける話者の推論に焦点を合わせた**関連性理論**を，言語学者のディアドレ・ウィルソン（1941-）とともに提唱している。本章では，象徴主義批判から始まって認知科学に接近した表象の疫学へといたる，スペルベルの理論形成の過程に焦点を合わせる。その上で，彼が人類学に与えた影響について述べる。

◆ 主な研究活動

　スペルベルは1942年にフランスのカーニュに生まれ，ソルボンヌ（1959～63年）で民族学を，後に留学先のオックスフォード大学（1963～65年）において社会人類学を学んだ。レヴィ＝ストロース（→181頁）は，彼の指導者の1人でもあった。理論を重んじる彼の研究をこの構造主義者の師が励ましたと，後にスペルベル自身が回想している。彼はまた，エチオピアに住むドルゼと呼ばれる人々の間で，合計18カ月程度のフィールドワークを行った。この調査に基づく民族誌を彼は未だに公刊していないものの，主に初期の著作において，ドルゼの事例に言及している。1965年以来，パリのCNRS（国立科学研究センタ

199

Ⅱ　文化人類学の展開

一）等で様々な役職を務める一方で，彼は著作の公刊や講演を，今なお活発に続けている。オックスフォード大学では，スペルベルは上述のウィルソンとも出会っている。学部学生時代のウィルソンは哲学を学んでいた。1970年代末以降，スペルベルとウィルソンは共同研究を開始する。やがて2人の共著として『関連性——伝達と認知』（1986）が刊行される。ここで示された関連性理論は，言語学等の諸分野において大きな影響を与え続けている。

◆ 象徴表現への認知的アプローチ

　人類学者としてのスペルベルの仕事は，人類学理論の批判から出発する。初期の代表的な著作である『象徴表現とはなにか』（1974）においてスペルベルが行ったのは，儀礼や神話の象徴分析に対する，認知主義的な立場からの批判である。彼は，儀礼や神話が隠された意味をもつのではなく，人間の認知メカニズムが，それらを象徴として解釈すると主張した。

　象徴の中に隠された意味を解読しようとする立場を，スペルベルは記号学的見解と呼ぶ。記号学的見解は，言語が意味をもつように，象徴には暗黙の知識が隠されていると捉える。こうした記号学的見解をスペルベルは批判し，神話や儀礼が意味をもつと考えるべきではないとした。その際に扱われる象徴表現の1つが神話である。神話が隠されたメッセージをもつという記号学的見解の下に，人類学者は神話を捉えてきた。しかしながら，神話が意味をもつと考えることには問題がある。同じ意味をもつ2つの文章は，お互いにパラフレーズ（言い換え）することができる。他方，同じように解釈できる2つの神話の間のパラフレーズは不可能である。彼はこのように主張した。

　神話だけではなく，儀礼もまた，象徴表現への記号学的見解の限界を示す例として挙げられる。その際にスペルベルがしばしば用いたのが，アフリカ中南部，ザンビアに住むンデンブと呼ばれる人々の儀礼に対する，ヴィクター・ターナー（→120頁）の議論である。ンデンブの間では，ムシェングと呼ばれる木が知られている。ターナーによると，この木は狩りの成功，すなわち大量の獲物を獲得することと結びつく。ムシェングが大量の獲物の獲得を意味し得るのは，この木が多くの実をつけるためである。記号学的見解によれば，ムシェ

ングが象徴であり，豊富な獲物の獲得が象徴の意味である。さらに，大量の実が実るということが，象徴と意味の間の有縁性（motivation）である。この有縁性が，象徴と意味を結びつける。こうした捉え方をスペルベルは批判した。象徴表現における有縁性は，それ自体が象徴であるかのような曖昧さをもつ。このような有縁性を介して，象徴と意味が結びつくとは考えにくい。

　スペルベルによると，象徴が意味をもつという表現自体が，誤解を招く比喩に過ぎない。象徴は，言語のように意味をもつわけではない。また，１つの象徴に１つの正しい解釈が対応するわけでもない。したがって，象徴が何を意味するかと問うこと自体が妥当ではない。スペルベルはこのように主張し，儀礼や神話の中に隠されたコードを読み解こうとする記号学的見解の効力を否定した。この象徴表現への記号学的見解に対する徹底した批判が，『象徴表現とはなにか』の前半の３つの章においてなされる。

　『象徴表現とはなにか』の後半の２つの章において，スペルベルは，象徴表現への記号学的見解に替わる，認知的アプローチを提示する。この認知的アプローチの下では，人間のもつ心的な情報処理装置が概念装置と象徴装置に分けられる。これらの装置は，象徴的知識，意味論的知識，百科全書的知識という３種類の知識を処理する。意味論的知識は，カテゴリーとカテゴリーの間の論理的な関係に関わる。例えば，「独身者は結婚していない」という文は，意味論的知識を示す。一方，百科全書的知識は，世界の状態，つまりいわゆる事実に関わる。「ルイ14世はフランスの王だ」はその一例である。象徴的知識は，意味論的知識とも，また百科全書的知識とも異なる。スペルベルが調査したドルゼの人々が語る「ヒョウはコプト教の断食を順守する，キリスト教徒の動物である」という説明は，象徴的知識の一例である。これは非合理であって，百科全書的知識と矛盾する。概念装置はこの種の情報を処理しえない。しかし，象徴装置がこの種の情報を引用符で括ることによって，象徴的知識の真偽は問題とされないようになる。儀礼や神話に隠された意味があるのではない。人間の心理的なプロセスは，儀礼や神話などを素材に，無意識の規則に沿って，いわば即興演奏のように象徴を解釈する。象徴表現への認知的アプローチを提示することを通じてスペルベルが強調したのは，この点である。

Ⅱ　文化人類学の展開

◆ 理論人類学と表象の疫学

　『象徴表現とはなにか』の後半において示された認知主義的な立場は，『人類学とはなにか』（1982）において，さらなる展開を見せる。同書におけるスペルベルの議論は，人類学への批判的検討を端緒に，文化の拡散メカニズムを説明する理論人類学の構想へと向かう。第1章の「解釈的民族誌学と理論的人類学」は，民族誌が本当に異文化理解を深めうるのかという点を扱う。さらに，民族誌に基づいた文化の一般理論が本当に構築されうるのかという点もまた検討される。スペルベルは，文化人類学を，解釈民族誌と理論人類学という2つの独立した分野に分けることを提案する。

　民族誌は，特定の文化に対する解釈を示す。他方，理論人類学は，文化の多様性がどのようにして生じるかという点を説明しようとする。民族誌家は，特定の文化への解釈を，民族誌の中で提示する。民族誌において多用される間接話法の文は，話者のみならず報告者の解釈を含んだものともなりうる。それに加えて，民族誌家は，対象とする人々が対象についてもつ表象を，彼自身や民族誌の読者に対して表象しなければならない。こうした話法をめぐる問題を抱える民族誌を資料として，文化の科学を成立させることは困難であるという。こうした民族誌批判を経て，スペルベルは，彼の構想する理論人類学の概要を述べる。この理論人類学においては，個人が抱く心的表象（mental representations）の一部が集団に文化的表象（cultural representations）として共有されるメカニズムを扱う「信念の疫学（an epidemiology of beliefs）」が課題となる。この信念の疫学は，後に『表象は感染する』の中で「表象の疫学」として示される理論の原型である。

　第2章の「一見して非合理な信念」は，スペルベルの経験した調査中の逸話から始まる。あるドルゼの老人が，エチオピアにて調査中のスペルベルの下を訪れる。黄金の心臓をもった竜がいる。それを退治しに行こう。老人はそのように人類学者を誘う。スペルベルによると，こうした「一見して非合理な信念」もまた，文化が異なれば世界の捉え方も異なるという相対主義に拠ることなく解釈しうるという。スペルベルは，命題表象と半命題表象，事実的信念と表象的信念という2つの区分を導入する。人々の信念は，常に真偽を判定しう

202

る命題として保持されているとは限らない。人は多くの信念を，その内容を十分に理解しないままに保持している。これが半命題表象である。

事実的信念は，個人がその百科全書的な記憶に直接保持する表象である。他方，ある個人がある信念の内容を真剣に述べたならば，それは表象的信念である。表象的信念は，他の信念の中に埋め込まれている。事実的信念は，他の様々な信念と照合されることで合理的とされる。他方，半命題的な内容をもつ表象的信念は，その情報源によって裏書きされる。黄金の心臓をもつ竜がいる，といった一見して非合理な信念は，半命題表象であるような表象的信念である。この種の表象は，弱い合理性基準の下でも保持され得る。こうした認知プロセスを考慮に含めるならば，「文化の異なる人々は異なる世界に住む」という文化相対主義の前提を受け入れる必要はない。スペルベルはこのように主張する。

スペルベルの人類学批判は，単なる批判のための批判ではない。文化の拡散メカニズムを説明する一般理論の構築過程においてなされたと見るべきであろう。この理論人類学の課題をより明確にしたものが，表象の疫学である。この構想は，『表象は感染する』（1996）の中に示されている。ここでスペルベルが示そうとするのは，文化の拡散メカニズムを扱う，人間社会の科学である。個人の脳内に生じた心的表象（mental representations）の一部が発話と共に聞き手と共有されて公的表象（public representations）となり，聞き手の心的表象となる。この連鎖の過程において表象の内容も変わる。こうした表象の連鎖が文化を形成する。これが，表象の疫学の基礎となる考え方である。表象の疫学はまた，脳内で生産された心的表象の分布を問題とする，文化への唯物論的アプローチであるという。個人の心理過程としての認知メカニズムを基礎とした文化現象の拡散メカニズムを扱う理論人類学の構想は，表象の疫学として，ここに一応の体系化をみることとなる。

◆ その後の展開

表象の疫学の構想は，人類学者による宗教研究にある程度まで継承された。「宗教の認知科学（cognitive science of religion）」と呼ばれる一連の議論は，人間が進化の過程において獲得した認知特性が宗教を成立させたとする一方で，

Ⅱ　文化人類学の展開

どのような宗教的信念がより広く拡散するかという点を問題とした。また，人類学者による関連性理論のコミュニケーション分析への応用の例もある。関連性理論の提唱者としてのスペルベルに対する言語学における注目に比べると，人類学理論への彼の影響はやや限定的である。しかしながら，彼の民族誌批判が効力を失ったと考えるべきではない。個別の文化を扱う民族誌から何が明らかになるかという点への自省や，文化相対主義への根本的な批判，さらには文化の科学がいかにして可能となるかという問題提起は，人類学者が折に触れて検討するに値するものであろう。

◆ 用語解説

表象（representation）　心理学等の諸分野において用いられる用語。対象を示すことのできる事物を指す。スペルベルは，個人が心の中に思い浮かべる内容を広く意味する際にこの用語を用いる。

認知（cognition）　物事を知る過程を広く意味する心理学の用語。スペルベルがこの述語を用いる時，人類に普遍的であるような個人の心理的プロセスとしての認知が問題となる。

関連性理論（relevance theory）　発話解釈の認知的な機構をめぐる，言語学の理論。メッセージのコード化と解読によって伝達がなされるのではなく，聞き手による話者の意図についての推論が発話解釈の中心にあるとする。

◆ より深く学ぶために

〈原典・訳〉

D. スペルベル（菅野盾樹訳）『象徴表現とはなにか──一般象徴表現論の試み』紀伊國屋書店，1979年。

D. スペルベル（菅野盾樹訳）『人類学とはなにか──その知的枠組を問う』紀伊國屋書店，1984年。

D. スペルベル（菅野盾樹訳）『表象は感染する──文化への自然主義的アプローチ』新曜社，2001年。

D. スペルベル／デドラ・ウィルソン（内田聖二・中達俊明・宋南先・田中圭子訳）『関連性理論──伝達と認知』第2版，研究社，1999年。

（岡本圭史）

◆コラム◆　川田順造 (1934-)

　フランスは芸術やファッションだけでなく，思想の領域でも流行の発信地である。20世紀後半だけをふり返ってみても，レヴィ＝ストロース（→181頁）の構造主義やミシェル・フーコーのポスト・モダンの思想は世界の思潮に大きく影響を与えてきた。ところがそのフランスで人類学者として自己形成した川田順造は，思想界の流行にいささかも流されない，極めて独自の姿勢をもった人類学者である。

　東京大学で文化人類学を学んだ川田がパリ大学に留学していた1960〜70年代はちょうど構造主義の全盛期であり，川田もレヴィ＝ストロースの『構造人類学』（1972）や『悲しき熱帯』（1977）を翻訳して新思潮の日本への紹介者の1人になり，後にはレヴィ＝ストロースが日本に関連して書いた文章を集めたエッセイ集に序文を寄せるなど，個人的にも親しい関係をもっていた。

　しかし彼の人類学者としての自己形成は，構造主義と比べればはるかに地味な領域で行われた。彼はソルボンヌでアフリカ史研究の大家であるイヴ・ペルソンの教えを受け，オートヴォルタ（現在のブルキナファソ）のモシ系諸王国の歴史研究に従事することになる。1960年代初頭に始められた一連のモシ研究は，1979年に博士論文 "Genèse et dynamique de la royauté: les Mossi méridionaux (Haute-Volta)"（「王国の起源と動態——オートヴォルタの南部モシ族」）としてまとめられた。この研究を核にして書かれた『無文字社会の歴史——西アフリカ・モシ族の事例を中心に』（1976）は，人類学者らしい微細かつ具体的な民族誌的記述と，当時の思想界を揺るがしていた歴史と構造の弁証法的関係をめぐる抽象度の高い議論との交錯から，歴史にアプローチする人類学的思考の奥深さを日本の幅広い読者層に知らしめるものとなったと言えよう。

　他方で長期にわたる西アフリカ内陸サバンナでのフィールド経験は，東京下町で過ごした幼少期以来の日本の生活，フランスでの長い研究生活と相まって，のちに「文化の三角測量」という表現でまとめられるような，異文化に関する独特の距離感覚を生み出している。川田はそれを，日本のことを考える時にはフランスとアフリカを参照点にし，アフリカのことを考える時には日本とフランスを参照点にして考えること，つまり研究者自身の属する文化に基づく研究者の主観を，他の2つの文化の視点から相対化することと規定している（『文化の三角測量』2008）。言い換えればそれは，歴史的にも地理的にも隔たった社会・文化を比較することで，人間の普遍的な特性と歴史的・地域的な特殊性を際立たせ，それぞれの文化の固有性を同時並列的に測定しようとする手法だと言えよう。

　この「文化の三角測量」は，川田自身が言っているように意図的・方法的に組み立てられたものではなく，長い間の経験からいつの間にか身についた独特の眼差しのような

Ⅱ　文化人類学の展開

ものだが，その眼差しの背後には，川田の非常に個性的な生来の感受性があるように思われる。川田にとって，東京下町の母の長唄の声とサバンナの農村のざわめき，フランスの仕立て職人の胡坐のかき方とサバンナの農民の両足を長く前に伸ばした座り方など，一見かけ離れた事柄は，一定の地理的・歴史的条件の下で生きる人間に現出する普遍性と特殊性の具体的な実現形態として，全く同等の事象として意識に浮かび上がってくるのである。

　このように，構造と歴史，普遍性と特殊性のような人間存在を規定するアンチノミー（二律背反）を出発点にしつつ，そのどちらかを優先するのではなく両方を同時に視野に収めようとする思考法が川田の発想の基本にあるようだ。川田自身の回顧によると，もともと生物学に興味があって東京大学の理科Ⅱ類（生物系）に入学したあと，教養学部に新設された文化人類学科に進学したという経歴にも，すでに人間の２つの側面に対する関心の萌芽が窺えるかもしれない。1990年代までにモシの歴史研究がまとまった後，2000年代に入って川田の論考には動物という自然的な存在であるヒトと歴史の中で自己形成する文化的な存在としての人間の両面性をめぐる考察が目立ってきたように思う。2014年に岩波新書の１冊として刊行された『〈運ぶヒト〉の人類学』は，小冊子ながら川田の問題意識と方法論が鮮明に現れた著作で，人類学に関心のある人にはぜひ読んでもらいたいものである。

　このように言うと，彼はわき目もふらずに専門の研究を深堀りしてきたように見えるかもしれないが，実際はその反対である。川田の研究の特徴は，何よりも関心の幅広さと，それに応じた人間関係の広がりにあるように思う。実際彼は，モシの語り部が駆使する太鼓言葉から農民たちの伝える言葉遊びや昔話へ，サバンナの農民の農作業や身体技法から土器づくりや鍛冶師などの伝統的な工芸技術へ関心を広げながら，必要とあれば学問の境界を軽々と乗り越えて，キネシオロジー（生体運動学）や音響学などの理系の研究者と共同研究をし，音楽家や詩人やデザイナーとセッションを組むことも少しもためらわないのである。川田は1991年に，フランス学士院から Grand Prix de la Francophonie（フランス語を用いて国際的な活動をする著述家に与えられる大賞）を授与されているが，その授賞理由はまさに「フランス語で発表された多領域の業績」にあるのである。

　流行り廃りの多い人文系の学問領域において，川田順造はこのように極めて独自の一貫した歩みを続けてきた，現代においては数少ない百科全書的な知識人と言えるだろう。

（坂井信三）

文化人類学への批判と新たな展開

ジェイムズ・クリフォード

ウィリアム・バリー

ティム・インゴールド

第Ⅲ部では，1980年代半ば以降に活躍した文化人類学者に焦点を合わせて，文化人類学の展開と現状を紹介する。

　1970年代に文学批評家サイードは，オリエンタリズム論で西洋（人類学者のような調査者）と非西洋（文化の担い手のような被調査者）との間に不均衡な権力関係が存在することを批判した。また，1980年代に歴史家のE. ホブズボウムや文化人類学者のR. キージングらが，文化は創造されたものであることを明らかにし，従来の本質主義的文化観をめぐる論争が起きた。そして，J. クリフォードらが1986年に出版した『文化を書く』によって，文化人類学批判はピークに達した。クリフォードは同書の中で人類学者が手に入れることができるのは「部分的な真実」に過ぎないことを宣言し，調査者が現地社会の異文化を俯瞰的かつ客観的に調査し，記述することができるとする従来の考え方を否定した。この事件は，「ライティング・カルチャー・ショック」と呼ばれている。

　1980年代後半から人類学者は，これらの批判を深刻に受けとめ，乗り越えようとした。このため，人類学の新たなあり方を模索する時代に入るのである。この時期には実験的な民族誌の作成が試みられるとともに，人類学の多様化が見られた。その多様化の例は，J. レイヴらによる実践コミュニティの研究，J. バトラーらによるジェンダー研究，A. クラインマンやM. ロックらによる医療人類学研究，R. チェンバースらによる実践人類学（公共人類学）研究，W. バリーらによる環境人類学研究，A. アパドゥライらによるグローバル化研究である。

　こうした展開と並行して，人とモノや人と動物との関係の形成・存在を中心課題とする存在論的人類学の台頭が見られた。イギリスではM. ストラザーンやA. ジェル，T. インゴールドらが人と人や人とモノの関係性に着目した人類学を展開し，フランスのB. ラトゥールによる科学技術研究やP. デスコラの自然と人に関する生態人類学研究，ブラジルのE. ヴィヴェイロス・デ・カストロによる多自然主義的視点に立つアメリカ先住民研究，オランダのA. モルの医療人類学研究などが出現した。

[写真] ジェイムズ・クリフォード：2010年　国際文化会館にて。園田公博氏撮影。

批判・自省的人類学（ポストコロニアル人類学）

ロジャー・キージング

(Roger M. Keesing：1935-1993)

◆ 精緻な調査と幅広いテーマ

ロジャー・キージングは，文化・言語人類学者であり，主にソロモン諸島マライタ島のクワイオに関する調査に基づき，100を超える論文と10の書籍を世に送り出してきた。彼の特筆すべき点は，研究の生産性やクオリティの高さだけではなく，親族，社会構造，文化概念，クレオール言語，ジェンダー，祖先崇拝，アニミズム，植民地史，土着主義運動など多岐にわたるテーマに取り組んできたことにある。また，彼は優れた教科書や辞書・文法書の作成ほか，クワイオの人々との共著による貴重なライフヒストリー研究も行っている。

以下では，キージングの生い立ちと経歴を紹介した後で，彼の多数の研究業績の中から特に人類学全体に大きな影響を与えたと考えられる，親族論と伝統概念論を中心に説明する。

◆ 人類学者一家に生まれて

1935年，キージングは人類学者の両親のもとにハワイで誕生した。彼の父親フェリックス・M・キージングと母親マリー・M・キージングは，ともに太平洋を研究対象とする人類学者であった。とはいえ，彼は両親から直接的な影響を受けて人類学の道に進んだわけではなく，またそのように勧められたこともなかったという。

1956年にスタンフォード大学を優等な成績で卒業したキージングは，ハーバード大学大学院に進学し，クライド・クラックホーン（→52頁）のもとで学び始める。しかし，1960年にクラックホーンが死去したため，彼は親族研究等で有名なデイヴィッド・メイベリ＝ルイスや，ソロモン諸島を含むオセアニアの民族誌的・歴史的研究で知られるダグラス・オリヴァーの指導を受けた。彼は

Ⅲ　文化人類学への批判と新たな展開

1960年代初頭からソロモン諸島マライタ島のクワイオの人々を対象にフィールドワークを開始するが，調査地の選定にあたってはオリヴァーの影響が大きかったとされる。クワイオはマライタ島の中央山系から東岸のシナランゴ湾周辺に暮らす焼畑農耕民であり，キリスト教を含む西洋文化の受容に抵抗し，伝統的生活様式を営んできた人々である。1963年に修士号，1965年には「クワイオの婚姻と社会」で博士号を取得したキージングは，生涯を通じてクワイオの人々と研究者として，そして1人の人間として，強い紐帯をもち続けることになる。

1965年にカリフォルニア大学サンタクルーズ校で職を得たキージングは，1971年に人類学部長となり，1972〜74年まで太平洋諸島研究所の所長補佐をつとめた。その後，1974年にオーストラリア国立大学・人類学高等研究所の教授に迎え入れられ，約15年間にわたって人類学およびオセアニア研究をリードした。やがて1990年にカナダのマッギル大学に移ったが，それまでと変わらず多くの研究成果を発表し続けた。

しかし，1993年5月7日，キージングはトロントで開催されたカナダ人類学会の研究大会中に激しい心臓発作に襲われ，57歳で帰らぬ人となった。翌年，キージングの遺灰はマライタ島に届けられ，クワイオの伝統に従って受け入れられた。そして彼はクワイオの人々の間で偉大なアダロ，すなわち祖先霊として記憶されているという。

◆ 非単系出自論の展開

1950年代以前の親族研究は，主にアフリカの諸社会の事例分析に基づき，単系出自論を中心に展開されてきた。例えば，ガーナ北部に住むタレンシの研究で知られるマイヤー・フォーティスは，単系出自集団の構造・機能について一般法則が抽出できるとし，それが社会構造理解のための鍵であると主張した。その一方で，当時の人類学者は単系出自原理をもたない社会を特殊視し，たとえ共系的な親族関係が認められたとしても，それが土地の統制や血讐などの目的を有効に果たすことはないと見なしてきた。

しかし，1950年代に入ると，主に太平洋を研究対象とする人類学者によって

単系とは異なる独自の出自体系が報告され始める。こうして個人が複数の親族集団に同時に帰属し，居住や相続規制に関しても可逆性のある非単系出自集団の存在に注目が集まることとなった。いわゆる非単系出自論の展開の中で，キージングが果たした役割は大きい。

　キージングは，単系出自を前提とする従来の親族論では，ソロモン諸島のクワイオの複雑な社会関係を説明できないと主張する。彼によれば，クワイオの人々は父方・母方双方の祖先を通じて10程度の親族集団に潜在的に帰属している。個々の集団には，土地利用や居住，祖先崇拝に関する中核的集団が存在する。彼はこの集団を特に出自集団と呼び，系譜上始祖との関係が近い人々を中心に構成されているという。通常，子どもたちは父親の出身の出自集団で成長するため，親族集団で中核的な役割を担う出自集団は父系的な傾向を有することになる。このように集団は理念的には父系と認識されているが，実際には集団内に非男系親族を含み，また個人は父方・母方双方の財産に同等の権利を有している。キージングによれば，クワイオの親族集団における主要な関係として，父系出自のほか，共系出自，双方的な親族関係，姻戚関係などが挙げられる。これらのうちいずれの関係が強調もしくは優先されるかは個別的状況によって異なり，所与のものではないという。

　以上のような視点から，キージングは，クワイオの共系的な出自構成とフォーティスによって父系的とされたタレンシを比較し，共系クワイオと父系タレンシの相違は，単にバランスと強調の相違に過ぎないことを明らかにした。すなわち，これまで単系出自の原理のみで構成されていると考えられてきたアフリカの出自集団が，キージングによる再分析の結果，必ずしもそうとは言えないことが指摘されたのである。

◆ 伝統概念論とポストコロニアル人類学
　文化あるいは伝統の概念をめぐる議論は，常にキージングの学問的関心の中心にあった。彼は「文化の諸理論」（1974）において，文化を適応体系と見なす進化論的な視点を退け，文化を観念体系と見なす視点に賛意を表明した。これは，社会構造を客観的に記述する傾向の強かった当時の人類学に対して，

Ⅲ　文化人類学への批判と新たな展開

個々の文化の成員の主観的見方を重要視するものと言えよう。さらに，彼は1970年代末以降，ネオ・マルクス主義（neo-Marxism）に傾倒するとともに，文化のイデオロギー的側面に興味を寄せるようになる。当時，クリフォード・ギアツ（→134頁）に代表される象徴人類学者によって文化を共有された象徴体系とする見方が支配的であった。それに対して，キージングは文化を構成する諸知識が不平等に分配されている点に注目し，**「知識の政治経済学」**を展開した。

　このようなキージングの文化の捉え方は，ポストコロニアル人類学（postcolonialism）のテーマとも関連していた。1980年代以降，太平洋を舞台として盛んに論じられた議論に，カストム論がある。カストムとは，英語の custom に由来するピジン語の概念であり，伝統文化に相当する。太平洋の島々の脱植民地化と国家建設の過程で，伝統文化に対する人々の関心が集まった。この現象にアプローチしたキージングは，国家のエリートによって国民統合のシンボルとして「創られたカストム」は過去をねつ造した非真正なものとする一方で，村落部の「生きられるカストム」の真正性を主張した。

　しかし，カストムをめぐるキージングの議論に対して，主に2つの批判が寄せられた。1つは，本質主義（essentialism）的な視点に対する批判であり，もう1つは文化を語る権利をめぐるものであった。これらは，ポストコロニアル人類学において議論の焦点となってきたテーマである。

　まず，本質主義批判についてみていく。ジョセリン・リネキンやニコラス・トーマスは，文化の構築主義（constructionism）の視点から，「創られたカストム」と「生きられるカストム」という対比を批判する。彼らによれば，キージングの議論は一方に不変の「真正なカストム」，他方に捏造された「非真正なカストム」を位置づける二項対立的な本質主義に陥っているというのである。しかし，こうした批判はキージングの議論を十分に理解していたとは言い難い。というのも，彼は単に「創られたカストム」と「生きられるカストム」の創造のされ方が異なること，そして前者が後者を抑圧することを特に問題にしていたからであり，これらの主張には一定の説得力があると思われる。

　次に，文化を語る権利についてである。ハワイのネイティブ人類学者，ハウ

ナニ＝ケイ・トラスクは，キージングを新植民地主義者と名指しし，批判を展開した。トラスクによれば，キージングのような欧米出身の人類学者は，植民地期に端を発する権力関係の不均衡に無頓着であるばかりか，文化の真偽を判断する特権的な立場に居座っているというのである。

　こうしたトラスクの主張を踏まえて，キージングの発話の位置を検討してみよう。キージングによれば，太平洋の国家的な政治家や知識人はナショナリズム言説を生み出し，その真正性や土着性を称揚する一方で，村落部の人々の貧窮化を隠蔽し，彼らの文化や歴史を抑圧してきたという。キージングにとって「真正なカストム」は国家のエリートではなく村落部の人々の側，すなわち彼がサバルタン（subaltern）と呼ぶクワイオの側にあったのである。

　以上のように，キージングは（ポストコロニアル人類学者の多くが共有してきた）脱構築を目指す文化の構築主義とは異なる視点をもっていた。彼は，国家のエリートおよび彼らと歩調を合わせるポストコロニアル人類学者からの批判を受けて立ち，既存の文化概念あるいは文化の真正性を脱構築することなく，一貫してクワイオの視点から議論を展開したのである。

◆ 言語，宗教，歴史ほか

　冒頭でも示唆したとおり，キージングの研究のすべてを網羅することは容易ではない。以下では，上記以外の彼の主要な業績を簡単に紹介する。

　キージングは，言語学分野においても優れた業績がある。『クワイオ語辞書』(1975)，『クワイオ語文法』(1985) のほか，『メラネシアのピジン語とオセアニア言語の祖型』(1988) の刊行など，太平洋の言語学に重要な貢献を行ってきた。また，祖先崇拝やアニミズムに関しても多くの研究がある。その筆頭は『クワイオの宗教』(1982) であろう。同書では，生者と死者が共存し，精霊を含む霊的存在との対話が重要な意味をもつ現象学的リアリティが鮮明に描かれている。加えて，「マナ再考」(1984) は，彼の言語研究と宗教研究の結晶である。同論文は，オーストロネシア諸語における**マナ**概念を広く考察することを通して従来のマナ理解を問い直す優れた内容といえる。

　キージングの研究には，歴史を扱うもの，歴史的な視点をもって現在を考察

Ⅲ　文化人類学への批判と新たな展開

するものも多い。中でもクワイオによる植民地行政官の殺害事件や，マライタ島の反植民地主義的な土着主義運動マアシナ・ルールの研究などが有名である。彼は，被植民地の社会や文化を考察するためには，搾取や不平等に関する歴史的理解が欠かせないと考えてきた。彼がクワイオの人々と共同で行った複数のライフヒストリー研究からも，こうした視点を読み取ることができる。

　最後に，キージングは教科書作成にも注力したことを指摘しておく。彼の手による『文化人類学——現代的視点から』(1976) は，英語圏の大学で広く用いられてきた優れたテキストである。

◆ 用語解説

知識の政治経済学（political economy of knowledge）　イデオロギーとしての文化が社会的に構築・操作されてきた側面に注目し，主観的・現象学的な視点から分析を行う論。キージングによれば，文化を構成する諸知識はその成員によって等しく共有されているわけではなく，個々人の政治経済的位置によって不平等な形で分配されている。

マナ（*mana*）　マナは，物理的な力に外在する転移可能な超自然的力を表す概念と一般的に理解されてきた。これに対してキージングは，マナを実体的な名詞ではなく，状態動詞として捉えることを主張した。加えて，彼はポリネシアの一部地域ではマナが実体的に認識されていることを報告し，それは同地域に特徴的な政治・社会構造に由来するとした。

◆ より深く学ぶために

〈原典・訳〉

R. キージング（小川正恭・笠原政治・河合利光訳）『親族集団と社会構造』未来社，1982年。

R. キージング（青柳まちこ監訳）『マライタのエロタ老人——ソロモン島でのフィールド・ノート』HBJ 出版局，1985年。

〈入門・解説書〉

郷太郎「キージング——折衷主義的な「文化」論」『文化人類学群像2——外国編②』アカデミア出版会，1988年。

（石森大知）

批判・自省的人類学（ポストコロニアル人類学）

ジェイムズ・クリフォード

（James Clifford：1945-）

◆ 領域を横断する

　ジェイムズ・クリフォードとは誰か，という問いに一言で答えるのは困難である。しかし，彼自身は「わたしは人類学者ではないかもしれませんが，人類学の一部をなしてはいます」と語っている。クリフォードの自己形成の過程から明らかになるのは，彼が人類学だけではなく，マルクス主義，歴史研究，文学研究，**カルチュラル・スタディーズ**との邂逅を通し，変貌し続けている姿である。それだけではなく，「人文学（humanities）」を横断してきた知性は，自らが教鞭をとる大学にやってくる先住民の大学院生たちとの出会いに刺激され，脱植民地化とグローバル化の不均衡な展開が作りだす複雑な世界を理解するために有効な概念として「翻訳」「節合」「パフォーマンス」などを提示し，さらなる知的脱皮を遂げている。

◆ 脱中心化する知識人

　クリフォードはニューヨーク市に生まれた。幼い頃から地下鉄で自由に移動し，芸術文化に接することができた彼にとり，ニューヨーク市は自由を体現していたという。1950年代後半，グリニッチビレッジでフォークソング・リバイバルが起こると，彼はアメリカのルーツ音楽に魅せられた。ピート・シーガーに憧れ，労働者階級文化に興味を抱き，自らは大学教授の息子として恵まれた環境に育ちながらも，より民主的な世界を夢想する少年として成長した。

　1965年，ハヴァフォード大学3年在学中，ロンドン大学経済政治学院（LSE）で1年間を過ごす。そこで彼はラルフ・ミリバンドの講義からマルクス主義を学ぶことになる。卒業後，1968年，奨学金を獲得し，スタンフォード大学大学院で修士号を取得，翌年，ハーバード大学でヨーロッパ思想史研究者

215

Ⅲ　文化人類学への批判と新たな展開

として有名だったスチュアート・ヒューズのもとで学ぶことを決意する。

　1977年，クリフォードはフランスでの2年間の文献調査に基づき，博士論文を完成させた。それは，ニューカレドニアに30年以上滞在し，フランスの人類学界では大御所たちの陰になり，マイナーな存在であった宣教師・民族学者モーリス・レーナルトの伝記である。フランス滞在中にマルクス主義だけではなく，フランス現代思想，シュルレアリスムや人類学の西洋文明批判が，彼のラディカリズムの精神に加わった。

　1978年，クリフォードはカリフォルニア大学サンタ・クルーズ校の新設大学院「意識史（History of Consciousness）プログラム」に招聘された。同じ年に，歴史家ヘイドン・ホワイトも赴任していた。人類学，文学，歴史学を横断する仕事に興味をもっていたクリフォードは，ホワイトから多大な影響を受ける。例えば，クリフォードは彼から自らの思索を俯瞰的視点の産物とせず，「時間と空間の中に位置づける」こと，歴史の中で考えることを学んだという。

　1980年代のクリフォードの仕事は，しばしば「**ポストモダン人類学**」と呼ばれ，『文化を書く』（1986，ジョージ・マーカスとの共編）と『文化の窮状』（1988）がその代表とされるが，これらのテクストは60年代以降の脱植民地化とフェミニズムからの批判に応答しようとする試みであった，とクリフォードは回想している。脱植民地化から生じた批判は，いくつかある。例えば，民族誌家が自らの権威を独占する立場が批判された。それに応え，権威の分散を目指し，様々な実験的民族誌の作成が試みられた。それらは「西洋の脱中心化（the decentering of the West）」を反映していた。

　2002年，クリフォード自身は『文化の窮状』に収録された多様な論文のうち，生きているのはその最終章「マシュピーにおけるアイデンティティ」であると述べていた。それは，先住民マシュピーを自称する人々がアメリカ合衆国から部族認定を求める訴訟の傍聴記録を含んでいる。クリフォードは，近代を生きる先住民の姿が不可視であるのは，歴史学者，社会学者など法廷に証人として喚問される近代知の体現者たちや裁判官が暗黙のうちに共有している考えに起因している，と結論づける。

　1980年代末には，サンタ・クルーズ校の意識史プログラムは，すでに多くの

優秀な大学院生を輩出し，アメリカ合衆国の学際的大学院として大成功をおさめていた。そのような制度的成功が新たな出会いを可能にした。クリフォードが大学生のころ留学先の LSE で学んだマルクス主義との再会とも言える，カルチュラル・スタディーズの研究者たちとの交流である。1988年，サンタ・クルーズ校にカルチュラル・スタディーズ・センターが創設され，スチュアート・ホールやポール・ギルロイらが次々と講演に訪れ，シンポジウムにも参加した。

　『ルーツ』（1997）は，このような変化を反映している。急速に世界が連結されるイメージのもとに捉えられているグローバル化とその連結が隠蔽してしまう差異化された歴史の内側から起動する脱植民地化との緊張関係が，『ルーツ』の背景にある。その中で中心的概念として機能しているのは，翻訳，節合，ディアスポラ，接触領域などであり，彼は人類学よりもカルチュラル・スタディーズの方に，自らの思索との親和性を感じていたのかもしれない。

　さて，クリフォードが研究対象とする場所の１つは，ミュージアムである。『文化の窮状』では，芸術と器物との境界の恣意性を指摘するだけではなく，いわゆる「未開芸術」というジャンルも，民族誌資料（器物）という人類学が扱うジャンルも，消えゆく対象を救済するという前提を共有してきたと指摘する。それは，西洋の芸術・文化収集システムへの批判である。しかし，『ルーツ』では，収集システムにおける収蔵庫として機能してきたミュージアムが，これまで収集の対象に甘んじてきた人々からの積極的関与により再機能していると指摘する。一例として，展示物の貸借を通して，メラネシア人との互酬的関係性に取り込まれるイギリス人キュレターは，どこまで展示をコントロールできていると言えるのだろうか，とクリフォードは西洋の収集システムの揺らぎを問う。

　『リターンズ』（2013）は，歴史の主体として近代に回帰する先住民の存在を捉えることになる。『リターンズ』の背景にあるのは，彼のもとに学びにやってきた太平洋地域の先住民の大学院生たちとの交流である。クリフォードは，それらの院生たちがポストコロニアルという時代の制約の内側にいることを意識しつつも，その制約を超えて未来を想像しようとする姿勢に，感動を覚えて

Ⅲ　文化人類学への批判と新たな展開

いる。近代を生き抜く先住民の姿から，彼は進歩的歴史観にとらわれてきた自己を，再び脱中心化する。この書物にも，20世紀初頭「最後のカリフォルニア・インディアン」と呼ばれ，アルフレッド・クローバーらのもとで晩年の数年間を過ごしたイシ（Ishi）の，21世紀におけるアフター・ライフとでも言える内容をもつ，長い書き下しの一章がある。

　クリフォードは，シオドーラ・クローバーの著作『イシ——北米最後の野生インディアン』（1961）が伝えるイシとは異なった姿を導き出せる時代がいま到来しているという。21世紀の現在，先住民になるとは，いったい何を意味しているのであろうか。『文化の窮状』の最終章，マシュピーが部族認定を求める訴訟から『リターンズ』の「イシの物語」と題された一章まで，クリフォードは先住民が近代を生き抜く姿を，先住民になろうとする（becoming indigenous）努力の結果として理解しようとしている。その努力を描き出すために，「翻訳」「節合」「パフォーマンス」という３つの概念を提示する。

◆ 翻訳，節合，パフォーマンス

　クリフォードのいう「翻訳（translation）」は，１対１の透明な対応関係を意味しない。翻訳にはノイズが伴い，部分的であり，完全に意味を伝えることはできない。しかし，見方を変えれば，この経験は新しい意味の生成が起きているとも考えることができる。翻訳とは生産的関係なのである。

　また，クリフォードはスチュアート・ホールにならい「節合（articulation）」とは，異なった要素が時に連結し，時に脱臼するという，状況性を考慮に入れた関係を捉える概念であるという。どのような時に連結が起き，どのような時に脱臼が起こるのか。例えば，先住民性を超歴史的，原初的，本質的帰属意識と一義的に規定すること，反対にそれを1960年代以降の政治運動の産物に過ぎないと規定すること，この両者の硬直した枠組みでは，21世紀の先住民たちの姿を捉えきれないという。先住民はそれぞれの異なった歴史状況のなかで，複雑な節合をとおし変化し生き抜いているのであるから。

　最後に，「パフォーマンス（performance）」は，「召喚（interpellation）」と対照して考えるべきである。召喚とは，呼びかけに即応する「わたし」の存在で

ある。警官に「おい，お前」と呼び止められ，「はい」と振り向く時，わたし
の示す行動に現れる権力関係である。加えて，わたしは権力から逸脱しない模
範的市民であるという認識をも形成する。例えば，観光地での民族舞踊などは
アイデンティティの商品化を促進しているという分析は，権力が貫徹する召喚
をモデルにしており，踊り手のエージェンシーは矮小化される。それに対し，
観光地を文化の商品化という分析視点には収まりきれない意味が生成されうる
場と捉えれば，踊り手のエージェンシーを探ることが可能になる。それが，パ
フォーマンスとして民族舞踊を捉えることを意味する。権力が取り逃がしてし
まう何かがいまだに残っており，それに着目しようというのがパフォーマンス
概念である。

◆ 別の場所へ向けて

　『文化の窮状』の表紙を飾る写真は，ナイジェリア・イボの仮面儀礼に登場
する白人オニェオチャである。ピット・ヘルメットをかぶり，何かを書き留め
ようとしているのか，左手にはノート，右手にはペンを握る姿。植民地行政官
なのか，人類学者なのか。果たして，この写真をイボ人が西洋をアイロニーに
満ちた視点から再構築した，いわば「ポストモダンの象徴」と捉えるべきなの
であろうか。

　オニェオチャはただのポストモダン的アイロニーの産物でないだろう。筆者
も，人類学者として研究対象の眼に映る自らの姿に居心地の悪さを感じる。そ
の理由は，自分が見る主体であるだけではなく，突然，見られる対象になった
という戸惑いを隠せないからである。クリフォードが述べていた「時間と空間
のなかに自分自身を位置づけること」とは，この対面状況の記憶に基づく。自
らの安定した世界の脱中心化が，クリフォードが実践してきた発想法なのであ
る。

　さて，こう述べた上で，歴史の中で考えることは，なにも歴史に拘束される
ことだけを意味しない。翻訳がそうであるように，ある考えは別の時代へ，別
の世界へと向かうことができる。『リターンズ』では，進歩的歴史観の下，近
代において消滅を宣告され続けてきた先住民も，先住民として生きる未来があ

Ⅲ　文化人類学への批判と新たな展開

り，クリフォードはその道筋を照らし出そうとしている。

◆ 用語解説

カルチュラル・スタディーズ（cultural studies）　イギリス・バーミンガム大学を中心
に文学研究，マルクス主義，構造主義などの理論を，労働者階級の形成史やその文化生
産活動を分析するために援用することから始まった学問。バーミンガム大学カルチュラ
ル・スタディーズ・センターはリチャード・ホガート，レイモンド・ウィリアムズから
スチュアート・ホールに移行した時点で大飛躍を遂げた。

ポストモダン人類学（postmodern anthropology）　1980年代中盤，人類学の内部から起
こった民族誌を実験化する試みに対する総称。本文中で言及したクリフォードの著作と
G. マーカスと M. フィッシャーによる『文化批判としての人類学』（1986）が双璧をなす。

◆ より深く学ぶために

〈原典・訳〉

J. クリフォード（毛利嘉孝ほか訳）『ルーツ──20世紀後期の旅と翻訳』月曜社，2002年。

J. クリフォード（太田好信ほか訳）『文化の窮状──20世紀の民族誌，文学，芸術』人文
書院，2003年。

Clifford, James, *Returns: Becoming Indigenous in the Twenty-First Century*, Harvard
University Press, 2013.

＊上記の2作と並び，「3部作」の完結編。

J. クリフォード／G. マーカス編（春日直樹ほか訳）『文化を書く』紀伊國屋書店，1996年。

J. クリフォード（星埜守之訳）『人類学の周縁から──対談集』人文書院，2004年。

〈入門・解説書〉

太田好信「批判人類学の系譜」太田好信ほか訳『文化の窮状』人文書院，2003年。

（太田好信）

実践コミュニティ論

ジーン・レイヴ

(Jean Lave：1939-)

◆ 学習とは

　ジーン・レイヴは，学習に関して人々の日常の実践（practice）や状況に注目して分析したアメリカの社会人類学者である。従来の学習に関する理論は，それが個人の頭の中で生じるとされており，どこでも応用可能な事実的知識の塊の受容とされていた。これに対してレイヴは，エティエンヌ・ウェンガーとともに，学習を実践共同体（communities of practice）という社会的共同体への参加と定位し学習概念の転換を行った。彼女らの提示した新しい学習理論は，状況に埋め込まれた学習（situated learning，状況的学習論）として文化人類学を超えて多くの分野に影響を与えた。

　本章では，まずレイヴの経歴を概説し，続いてウェンガーとの共著『状況に埋め込まれた学習』(1991) を取り上げ，その学習理論の特性を紹介し，波及効果と限界について記述する。

◆ 経歴

　レイヴは1968年にハーバード大学で社会人類学の博士号を取得し，1966～88年にカリフォルニア大学アーバイン校で，1989～2006年にカリフォルニア大学バークレー校で教鞭をとっている。現在はカリフォルニア大学バークレー校の名誉教授である。

　1973～78年に，西アフリカのリベリアでフィールドワークを行った彼女は，そこでヴァイ族とゴラ族の仕立屋に注目し，その徒弟制と，彼らが日々どのように数学を利用しているかを調査した。この調査の目的の1つは，学校で教えられることが日常実践に転用可能かどうかを分析することであり，調査を通してすべての学習は特定の状況に依存しており，学校で学んだことが必ずしも日

221

Ⅲ　文化人類学への批判と新たな展開

常実践の役には立たないことが明らかになった。続いて彼女は，アメリカでも同様の調査を行いリベリアとの比較研究を行うことを目指し，国立教育研究所の研究助成金を受け，成人数学プロジェクト（The Adult Math Project）を発足させた。

1978年から始まった成人数学プロジェクトとは，日常生活の多様な場面，例えば買い物やダイエット活動，家計の金銭管理などでの計算の実践を調査するものであった。調査の結果は1988年に『日常生活の認知行動』としてまとめられ，人々が日常の状況変化に応じて様々な計算戦略をとっており，それは学校で学んだ数学のやり方とは異なっていることが解明された。

1987～88年にレイヴはカリフォルニア州パロアルトのゼロックス社の学習研究所（Institute for Research on Learning）に所属し，学習研究を行っていた。その中で，研究所の研究員であったウェンガーと出会った。そして数学以外の様々な事象の学習に関して分析を行い，従来とは全く異なる学習理論を打ち出し，『状況に埋め込まれた学習』を出版した。

その後も学習や徒弟制，認知，実践に関する数多くの著作を発表し，1984年にはバーバラ・ロゴフと共編で『日常的認知（*Everyday Cognition*）』，1993年にはセス・チャイクリンと共編で『実践を理解する（*Understanding Practice*）』，2001年にはドロシー・ホランドと共編で『人の中の歴史（*History in Person*）』を刊行している。

最新の著書としては，1970年代にリベリアで行った調査を題材に1993年にロチェスター大学で行った，ルイス・ヘンリー・モルガン・レクチャーズ（1961年にバーナード・コーエンが構想し，1963年にマイヤー・フォーテスが初レクチャーを実施）に基づいた『批評的民族誌実践における徒弟制（*Apprenticeship in Critical Ethnographic Practice*）』を2011年に出版している。この本ではリベリアの徒弟制分析とともに，民族誌的研究に関する倫理的政治的モデルが提示されている。

彼女の功績は文化人類学やアメリカ以外でも認められ，1994年にアメリカ教育研究学会からシルヴィア・スクリブナー賞を，2013年にアメリカ人類学会の心理人類学部会から生涯功績賞を贈られ，さらに複数の大学から名誉学位を

授与されている。また世界各地で講演を行い，日本でもセミナーを開催している。

◆ 状況に埋め込まれた学習

　学習については，元来心理学がその分析を担ってきた。そこでは，行動主義にせよ認知主義にせよ知識が内化する過程が学習と見なされ，学習とは与えられたものの吸収と考えられてきた。そして知識がおおむね頭の中にあるものとされ，受動的な個人が分析の対象とされてきた。こうした学習理論に対しレイヴとウェンガーは，学習を実践共同体への参加の度合の増加と見なし，個人のものとされてきた学習を関係性の問題へと開き，学習は単に知識の習得ではなくある共同体の成員になること，なにがしかの一人前になることであると指摘した。

　実践共同体とは，人々が相互交流を通してある知識や技能，アイデンティティを身につけていく集団であり，必ずしも制度的な枠組みをもつわけではない。また，実践共同体は重層性をもち，個人は複数の共同体に同時に参加している。レイヴとウェンガーはこうした実践共同体の事例として，メキシコのマヤ族の産婆，リベリアのヴァイ族とゴラ族の仕立屋，アメリカ海軍の操舵手，アメリカのスーパーの肉屋，アルコホリックス・アノニマス（AA）における断酒中のアルコール依存症者たちを検討している。

　実践共同体では，そこに新たに参入する新参者は，共同体についてよく分かっていないため，当初は共同体への周辺的参加，すなわち共同体の一部にしか参画できない。しかし新参者は，共同体の周辺に十分長くいることで，次第に共同体の実践についてその全体像を把握できるようになる。共同体には誰が関与し，何をやっているのか，古参者はどのようにしているのかなどを理解する中で，新参者は次第に共同体への参加の度合を増し，最終的には共同体へ**十全的参加**する，つまり共同体の成員となっていく。

　こうした実践共同体への参加のあり方は，**正統的周辺参加**とされている。新参者は，共同体への貢献や責任が限られているが，共同体への参入の正統性は認められており，その正統性のもとで周辺的参加を継続することで次第に十全的参加ができるようになっていく。正統的周辺参加を通して，新参者は実践に

Ⅲ　文化人類学への批判と新たな展開

触れ，それを遂行する能力や古参者としてのアイデンティティを確立していくのである。また，正統的周辺参加の過程では，個人のアイデンティティの変更が生じるだけではなく，実践共同体の再生産が行われ，さらに実践共同体自体も変化すると考えられている。

　例えば，ヴァイ族とゴラ族の仕立屋の徒弟（新参者）には，親方（古参者）や職人，他の徒弟が仕事に従事しているのを観察し，衣服を作る全過程や完成品を見ることのできる多くの機会が存在する。そして新参者はまず普段着やズボン下などの簡単な服の作り方を，次に外出着や高級スーツなどの難しい服の作り方を学ぶ。ここには，周辺的参加の正統性が保証され，日々の仕事や他の人々との関係を通して仕立屋として必要な知識や技能を獲得していく様子が窺える。

　また，AA では，古参者が自身のパーソナル・ストーリーを語るが，それを聞いた新参者が自分の人生との間に多くの共通点を見出し，それゆえに自分もアルコール依存症ではないかと認識するようになる。AA ではパーソナル・ストーリーを通して新参者のアイデンティティが再構築され古参者のようになっていく，実践を通したアイデンティティ形成，さらには AA という共同体の再生産が行われていく。こうした再生産の一方で，新しい観点をもつ新参者に古参者が影響を受け，共同体自体が変容していくことも指摘されている。

　以上のような実践共同体における正統的周辺参加による学習を，レイヴとウェンガーは状況に埋め込まれた学習としている。学習とは，個人の脳内で生じ，与えられたものをただ受容するという脱文脈的なものではなく，特定の社会的共同体において人々や実践と関わりながらそこに参加していく中で生じる，ある状況に依存したものである。このように学習を捉えると，学習とはアクセスの問題といえ，学習のためには資源としての実践にアクセスできることが重要になる。しかし，新参者が古参者としてのアイデンティティを獲得することで従来の古参者との交代が生じるため，コンフリクトが生じ，新参者が活動へのアクセスを封じられる場合もあるという。

　こうした，レイヴらの新たな学習理論は文化人類学や社会学などの思想的潮流の影響を受けている。例えば，学習の社会的性質については，レフ・S・ヴ

ィゴツキーが最近接発達領域（zone of proximal development）という概念を提示しており，社会的実践や共同体の再生産については，ピエール・ブルデュー（→193頁）の功績が，また学習資源へのアクセスについてはエドウィン・ハッチンスやハワード・S・ベッカーも論じている。さらに，実践共同体は文化人類学の伝統的分析対象である徒弟制に基づく概念である。レイヴとウェンガーは，こうした諸議論を進展させ，従来セットで考えられてきた教育と学習とを分離し，学習の特性を描き出している。それが単なる知識の習得ではなく実践共同体への参加，アイデンティティの形成過程であり，さらに個人だけではなく共同体自体も変化させるものであるという彼女らの指摘は，まさに学習概念のパラダイム・シフトであったといえよう。

◆ 展開と限界

レイヴらの議論は，文化人類学のみならず，教育学，言語学，経営学など諸領域に影響を及ぼし，様々な事象が正統的周辺参加や実践共同体といった分析概念によって検討されてきた。そしてその中で，彼女らの学習理論の限界も明らかになった。

例えば，実践共同体概念を学校に適用した数多くの研究がなされているが，福島は『学習の生態学』（2010）の中で，レイヴらの議論は徒弟制というそこでの学習が，労働と直結しているシステムに基づいていると指摘している。しかし学校は，そこでの学習が労働と接続しているわけではなく，将来の労働参加への予備期間といえ，異なるシステムである学校に関して，徒弟制に基づいた学習理論の応用は難しいと結論づけている。

また時間という観点からも，その限界が検討されている。正統的周辺参加は，新参者の学習に長い時間をかける余裕のある共同体で可能な学習の形態であり，新参者にすぐに一人前になってもらう必要があったり，古参者が忙しく新参者に関わる余裕がない組織では，その形をとれないという議論がなされている。さらに，実践共同体が歴史的にどのように変化するのかについては，考察が不十分であるという指摘も存在する。

加えてレイヴとウェンガーの理論では，権力関係への視点が乏しいという批

Ⅲ　文化人類学への批判と新たな展開

判がある。彼女らは古参者と新参者について，その間に生じるコンフリクトの存在を指摘しているものの，両者は相互に関係しあい，学びあうものとしてその関係性をある程度フラットなものとしている。しかし，会社などの組織では厳格なヒエラルキーや権力関係が存在する場合が多い。こうしたヒエラルキーや権力関係の中では，人々は単に上からの命令に従うだけとなり，レイヴとウェンガーの述べる相互作用を通した学習が成立しえないという分析がされている。また田辺は『生き方の人類学』（2003）の中で，実践共同体内部だけではなく，その外部も含んだ，人々の日常生活すべてに張りめぐらされている力関係が，実践共同体でのアイデンティティ形成に影響することを指摘している。

　このように，その応用可能性に付随する限界はあるものの，レイヴらの提唱した学習理論は革新的なものであり，その影響力は多大といえる。

◆ 用語解説

正統的周辺参加（legitimate peripheral participation）　新参者の実践共同体への参加のあり方。新参者は，共同体への責任や貢献を求められない周辺的参加の正統性を認められ，徐々に知識や技能，アイデンティティを獲得していく。

十全的参加（full participation）　周辺的参加から，次第に新参者が共同体への参加の度合を深めていき，共同体の成員となること。

◆ より深く学ぶために

〈原典・訳〉

J. レイヴ／E. ウェンガー（佐伯胖訳・福島真人解説）『状況に埋め込まれた学習——正統的周辺参加』産業図書，1993年。

J. レイヴ（無藤隆・山下清美・中野茂・中村美代子訳）『日常生活の認知行動——ひとは日常生活でどう計算し，実践するか』新曜社，1995年。

〈入門・解説書〉

福島真人『学習の生態学——リスク・実験・高信頼性』東京大学出版会，2010年。

福島真人編『身体の構築学——社会的学習過程としての身体技法』ひつじ書房，1995年。

＊芸能などの身体技法の学習分析を通して，レイヴらが看過した論点を議論した書。

田辺繁治『生き方の人類学——実践とは何か』講談社，2003年。

（鈴木　舞）

環境人類学

ウィリアム・バリー

(William Balée：1954–)

◆ 環境人類学に歴史的視点を導入

　ウィリアム・バリーは，1980年代から活躍をしている歴史生態学（historical ecology）の提唱者であり，人間と自然環境の関係に関心を寄せる環境人類学（environmental anthropology）や生態人類学（ecological anthropology）の分野に大きな影響を与えた。

　バリーは，人間活動による自然へのインパクトを重視することで，人がいかに環境を作り替えるかに目を向ける。そして，人と生物的環境が相互に影響を与えあいながら共に環境を作り上げていく通時的な過程，すなわち歴史を明らかにしようとする。従来の人類学や考古学が，自然環境を文化への制限要因と見なし，それに人が生物学的，あるいは文化的にいかに適応するかに専ら関心を砕いてきた中で，人と自然環境の関係の分析に時間軸を導入し，両者の相互依存的関係を視野に入れて分析する研究視点を確立した。ここでは，文化人類学者であったバリーがいかにして歴史生態学に辿り着いたのかを紹介する。そして，主著である『森の足跡――カヤポ族の民族植物学』（1994）を取り上げ，歴史生態学の方法論と，その成果であるカヤポ族と彼らをとりまく景観についての民族誌を紹介する。最後に歴史生態学の課題について整理し，今後の展望を示す。

◆ フロリダからアマゾンへ

　バリーは，1954年にアメリカ合衆国フロリダ州マイアミ近郊のフォートローダーデールのフランス人移民の家庭に生まれた。1975年にフロリダ大学ゲインズビル校で人類学を専攻卒業した後，ニューヨーク市のコロンビア大学大学院で人類学を学んだ。コロンビア大学の授業でバリーを最も魅了したのは，ブラ

227

Ⅲ　文化人類学への批判と新たな展開

イアン・ファーガソンによる，ヨーロッパ征服期におけるブラジル先住民ツビナンバ族の部族間戦争をめぐるテーマであった。しかし，フロリダ大学時代の恩師チャールズ・ワグリーの勧めもあって，ブラジルの先住民カヤポ族について研究することになる。

　1980年代まで，アマゾン民族学においてはジュリアン・スチュワード（→75頁）による『南アメリカインディアンハンドブック』（1940-1947）の影響を受けた適応論アプローチによる研究がほとんどだった。バリーもまた，当初は文化生態学的な枠組みから，カヤポ族の歴史や社会組織，儀礼を中心にフィールドワークを行った。民族誌的な分析においては，高速道路ができたことでもたらされた定住者が，いかにカヤポ族と動植物を初めとする森林との関わりに影響を及ぼしているかに焦点が当てられた。開発に直面する先住民文化への応用人類学的なアプローチであった。1984年に，バリーは「ブラジルのカヤポインディアンの文化的継続性」というテーマの博士論文でコロンビア大学から学位を取得する。先住民と環境との関わりを意識した仕事を続けながら，しかし，博士課程までのバリーの研究は方法論の上で民族植物学と取り立てて関係のあるものではなかった。しかし，博士課程の研究を進める中で，バリーは文化生態学の枠組みを超え，カヤポ族と周辺の環境がいかに相互作用しているのか，その結果がカヤポ族の生き方にどのようにフィードバックされるのかに関心をもつようになる。さらに，バリーは比較民族学的な視点からアマゾン川支流のシング川流域の他の先住民，テンベ族やアスリニ族の森林との関係のあり方がカヤポ族と比べてどう異同があるのかにも目を向けるようになる。

◆ 森に刻まれた歴史

　1984年，バリーは**伝統的生態学知識**の研究で顕著な業績をあげたダレル・ポージーに出会う。ポージーは，カヤポ族がハチについて近代科学よりもはるかに多くの種類を認識していることを示した。また，カヤポ族がサバンナ植生を利用することで，植生をアペテ（*apêtê*）と呼ばれるパッチ上の疎林に変えていることについて実証的な証拠を報告していた。

　カヤポ族には５つの支族があるが，バリーは，ポージーの調査地よりもさら

に湿潤なマラナオ地域のカヤポ族520人からなる集団を対象として，民族植物学的な調査を行った。その中で，バリーは近代以降の産業的な農業，伐採事業，牧場への転換などにみられるような画一的な土地利用の転換とは明瞭に区別可能な，しかし人為的な影響のもとで生成され，あるいは維持されてきた植生を見出す。しかも，彼が調査したアマゾン先住民はいずれも，歴史的な背景をもった森とそうではない植生を見分けることができた。バリーが最初に着目したのは，カヤポ族による森林**景観**の民俗分類のうち，特に彼らがタペア（taper）と呼ぶ景観であった。

　タペアは，一見周囲の植生と変わらない常緑樹林に見えるが，一次林と比べて有用植物が多く生えている。それらの多くは，ビタミンＣに富んだタペア・フルーツ（和名モンビンノキ），ビタミンＡに富んだ果実を付けるツクマ・ヤシなど，カヤポ族が日常生活で利用する植物である。バリーは，きまって小川のほとりに分布する，まるで果樹園のようなタペアの森の植生を調べていくうちにある事実に行き着く。タペアの森が立地する場所はいずれもかつてカヤポ族が放棄した廃村の跡だったのだ。さらに，バリーはタペア以外にも竹の森，ブラジル・ナッツの森，など様々な時間スケールでカヤポ族が過去に異なる人為的な影響を及ぼしたことによって生じた森林景観から食料，燃料，薬など生活に必要な恵みを採集して利用していることを明らかにした。それぞれの森林景観における植生調査の結果は，人間から植生への働きかけが植物の種多様性を増加させる場合もあれば，減少させている場合もあった。

　カヤポ族は，人為的な植生のモザイクを巧みに利用しながら狩猟，採集，焼畑農耕，漁撈を複合させた生計を営んでいたのである。バリーは，このように人間による環境への働きかけによって起こる景観の変化を景観改変（landscape transformation）と呼び，それによって更新される景観を文化景観（cultural landscape）と呼んだ。文化景観が生まれ，維持されるプロセスは，自然のみのプロセスである植生遷移や人間活動のみによる単なる環境破壊では説明できない。その後バリーは，グアジャ族などカヤポ族以外の先住民の森林利用でも，森林の民俗分類は異なるがそれぞれに文化景観と呼びうる森林景観が存在していることを明らかにしていった。

Ⅲ　文化人類学への批判と新たな展開

◆ アマゾンの歴史生態学から人新世の人類学へ

　バリーは，1991年にはルイジアナ州ニュー・オーリンズのトゥレーン大学人類学部に准教授として就職し，1998年には同大学教授に昇進する。安定したポジションを得たバリーは，1994年に主著である『森の足跡——カヤポ族の民族植物学』を出版し，さらに編著『歴史生態学の最前線』(1998) を刊行する。南米以外にも北米，東南アジア，インドなど世界各地からの事例研究を集めたこの論集の第1章「歴史生態学：前提と仮定」で，バリーは歴史生態学を，時間軸の中での文化と環境の相互浸透を解明する「弁証法的生態学」であるとして，その視点を4つの前提に整理している。

　　1．地球の生物圏のほとんどは，人間活動の影響を受けている。

　　2．人間活動は，必ずしも生物圏の劣化や種の絶滅をもたらさないし，逆に必ずしも自身や他の生物にとって好ましい環境を作りだすとも限らない。

　　3．特定の地域において異なる種類の社会政治経済システムは，質的に異なる影響を生物圏にもたらし，その後の社会政治経済システムの歴史的展開に影響する。

　　4．通時的に相互作用を続けてきた人間集団・文化と景観・地域はひとつの全体的な現象として理解されるべきである。

　バリーの研究手法は，目に見える景観，植生，土壌などについてのデータを重んじる点で唯物論的な側面を持ち合わせているが，環境決定論的立場を取らない。人間を生態系の中の一つの種として位置づける歴史生態学は，人間を環境変化の主役として把握しようとする環境史とも異なる立場である。バリーの歴史生態学は，個体，種，社会を主題とした対象学ではなく，人と環境の間の関係を主題とする。これは，その後の**マルチスピーシーズ人類学**などに見られる脱人間中心主義を志向した民族誌理論の展開にも繋がる論点だと言えよう。

　バリーによれば，歴史生態学は，景観を人と自然の相互作用の歴史的産物として捉え，それが時系列において個別地域の多様な社会経済・政治的展開をもたらすメカニズムを明らかにすることまでを視野に入れる。そのため歴史生態学は，単純な小規模社会だけではなく，複雑に階層化した社会や国家以後のシステムまでを対象とすることで，人と自然が時空間的に絡み合ったコンタクト

ウィリアム・バリー

ゾーンを研究するアプローチとして幅広く支持を得ていく。景観の歴史の中に
ジェンダーや，中央と周縁の間の権力関係を探る視点をもつことで，生業や環
境から一見遠いように思われるポストコロニアル人類学やカルチュラルスタディ
ィーズの研究者からも注目を集めるようになっていく。

　歴史生態学における時間の取り扱いは，千年～万年単位の長期持続（*longue
durée*）というスケールに及ぶ。歴史把握における長期持続の重視によって，
歴史生態学は文化人類学や考古学のみならず，第四紀学など自然科学と人文科
学の境界領域を巻き込む議論を展開するようになる。適用される地域／時代も
熱帯アマゾンから高緯度地域を含む全球規模へ，また時代の射程も数万年前か
ら現在までへと広がっていった。

　バリー自身は，歴史生態学を1つの学術分野というよりも，研究プログラム
であるとしている。これは，歴史生態学が文化人類学のみならず，多くの分野
との幅広い協働による学際性を特徴とすることによる。

　気候変動など人間活動が地球全体にもたらすインパクトが明らかになる中で，
歴史生態学は歴史的視点から地球環境問題を捉えるアプローチとして注目され
ている。「人類は，様々な規模で起こった種の絶滅イベントにどのように関わ
ってきたのか，そこから何を学べるか」や「いつから，人間活動は環境に対し
て顕著なインパクトを持つようになったのか」と言った問いからは，人類が地
球に大きな影響を与える人新世（Anthropocene）という地質年代が提案される
中で，過去における人類と環境の相互作用から何を学び，将来に活かせるのか
という応用人類学的な問題意識が読み取れる。

　深刻化する環境問題の解決への貢献が期待される一方で，「動植物や他の生
命体の自然分布と人間が媒介した分布をどのように見分けることができるの
か」や「異なる時空間スケールで起こる現象にどのように取り組むのか。それ
らをどう定義し，それらの間の相互作用を研究できるのか」，そして「民族誌
や考古学的手法と生態学的手法の間でどのように証拠の確からしさや時間的な
比較可能性を標準化できるのか」といった，学際的なアプローチならではの方
法論的な課題もいまだ多く残されている。しかし，人間と環境を二項対立的に
分けるのではなく，両者一体の「文化的な対話」を大きな歴史の流れの中で読

Ⅲ　文化人類学への批判と新たな展開

み解こうとするダイナミックな挑戦は，多くの分野の若手研究者を引きつけて
やまないのである。

◆ 用語解説

伝統的生態学知識（traditional ecological knowledge）　ある地理的範囲の人間集団が，
十分に長い時間をかけて地域の環境との交渉の中で蓄積してきた，動植物や水文・土壌
などの環境条件に関わる在来的知識。

景観（landscape）　歴史の中で，ある土地や水域の植生，土壌などの生物圏に人間活動
が関与することにより生み出される空間のありさま。

マルチスピーシーズ人類学（multispecies anthropology）　北米を中心に2000年頃から始
まった運動で，人間中心主義的な民族誌からの脱却を掲げ，人間を含む複数種の関係に
着目した民族誌のあり方が模索されている。

◆ より深く学ぶために

〈原典・訳〉

Balée, William, *Footprints of the Forest: Ka'Apor Ethnobotany - The Historical Ecology of
Plant Utilization by an Amazonian People*, Columbia University Press, 1999.

＊ブラジル・アマゾンのカヤポ族の森の植物と景観に関する民族知識を実証的に描き出
　したバリーの代表的な民族誌。

Balée, William, *Cultural Forests of the Amazon: A Historical Ecology of People and Their
Landscapes*, University of Alabama Press, 2013.

＊25年間にわたる歴史生態学研究に関わる著作をまとめあげた本。

〈入門・解説書〉

Balée, William, "The Research Program of Historical Ecology", *Annual Review of
Anthropology*. Vol. 35, 2006, pp. 75-98.

＊歴史生態学の研究史，概念と方法について解説がなされている。アマゾンに関わる部
　分についての概要は，以下の池谷（2010）でも紹介されている。

池谷和信「近年における歴史生態学の展開——世界最大の熱帯林アマゾンと人」水島司
編『環境と歴史学——歴史研究の新地平』勉誠出版，2010年。

（大石高典）

ジェンダー論

ジュディス・バトラー

(Judith Butler：1956-)

◆ セックス／ジェンダー化された主体を問う

　ジュディス・バトラーは1990年代に性をめぐる認識のあり方に革命をもたらしたアメリカの哲学者である。生物学的事実として認識されてきたセックス化された身体は，言説によって構築されているに過ぎないという論を展開し，ジェンダーや**クィア**理論の先駆者として名を馳せた。だが，彼女の思索の中心はアイデンティティと主体の形成にある。

　以下ではバトラーの経歴を紹介した後，主著『ジェンダー・トラブル』(1990) を取り上げ，性をめぐるカテゴリーがどう再配置されたのか紹介する。次に，権力への抵抗の契機を内在した主体概念と彼女の理論に寄せられた批判や問題点を整理した上で，その後の研究の展開について触れる。

◆ 生い立ちと経歴

　バトラーは1956年2月米国オハイオ州に生まれ，ハンガリー系とロシア系ユダヤ人家族のもとで育った。ユダヤ人としての生い立ちが彼女の思想形成に大きな影響を与え，とりわけシナゴーグでの授業が彼女を哲学の道へ誘った。そこではユダヤ人をはじめとするマイノリティに対する迫害の歴史について学び，道徳的ジレンマや人間の責任に関する問題，神の存在などを議論した。

　その後ベニントン大学に進学し1978年に卒業。ドイツ観念論を学ぶため，1979年ハイデルベルク大学にフルブライト奨学生として1年間留学した。帰国後はイェール大学大学院に進み，ヨーロッパ哲学における他者性の問題や欲望と承認の問題に関心を寄せ，ヘーゲル哲学を学ぶ。1984年に同大学で博士号を取得。博士号取得後はウェズリアン大学やジョージワシントン大学など多くの大学で教鞭をとった。彼女の授業は，フェミニスト批評，セクシュアリティ研

Ⅲ　文化人類学への批判と新たな展開

究から19〜20世紀のヨーロッパ文学と哲学，映像表象の分析，カフカと喪失，喪と戦争まで幅広いテーマを扱っており，研究関心の広さを示している。1993年から現在にいたるまでカルフォルニア大学バークレー校で修辞学・比較文学の教授として勤めている。

　バトラーが現代を代表する思想家であることは，華々しい受賞歴にも明らかである。2002年に著書『自分自身を説明すること』でオランダのノーベル賞とも言われるスピノザ賞を受賞した。また，2008年にアンドリュー・W・メロン財団から人文学への貢献を評した功労賞を受賞し，2012年にはドイツの哲学賞の1つであるテオドール・アドルノ賞も受賞している。

　ただし，彼女は当代きっての「悪文家」と称されるほどその著作は読みにくい。『ジェンダー・トラブル』も決して読みやすい本ではないが，27の言語に翻訳されたほど言論界に与えた影響力は大きい。

◆『ジェンダー・トラブル』の衝撃

　若干34歳で1990年に出版した同書は，フェミニスト理論を新たな領域に推し進めたと評される。同書の重要な論点の1つは，「女」というカテゴリーの構築を系譜学的に紐解いた点にある。

　バトラーは，セックス，ジェンダー，セクシュアリティの自然化された一貫性（女の身体をもつ者は男に性的欲望を抱き女の社会的役割を果たすといった一貫性）は，文化的に構築されていると指摘する。我々の社会には二分化された「男」と「女」という2つのジェンダーがあり，それを正当化・自然化するためにセクシュアリティとセックスが捏造されたと言う。この逆転的発想によって「女」というカテゴリーをセックスという解剖学的性差の軛から解き放った。

　では，なぜそうしたカテゴリーの一貫性が作り上げられ，あたかもそれが不変の実体として認識されてきたのだろうか。バトラーは，それは強制的で自然化されてきた異性愛秩序に由来すると述べる。異性愛のマトリクスの中に我々が位置づけられ，それに規制されるのは，同性愛的な欲望の禁止の結果であるとフロイトの理論を援用して説明する。フロイトは，幼児は親への同化という一時的欲望をもつものの，近親姦タブーに接して親への欲望を断念させられ，

それにより自我が形成されると論じた。いわば自我とは「メランコリック（想像上の喪失に対する対応的）」なものであると位置づけた。対してバトラーは，そもそも近親姦タブーに先立って同性愛タブーが存在すると指摘する。女児は同性である母親に欲望をもつものの，同性愛タブーという「禁止」に接するため，その喪失を内面化し，愛の対象を体内化（身体の表面に保持）する。その結果，女という身体が形成され，性的欲望が生産され，ジェンダー・アイデンティティが強化される。別言すると，断念された同性への欲望は身体の上に，あるいは身体の中に秘匿され，身体の事実性として立ち現れるのである。同性愛的欲望が排除された結果，男／女という性の二元論，あるいは異性愛的主体が産み出されるのであり，身体は欲望の結果であって原因ではないのだ。

　バトラーは，セックスは常にジェンダーであったのであり，ジェンダーでないセックスは存在しない，文化的な書き込みに先立つ「自然な身体」は存在しないと主張した。男／女というカテゴリーは当初から異性愛化されているのであり，それらは言説によって遡及的に生産された産物なのである。

◆ 主体概念と撹乱

　では，ジェンダーはどのようにあたかも実体であるかのように立ち現れてくるのか。この問いに対してバトラーは，ジェンダーとは人がそうである何かではなく，そういう風に語られる何かを「おこなうこと」であると述べる。ジェンダーとは身体を繰り返し様式化していくことであり，極めて厳密な規制的枠組みの中で繰り返される一連の行為であると述べる。「ジェンダーは結局，**パフォーマティヴなものである**」という言葉はまさにそのことを述べた一文であり，ジェンダーは行為や身振りを通じて身体の表面に刻まれていくのである。

　繰り返し強調しておくが，バトラーは「行うこと」の背景に主体は存在しておらず，それゆえジェンダーの表出の背後にジェンダー・アイデンティティも存在しないと想定している。アイデンティティをもつ主体がジェンダーを行うのではなく，言説と言語によって構築されたアイデンティティが行為者に先だって存在し，行為するのである。ここにおいて，アイデンティティとはその結果だと考えられている表出によってパフォーマティヴに構築されるのであり，

Ⅲ　文化人類学への批判と新たな展開

言語と言説の外側に「わたし」は存在しないというバトラーの主体論に辿り着く。

　では，言語と言説が規制的枠組みとして作用し，現体制の行為を強化する中で，規範的な身体はそれらを反復するしかないのだろうか。同書の2つ目の重要な点は，身体の様式化が不可避に展開する一方で，それに抗う場が想定されていることにある。前述したように，ジェンダーは反復を通じて結果として生成されるわけだが，この強制的な構造化された反復は不整合という時間のもたらす作用にも曝されており，そこにおいて反復が失敗する可能性がある。いわば，規制的体制それ自体が攪乱や変革の契機を胚胎しているのだ。

　だが，攪乱とはその意図をもった主体によってなされる類のものではない。バトラーの述べる攪乱とは，身体の本質や本物のジェンダー・アイデンティティといった仮説が規制的な虚構であること，言説によって捏造された偽造物であることを曝露するやり方でジェンダーを演じること。すなわち，ジェンダーとはそれ自体がパロディの形態であると露呈することだという。これにならうと，例えば異装（ドラァグ）は，始原的なジェンダー・アイデンティティという概念や内と外が一致していることを前提とするジェンダー表出モデルの両方を揶揄していると言える。加えて，クロス・ドレッシングや男役／女役も，セックスとジェンダーが社会的に確立されている意味の再演にすぎないことを顕わにしてくれる。ただし，異装やクロス・ドレッシングに限らず，パロディによるジェンダーの再文脈化によって既存のジェンダーの意味は脱自然化・流動化されるのであり，そうした起源の概念を揶揄する模倣が真にトラブルを引き起こすのである。

◆ バトラーへの批判

　バトラーによるフェミニズムや主体，政治に対するポストモダン的介入は，幅広い領域に衝撃を与えた分，批判もまた多い。「主体の抹殺」である，攪乱の事例として挙げられたドラァグは既存の異性愛やジェンダー二元論の強化に手を貸しているに過ぎないといった批判の他，とりわけ物質性と身体の定式化についての論議を呼び起こした。セックス化された物質的現実に根ざした事柄

は確かに存在しているし，愛し，苦しみ，死ぬような具体的身体を無視しているといった批判がそれである。米国の哲学者マーサ・ヌスバウムは，バトラーの理論や記述は象徴的なものに焦点が絞られており，言語的・象徴的政治のために物質性を拒否するよう働きかけている。現実の女の現実の境遇とは相容れないと批判した。

バトラーの著書『問題＝物質化される身体（*Bodies That Matter: On the Discursive Limits of "Sex"*）』（1993）は，それらの批判への応答を意識して書かれた。同書で彼女は，身体がそれ自身が物質的なものである言語の中で意味づけられ物質として固定されると再度主張した。身体は言語や言説を介さなければ知覚不可能であり，それを構築しているのは快楽や苦痛といった経験ではないと述べた。

バトラーの主張とヌスバウムをはじめとする彼女への批判との間には明らかな隔たりがある。バトラーは言語的・象徴的議論を展開しているのに対して，後者は実存的な議論を求めている。言うまでもなく，両者の隔たりはフェミニズムの政治的実践の方法の相違であり，バトラーは実存論的議論の限界を見定め，その打破を戦略的に実践しているに過ぎない。

◆ 理論的考察から政治的協働へ？

1990年代後半以降のバトラーの著作ではジェンダー，セクシュアリティといったテーマは後景化した。対テロ戦争といった国家による暴力や国民の情動を動員していく権力の批判的分析が中心となり，アクチュアルな事象への言及も増えている。近年は，ユダヤの倫理やハンナ・アレントをはじめとするユダヤ人思想家への関心の高まりが顕在化し，パレスチナ問題への積極的な発言も見られる。バトラーの著作に見る政治の前景化は，2001年に同時多発テロが生じた後のアメリカ国内におけるナショナリズムの高まりと連動している。

ただし，こうした動きを理論的考察から政治的協働への論理的転回と位置づけるのは早急である。2009年に刊行された『戦争の枠組み』に明らかなように，彼女の主張は90年代のそれと大差ない。同書においても，性と国家的暴力の交錯点を切り口に，我々を拘束する規範ないし法のあり方を暴き，それに向き合

Ⅲ　文化人類学への批判と新たな展開

う倫理を見出そうとしている。主体は暴力を通じて形作られ，暴力にまみれているがゆえに，葛藤が存在し，非暴力の可能性があらわれると述べ，平等の感知に由来する非暴力を要請する。世界的にナショナリズムが高揚している今日，いかなる権力作用を通じて市民が国家的なものに同調しているのかを読み解こうとするバトラーの思索は，ますます重要性を増しているように思われる。

◆ 用語解説

クィア（queer）　もともとは「変態」を意味する侮蔑の用語であるが，他者が付与した否定的意味を領有し，肯定と抵抗を示す言語記号へと変換された用語。

パフォーマティヴィティ（performativity）　文化規範が反復的な行為を通して身体に表出されることを示す用語。主体が言語行為により絶えざる構築過程にあること，それゆえ既存の秩序の再生産と同時にズレという攪乱的要素があることも含意している。

◆ より深く学ぶために

〈原典・訳〉

J. バトラー（竹村和子訳）『ジェンダー・トラブル──フェミニズムとアイデンティティの攪乱』青土社，1999年。

〈入門・解説書〉

S. サリー（竹村和子ほか訳）『ジュディス・バトラー』青土社，2005年。

（加賀谷真梨）

医療人類学

アーサー・クラインマン

（Arthur Kleinman：1941-）

◆ 医療人類学の推進者

　医療人類学は，1970年代に文化人類学の一分野として確立した。クラインマンは，同時代のバイロン・グッド，アラン・ヤング，マーガレット・ロック（→245頁）といった医療人類学者と並び，医療人類学をその地位に押し上げた立役者の1人である。アメリカ人類学会が授与する最高の賞であるボアズ賞を2001年に受賞しており，医療人類学だけでなく，医学や心理学にも影響を与えた文化人類学の大御所中の大御所の1人である。

　ここではクラインマンの生い立ちを紹介した後，『臨床人類学』『病いの語り』『8つの人生の物語』の3作品を取り上げ，それぞれにおける研究の概要を紹介する。最後に彼の研究が現在の医療人類学とどのように関係しているかを解説する。

◆ 生い立ちと経歴

　クラインマンは，1941年3月11日にニューヨーク，ブルックリンの裕福なユダヤ人の家庭に生まれた。幼少期は多くの親族に囲まれて育ったが，彼のその後に最も影響を与えたのは，会ったこともなく，また家族もほとんど語ることない実父であった。クラインマンは，小学校では実父の姓であるスピアを名乗り，ヘブライ語の学校ではクラインマンを名乗っていた。クラインマンは，11歳の時に彼を養子とした継父の姓である。

　米国が世界大恐慌の波に飲まれ，また第二次世界大戦に突き進む中，クラインマン一家の経済的支柱であった祖父の不動産業に暗雲が立ち込める。事業の衰退共に，一家もまた解体の一途を辿った。

　語られることのない実父，時代のうねりの中で衰退した家族，歴史的に迫害

Ⅲ　文化人類学への批判と新たな展開

を受け続けてきたユダヤ人という彼のルーツが，病む人の語りを社会に埋め込まれた全体的なものとして見なす，彼の考えの根本を作ったと考えられる。

クラインマンはスタンフォード大学で歴史学を専攻した後，1963年に同大学メディカルスクールに進学する。医学生としての多忙な生活に人生の意味を見失い，退学を考えたこともあったが，その道をあきらめることなく，1967年に医師となった。

医療人類学者としてのクラインマンのその後を決定づけたのが，1969年から1年2カ月にわたって滞在した台湾での生活であった。このときクラインマンは，海軍医学研究所の研究員であったが，現地の医療事情に触れ，自らも臨床を行う中で，自分の専門である生物医学の限界を肌で感じるようになる。

この台湾滞在の間に行われたフィールドワークは体系的なものではなかった。しかし彼はこの経験を足がかりにし，帰国後もアメリカと台湾で断続的に調査を続け，1974年にはハーバード大学で社会人類学の修士号を取得する。

◆ 象徴システムとしての医療

1979年に発刊された処女作の『臨床人類学——文化の中の病者と治療者』は，医療人類学の金字塔となった。『臨床人類学』の功績は，ヴィクター・ターナー（→120頁）の象徴人類学の影響を色濃く受けながら，医療をシステムとして記述するための方法論を打ち出したことである。

ここでいうシステムとは，それぞれの構成要素が繋がりをもって全体を構成する体系のことであり，クラインマンの提唱するシステムは，システムの象徴的側面，すなわち独自の社会背景の中でそれぞれの構成要素に付与される意味の繋がりと，その相互作用にとりわけ注意を払った。

医療を象徴システムとして捉えるまなざしは，人類学者でもあり，精神科医でもあるウィリアム・リヴァーズ，さらには医学史家のヘンリー・シゲリストらの仕事にすでに現れており，また人類学者による宗教や儀礼研究の中にも見られた。しかしこれらの研究では，集めた資料が統合されずにいたり，研究の関心が宗教による癒しに限定されたりしていたため，病む人と治療者を，彼らが住まう社会空間の中に体系的に位置づけることはできずにいた。

240

『臨床人類学』におけるクラインマンの貢献は，このための枠組みを考案し，医療を通文化的に研究するための概念装置を明確に提示したことである。

クラインマンは象徴システムとしての医療を，「ヘルス・ケア・システム」と名づけ，その中には，構成要素としての治療者と患者がいるとした。またシステムの内部には，(1)患者の家族や友人など素人集団によって構成される「民間セクター」，(2)生物医学の専門家，あるいはアーユルベーダや中医学など，その地域で確立した医療を実践する専門家によって構成される「専門職セクター」，(3)独自の手技を使う整体のように，国家や社会により権威は与えられていないものの，体系づけられた理論をもつ治療者によって構成される「民俗セクター」の３つがあるとした。人々はこの３つのセクターを移動しながら，健康の維持あるいは病気の回復に努める。クラインマンはこの行動を健康希求行動（health seeking behavior）と名づけた。

またクラインマンは，ヘルス・ケア・システムの内部で人々が織り上げる，心身の不調についての説明を「**説明モデル**」と名づけ，また「説明モデル」を理解するためには病気を「**疾病**（disease）」ではなく，「**病い**（illness）」の観点から捉える必要があるとした。

『臨床人類学』で提示されたこれらの概念は医療人類学初期の概念であるため，無批判に使用することは避けるべきであるが，『臨床人類学』は，医療人類学のものの見方を知り，存在論的転回に向かう医療人類学の理論的経緯を辿る上での必読書である。

◆ 病いの語り

クラインマンは1982年よりハーバード大学医学部および人類学部の教授となり，医学教育に医療人類学的な思考を組み入れるための活動をますます精力的に行っていく。彼が創刊し，1976〜86年まで編集長を務めた学術雑誌である『文化，医学，精神医学（*Culture, Medicine, and Psychiatry*）』（英文誌）は，医療人類学の議論を発展させ，広げていくための重要な言説空間となった。

クラインマンの著書で最も知られているのは，1988年に刊行された『病いの語り——慢性の病いをめぐる臨床人類学』である。中心的な分析概念は，『臨

床人類学』ですでに提示した「疾病と病い」および「説明モデル」であり，これらの理論を臨床家，家族，患者にまで広めてゆくことが目指された。

『病いの語り』においてクラインマンは，非西洋諸国の医療システムが中心になっていた『臨床人類学』の射程を，自国アメリカの生物医療にまで押し広げた。エイズ，うつ病，糖尿病といった治ることのない慢性の病気に苦しむ人々が取り上げられており，彼らの語りから，病むことの意味と，その意味がどのように病む人が住まう世界と密接に絡み合っているかが示されている。

◆ システムから物語へ

『臨床人類学』が象徴システムとしての医療を俯瞰的に把握しようとする象徴人類学的な色合いが強いとすれば，『病いの語り』は病む人の肩越しに立ってその経験世界を眺めるという，解釈人類学・現象学の色合いが強い。実際，クライマンはこのような自身の関心の変化を 3 冊目の著作である『精神医学を再考する——疾患カテゴリーから個人的経験へ』(1991) を経て1996年に出版された『周縁で書く (Writing at the Margin)』の序言で述べている。

『周縁で書く』を境に，クラインマンの著作は，政治・経済的状況と分かちがたく結びつき，そしてその影響を受けながら表出される個々人の苦しみのあり方，表出のされ方に重点を置いたものに変化する。初期の著作が普遍的なシステムをあぶり出し，医療の通文化的な比較を可能にしようとする試みとすれば，90年代以降の作品は，そういった分析概念に固執することで取りこぼされてしまう，人々の行動や語り，経験を救い出し，彼らが住まう独自の環境に位置づけて解釈をしようとする試みと言える。

◆ 人生においてかけがえのないものは何か

クラインマンの最新作は，2006年に出された『8 つの人生の物語——不確かで危険に満ちた時代を道徳的に生きるということ』である。2004年に認知症を発症した妻のショーンの介護を献身的に行いながら書いた作品でもある。

同書の目的は，彼がこれまでに出会った 8 人の人々の人生から，人生において真にかけがえのないものを描き出すことであり，その 8 人にはクラインマン

自身も含まれる。

　『8つの人生の物語』は，これまでの著作とは一線を画し，彼の著作で唯一，ノンフィクション／小説の要素が強いものとなっている。しかし，この作品はこれまでの彼の著作と断絶しているわけではない。日本語版の序論において，クラインマンは，これまでの研究と臨床実践，さらには彼のこれまでの人生から得た英知を統合した成果がこの作品であると述べている。

　またこの1冊はクラインマンの著作において捉えにくい概念である"moral experiences"の意味が丁寧に解説されている作品でもある。

◆ その後の発展

　クラインマンが70年代に提示した概念は，医療人類学の素地となるが，一方で，多くの批判にもあう。数ある批判の中でも，「疾病」と「病い」という分析概念の提示が，生物的側面と象徴的側面の2つに病気を分離することに図らずもなってしまい，その結果，病気の生物学的側面が人類学の研究から外されてしまったという，マーガレット・ロックの指摘は重要である。この指摘は，生物学的事実が専門家の実践の中でいかに構成されていくかを明らかにした，アネマリー・モル（→300頁）の『多としての身体——医療実践における存在論』（2002）によって乗り越えられる。初学者は，クラインマンの初期の研究とモルの研究を比較することで，医療人類学の歴史を感じることができるだろう。

◆ 用語解説

説明モデル（explanatory model）　説明モデルとは患者や家族や治療者が，ある特定の病いのエピソードについて抱く考えのことである。生物的な理解のみで病む人を捉えようとすると，病む人が住まう社会・文化的，政治・経済的背景を取りこぼしてしまい，結果その人の苦しみが増幅されることもある。説明モデルは，動的な語りであり，変化の度にその背景にあるものを捉える努力が必要とされる分析概念であることに注意したい。

疾病（disease）・病い（illness）　病いとは，病気を患う本人，その周りにいる家族や親しい人，さらにはその周りにある社会が，その病気をどのように受け止め反応するかと

Ⅲ　文化人類学への批判と新たな展開

いった，病むことの体験および病むことの影響全体を指す。一方，疾病とは，生物学的
に再構成された身体の構造および機能の変化である。疾病と病いの明確な分離は不可能
であるが，この分析概念を使うことで，医学的枠組みでは過小評価されがちであった，
病むことの経験とその意味に光を当てることが可能になった点に着目したい。また実在
するのが疾病で，病いは観念的なものといった理解もしばしば見受けられるが，これも
誤読である。

moral experiences　重要概念の 1 つであるが，意味の把握は難しい。邦訳も「倫理的体
験」であったり，「精神的体験」であったり，「道徳的・人間的体験」であったりと一貫
性がない。"moral experiences" は，我々の人生の根幹を成す価値と密接に結びつく
日々の体験のことを指すが，それが具体的にどのようなものかは，彼の作品に触れる中
で体感的に把握していくしかないだろう。

◆ より深く学ぶために

〈原典・訳〉

A. クラインマン（大橋英寿ほか訳）『臨床人類学——文化のなかの病者と治療者』弘文
堂，1992年。

〈入門・解説書〉

A. クラインマン（江口重幸ほか訳）『病いの語り——慢性の病いをめぐる臨床人類学』
誠信書房，1996年。

A. クラインマン・江口重幸・皆藤章（皆藤章編・監訳）『ケアをすることの意味——病
む人ともに在ることの心理学と医療人類学』誠信書房，2015年。

＊権威ある医学誌ランセットに刊行された 4 つの論文の邦訳が含まれるばかりでなく，
　「疾病／病い」，「説明モデル」といった分析概念が，彼の言葉でやさしく説明されてい
　る。

（磯野真穂）

医療人類学

マーガレット・ロック

（Margaret Lock：1936-）

◆ 北米医療人類学ムーブメント

　医療人類学（medical anthropology）とは医学と人類学を架橋する学問のことである。この名称は北米ではすでに1960年初頭に生まれていた。そして，学会としてその組織的展開の必要性が唱えられたのは応用人類学会の会合があった1960年代末になってからである。米国人類学会連合（AAA）でも同様の動きがあり1970年秋に医療人類学会（Society for Medical Anthropology, SMA）が発足する。マーガレット・ロックは，アーサー・クラインマン（→239頁）やバイロン・グッド，ナンシー・シェーパー＝ヒューズらと並んで，この医療人類学の創設世代に属する。もちろん現在も指導的な人類学者の１人である。

　彼女は，医療人類学の領域で様々な業績をあげてきたが，その中でも顕著なことは，**バイオメディシン**（生物医学）の批判的研究と，それを利用する世界の様々な人々が織りなすローカル・バイオロジー（後述）の提唱であろう。本章では，それらを中心に人類学研究が現代社会における様々な課題にも応えうるものであることの一端を紹介しよう。

◆ 生い立ちと経歴

　マーガレット・ロックは，1936年，英国イングランド・ケント州のブロムリーに生まれた。ウェストヨークシャー州にあるリーズ大学で生化学を勉強した。その後，カナダに渡りトロント大学大学院に進みヴァンティング研究所で生化学の研究を続けた。その頃ケンブリッジ大学出身の医師のリチャードと結婚する。1961年にカナダ国籍も取得し英国との二重国籍となり，カリフォルニア大学バークレー校で生化学の研究を継続する。サンフランシスコで働いていた医師である夫リチャードとともに1964年に日本を訪問した。リチャードがケンブ

245

Ⅲ　文化人類学への批判と新たな展開

リッジ大学の柔道チームの主将を務めており，同年に開催された東京オリンピック出場のために来日したからである。その際，彼女は日本への興味が生まれ，最終的に生化学の研究から文化人類学専攻への転向を図ることになる。再びバークレーに戻り人類学の大学院に入学した。バークレーはフランツ・ボアズ（→16頁）の愛弟子のアルフレッド・クローバーの着任以来人類学研究の名門校である。さて彼女は1973～74年にかけて京都を中心にして都市における東洋医学の調査研究に従事し，1976年にカリフォルニア大学バークレー校で博士号をとる。4年後に博士論文を基にした『都市日本における東アジア医療——医療的経験の多様性』（邦題『都市文化と東洋医学』）を出版する。

　医学校や保健科学の大学院があるカリフォルニア大学サンフランシスコ校でポスドク研究に従事した後に，1977年カナダのマッギル大学医療の社会科学部ならびに人類学部に教員として就職した。その後もマッギル大学に務め，現在はマジョリー・ブロッフマン記念教授（名誉教授）である。日本語には，論文等を除けば，先の『都市文化と東洋医学』の他に『更年期』（1993）および『脳死と臓器移植の医療人類学』（2002）があり，邦訳されていない単著は現時点では『アルツハイマー病の謎』（2013）のみである。また彼女にはバイオメディシンの人類学研究に関する多数の論文集の編著がある。

◆ マーガレット・ロックの医療人類学の特徴

　ロックが北米の医療人類学会に颯爽と登場したのはナンシー・シェーパー＝ヒューズとの共著論文「心あふれる身体」（1987）である。これは北米医療人類学会の再編成と医療人類学会の創設に基づいて創刊された『季刊医療人類学』の新シリーズの創刊号の巻頭を飾る論文であった。この論文では，心と身体が分離される西洋デカルト的身体観をまず留保し，全世界に見られる様々な文化の影響のもとでの身体の諸相を観察しようと提唱する。そこには次の3つの諸相が見られるという。すなわち，生身の身体である「個人的あるいは個的身体」，身体の中に社会が期待する様々な社会的役割が投影される「社会的身体」，そして政治体制の意味であると同時に集合的な身体的まとまりである「政体＝政治的身体」がある。我々の様々な文化の影響のもとで，身体が具体

的な姿をもつものとして立ち現れてくる過程をエンボディメント（具体化する
の意味もある）と呼び，この過程の分析こそが今後の医療人類学の課題になる
だろうと主張している。そして，その伝統は現在の研究にまで継承されている。

◆『都市日本における東アジア医療』
　この表題は同名の彼女の著作（1980）に由来する。1971年頃に彼女は日系米
国人の文化変容と人格を研究した医療人類学者ウィリアム・カウディルに手紙
を書いて東洋医学に興味があることを告げた。カウディルは，漢方医であり ま
た東洋医学史にも造詣の深い大塚恭男教授（当時）を紹介した。しかしながら
来日後の彼女は，大塚について東洋医学の精髄を学ぶだけではなく，彼の紹介
を通して知りえた漢方医や患者のコミュニケーションの様子を調べて，また漢
方を扱う薬剤師たちへインタビューを行う。伝統医学を「教授する学校」——
鍼灸等の専門学校と思われる——を見学し，漢方医のセミナーなどにも出席し
ている。なお，漢方とは日本で独自の展開を遂げた（しかしその用語には外来の
意味を残す）改造された中国伝統医学のことである。現代日本における本格的
な医療人類学調査が開始されたのである。少し後年になるが，大貫恵美子が
『日本人の病気観』（1984）においても伝統医療における象徴やコスモロジーに
ついて参与観察を通して明らかにしているが，これも同時期における重要なフ
ィールドワークの結果である。
　医療的多元論というのは，西洋医療の「土着版」を含めて地球上のどの地域
でも見られる多様な医療の共存形態の名称と現在では考えられている。しかし，
この時期には「**コスモポリタン医療**」と，伝統医療（漢方医療）の研究テーマ
は別々の領域に属し，ましてや前者がそれを受け入れた社会や文化の影響で，
それぞれの時代や地域で多様な適応形態＝「土着版」をとると考える者は少な
かった。東アジアの医療的多元化の傾向は，当時よりも現在ではさらに拍車が
かかっているとの指摘もある。ロックのこの研究課題への着目は非常に有意義
なものであったのである。

III　文化人類学への批判と新たな展開

◆ 西洋医師（西洋医）の多様性

　処女作『都市日本における東アジア医療』が画期的であったのは，医療を様々な複合的なシステムとして上空から俯瞰し分類するという制度論的アプローチという方法論をとらなかったことだ。その代わりに，患者やその家族の視点から描写する民族誌記録が試みられた。実はこれは医療人類学の始祖ともいえるウィリアム・リヴァーズが1915〜16年にかけてロンドン王立医学院でのフリッツ・パトリック講義の中で主張した医療人類学の次の3つの命題に通底するものだ。すなわち(1)人々の病気理解は部外者には分かり難いものではなくむしろ外部者からの観察を通して可能になること，(2)人が病気になりまた最初の治療が行われる場所は多くの場合家庭内であること，(3)病気の治療とはその社会と病人と深く関わるものであり，社会の政治や権力を分析するのと同じような手法で理解可能になる，ということだ。医療人類学の知見が共有される前までは，西洋近代医療と呼ばれる医療は，世界的に共通なものだと理解されてきた。また西洋医療のことはそれに携わる医師たちの専権事項であり，組織や文化により多様性があるとは考えなかったのだ。そのために，患者や家族は，その治療に何ら影響力を与えることもないとされた。しかし，ロックや大貫の研究を通して，伝統医療のみならず西洋医療の実践の文化的多様性が示されたことは，その後の都市化した社会における医療人類学の民族誌研究が進むことに貢献したとも言える。

◆ ローカル・バイオロジーズ

　「西洋医」の多様性という発見を通して明らかにされたことは，バイオメディシン（生物医学）がもつ普遍性が，文化的社会的存在である人間に適用される時に，多様な理解と解釈が生まれるだけでなく，その受容形態も複雑化し，世界中のバイオメディシンの実践形態がそれぞれ調査研究に値するものになる，ということである。バイオメディシンの基礎になる学問は生物学（バイオロジー）である。すなわち，バイオメディシンが利用される現場というのは，生物学がもつ普遍性と社会文化的存在としての個人や集団の多様性が交錯する場所のことである。これらをロックはローカル・バイオロジーズと呼ぶ。「局所化

した生物学」とも訳語を与えることができるが，大切なことは，生物医学の知見を使って治療が行われる際にも，文化的社会的影響が投影され，それらの諸要因を考慮すべきだということをこの用語が主張していることである。つまりローカル・バイオロジーズとは生物学と文化を架橋する学問的まなざしなのである。ロックが，『加齢との出会い』(1993，邦題『更年期』) の中で，ローカル・バイオロジーズと文化との相互作用の実例として挙げたのが閉経期の女性の日米の比較研究においてである。閉経という生物学的現象は，ホルモンによる月経周期の変化，出血量のほかに，様々な心身上の一連の不調すなわち厄介なものとして「不定愁訴」と呼ばれてきた。ロックは日本女性に焦点を当てながら，この著作の中で，バイオメディシンの言説と日本女性の生の声を章立てにおいて交互に提示している。すなわち，日本のバイオメディシンの研究や一般向けに書かれた閉経期の女性への医学的アドバイスの文献やインタビューがある章で記述される。そして，その直後の章では閉経期の女性の社会的地位や離婚やセックスにまつわる様々な生活史上のインタビューを通して過度の一般化を回避しつつ，多様な日本女性の生き方の群像を巧妙に挟み記述するという具合である。その論述のスタイルは非常に魅力的であり読む人の心をつかむ。多様な人々へのインタビューを通してマルチサイトな民族誌記述の魅力がここで発揮されているのだ。

◆『アルツハイマー病の謎』

　アルツハイマー病をめぐる，学説史，痴呆という社会問題の文化的構築，実験研究者と臨床家たちの発言の多様性の理解，ゲノム研究が推し進める遺伝子診断の「予兆宣告」の進展が当事者とその家族に与える影響，そして科学理論や学説が現実の生活の現場に介入する時点での齟齬や調整をどのように考えるのか，というテーマ群からなり，北米におけるアルツハイマー病の科学民族誌と呼べるものが『アルツハイマー病の謎 (*The Alzheimer Conundrum*)』(2014) である。書名のとおり，老人性痴呆 (老人性認知症) の謎だが，日本で「認知症」と表現すればすべての痴呆 (症) を意味するように，北米では痴呆は AD ないしはアルツハイマーズで総称されるものを指している。日本と北米の社会

249

Ⅲ　文化人類学への批判と新たな展開

でその疾病分類と語彙の範疇が異なり，用語と概念が両地域間で単純な1対1の対応とならないことに留意しよう。このことは，普遍的科学と見なされている生物医学という研究対象も，文化人類学の方法を駆使すれば，民俗的知識をめぐる民族誌記述として理解可能であることを示している。

◆ 用語解説

バイオメディシン（生物医学／生物医療）　生物医学に基づく医療の実践概念。今日の我々が最も恩恵に被っているものと考え，また伝統医療の効力性などもこの科学的説明が大きな影響力を与えているもの。

コスモポリタン医療（世界医療）　西洋近代医療のこと。現代医療，近代医療とも呼ばれる。世界の多くの近代的な大学や医学校で教えられ，かつ卒業者が世界の各地で医療に従事しているという点で命名されたのがこのコスモポリタン医療なのである。

◆ より深く学ぶために

〈原典・訳〉

Scheper-Hughes, Nancy and Lock, Margaret, *The Mindful Body: A Prolegomenon to Future Work in Medical Anthropology*, Medical Anthropology Quarterly 1/1 (March), 1987, pp. 6-41.

Lock, Margaret, *The Alzheimer Conundrum: Entanglements of Dementia and Aging*, Princeton, N.J.: Princeton University Press, 2013.

M. ロック（中川米造訳）『都市文化と東洋医学』思文閣出版，1990年。

M. ロック（坂川雅子訳）『脳死と臓器移植の医療人類学』みすず書房，2004年。

M. ロック（江口重幸・山村宜子・北中淳子訳）『更年期——日本女性が語るローカル・バイオロジー』みすず書房，2005年。

（池田光穂）

実践人類学（公共人類学）

ロバート・チェンバース

（Robert Chambers：1932-）

◆ 参加型調査法のパイオニア

　ロバート・チェンバースは国際開発（international development）の分野において参加型調査法を開拓してきた研究者兼開発実務家である。文化人類学者ではないが，彼の提唱する調査法は，文化人類学のフィールドワークの長所と短所を踏まえたものである。そのため文化人類学者が，国際開発などの社会問題に取り組む実践的な研究に従事する際に，かえってチェンバースの考えは，文化人類学に固有の貢献とは何かを考えるヒントとなる。ここではチェンバースの参加型調査法をめぐる主要な議論を紹介し，文化人類学，特に実践人類学（公共人類学）との関わりを示す。

◆ 植民地行政官から開発研究者へ

　ロバート・チェンバースは1932年にイングランドに生まれた。マルボロカレッジとケンブリッジ大学で生物学と歴史学を学び，1955年に卒業する。アメリカ合衆国のペンシルバニア大学に留学するが，1958年には英領植民地ケニアに渡り，サンブル県とニエリ県で行政官を勤めた。1960年のケニア独立後は，現地の大学等で行政学を講義した。イギリスに帰国後1967年にマンチェスター大学で行政学の博士号を取得する。1972年よりイギリス，サセックス大学の国際開発研究所に所属し研究を行うかたわら，インドを中心とする開発途上国で開発の実務に従事した。

　こうしたチェンバースの経歴が，国際開発に対する独自の見解を育んだことは疑いない。当初，ケニアで活動した頃には，植民地行政官として灌漑計画や水資源開発に伴う住民移住などを担当した。しかし1980年代以降は，既存の農村開発行政を批判的に捉え，住民主体の**参加型開発**の理念を強く打ち出すよう

251

Ⅲ　文化人類学への批判と新たな展開

になった。特に開発途上国の貧困層に属する住民の能力の高さを評価し，彼ら
が開発の主役となるべきであると多数の著作を通じて主張してきた。そうした
姿勢が認められ，1995年には大英帝国勲章を授けられたほか，イギリスのサセ
ックス大学，エジンバラ大学，イーストアングリア大学，およびオランダのエ
ラスムス大学から名誉博士号を授与されている。

　チェンバースの著作は，彼の経歴を反映し，『熱帯アフリカの居住計画』
(1969) や『ボルタ川住民移転の経験』(1970) 等，初期のものは住民移転を伴
うアフリカの農村開発を行政学の視点から分析したものである。

　しかし1980年代に入ると，『農村貧困の季節的次元』(1981) 等，開発実務者
や研究者が見落としがちな貧困の実態を，自身の現場体験から指摘する著作を
発表し始める。中でも，チェンバースの評価を一気に高めたのは，『農村開発
──最後の人を最初に』(1983) である。彼は，開発途上国の農村開発が十分
な成果をあげられない理由として，開発計画の策定や実施において先進国出身
の専門家の視点が優先され，途上国の貧困住民の視点が後回しにされることを
指摘する。そして問題の解決には，書名の副題にある通り，両者の立場の逆転
が必要だと説いた。この意味で同書は参加型開発の理念が明示された記念碑的
な著作であると言える。そしてこの発想をさらに徹底させたのが『誰の現実が
重要か──最初の人を最後に』(1997) である。この本の副題には，前著で示
した貧困住民の発想を優先するだけでは不十分で，開発専門家がその持てる権
力を貧困住民に譲渡すべきだという主張が込められている。

　チェンバースは，参加型開発を理念として語るだけでなく，それを実践する
ための多様な手法を提案した。それらは上記の著書にも含まれているが，『参
加型ワークショップ──21のアイデアと活動の資料集』(2002) では，ワーク
ショップを楽しく，効果的に実施するための多数のヒントが集められている。
また『開発調査の革命』(2008) では，これまでの自身の議論を振り返りつつ，
他の研究者や実務家が考案した参加型開発の新しい手法も紹介されている。

◆ 見逃される貧困

　チェンバースの一連の研究の前提は，開発途上国の貧困の実態が正しく理解

されていないという点にある。その理由としてチェンバースは，貧困問題について語り，それによって開発政策に影響を与える人々の情報収集方法に問題があると考える。彼らは学者，官僚，外国人，ジャーナリスト等だが，いずれも貧困を知るために，「都市からやってきて，何かをみつけて帰りたいと思い，わずかな時間しか割けない」点が共通だという。こうした人々はいわば「農村開発観光」を通じて表面的な観察を行い，自分の思い込みを確認するばかりで，貧困の実態に触れることはないとチェンバースは批判する。

　具体的に「農村開発観光」の問題点としてチェンバースは８つの偏りを指摘する。(1)場所の偏り＝都市周辺，道路の周辺など，自動車で近づける場所が優先される。(2)プロジェクトへの偏り＝開発プロジェクトを実施中，あるいは実施済の場所が優先される。(3)接触する相手の偏り＝訪問して話をするのは，その地域のリーダーや有力者，男性，教育を受けた者，開発プロジェクトの受益者，そして元気で活発な人であることが多い。(4)季節的な偏り＝訪問時期は，アクセスがよく，比較的快適な乾季に集中する。(5)社交事例による偏り＝相手を不快にさせるような裏事情を尋ねたり，予定外の行動を取ったりしない。(6)専門分野の偏り＝自分の専門に関する情報ばかりを収集する。(7)安全性の偏り＝安全に滞在できる場所が優先される。(8)都市への偏り＝遠くの農村よりも都市内部のスラムや貧困地区の見学が優先される。

　こうした偏りの結果，開発専門家は，深刻な貧困に気づいていないとチェンバースは警告する。例えば，自動車道路がない僻村の雨季の窮状や，治安の悪い国境地帯に住む女性の暮らしなどは，容易に見逃されてしまうのである。

◆ 望ましい農村調査法

　「農村開発観光」をチェンバースは「速くて汚い」調査法と呼ぶ。調査に時間をかけず，結果も問題含みだからだ。これに対し，「農村開発観光」の様々な偏りを回避できる調査として，チェンバースは文化人類学のフィールドワークを挙げる。調査地に長く住み込んで，参与観察を行い，多くの人々から情報を得るからである。しかし彼は，この調査法を「長くて汚い」方法と呼ぶ。

　確かに文化人類学者は，調査地に１〜２年間滞在し，その後数年をかけて論

Ⅲ　文化人類学への批判と新たな展開

文を書くのが普通である。その長い期間に蓄積した質の高い情報を，その後，次々と開発実務者に提供するのなら問題はないのだが，チェンバースは，文化人類学者の論文は，専門知識の向上に役立つだけで，貧困の軽減には何ら役立たないと考える。また文化人類学者の多くは，実務的なアドバイスを与えることができないし，そうすることを好まないと批判する。つまりチェンバースは，文化人類学者のことを，開発実務者にとって有益な知識をたくさん持ち合わせているにもかかわらず，それを利用可能な形で示さない残念な存在と感じているのである。このような文化人類学者を評して，「彼らは自分達が何を知っているかということを知らない」と揶揄する。

　チェンバースが理想とする調査は，「ほどほどに速く，ほどほどにきれい」な調査である。そのような調査法は1980年代に「速成農村調査法」（略称RRA）として知られるようになった。この調査法は数日から数週間で完了することが多いが，収集するデータの質を担保するために様々な工夫がこらされている。チェンバースはその基本として，専門，データの種類，情報提供者，分析方法などを単一ではなく複数集めて組み合わせることを重視する。例えば，調査にあたっては，異なる分野の専門家によるチームが編成されることが普通である。これは，単独で行われることが多い文化人類学のフィールドワークとは大きな違いである。一方，キーインフォーマント（特定の事柄に詳しい人）の活用，地元の知識の収集，半構造化インタビュー（事前に用意した質問からはじめ，相手の答え次第で柔軟に質問を変えていくインタビュー）等，文化人類学のフィールドワークから受け継いだ手法も多い。

　1980年代末から，チェンバースは「参加型農村調査法」（略称PRA）あるいは「参加型学習と行動」（略称PLA）と呼ばれる新たな調査法を提唱しはじめた。これらは複数の視点の組み合わせを重視するRRAの原則に，農村住民の視点を積極的に導入したものと言える。それとともに調査の目的自体も，外部の専門家による情報収集から，現地の住民による学習とそれに基づく行動へと変化した。チェンバースはPRA/PLAの特徴として，視覚に訴える手法（地図や年表，相関図などを皆で描く）の重視，外部者の態度の変化（情報収集者から，住民の「気づき」を促す介助者へ），住民と政府や開発援助機関との情報の共有

ロバート・チェンバース

の3点を挙げ，その究極の目的は貧困層の人々が開発の主役になれるように力をつけること（エンパワーメント）であると指摘する。

◆ 参加型開発と参与観察

　チェンバースの参加型調査法は，文化人類学のフィールドワークを開発の現場向けに改良したものである。それでは文化人類学を学ぶ者は，チェンバースの調査法をどのように考えればよいのだろうか。

　文化人類学者がフィールドワークで行う参与観察と，チェンバースの提唱する参加型調査法を比べてみよう。どちらも参与（participant）と参加型（participatory）という「参加（participation）」に関連する言葉が入っていることに気づく。しかし参与観察は文化人類学者が住民の日常生活に「参加」することを意味するのに対し，参加型調査法は，住民が開発に「参加」することを意味する。この差は大きい。なぜなら文化人類学者の狙いは住民のありのままの生活を観察することにあるのだが，参加型開発が目指すのは住民がその生活を積極的に変化させることにあるからだ。したがってチェンバースが指摘するように，開発に冷淡な態度をとる文化人類学者は少なくない。

　しかし文化人類学の中にも，社会問題に実践的に取り組む**実践人類学**という領域がある。この分野の文化人類学者は，開発実務者とともに開発プロジェクトに加わって，参加型開発やそのための調査法の改善に取り組むことができるだろう。一方，開発プロジェクトから距離をとり，独自にフィールドワークを行いながら，開発実務者よりも詳しく貧困の実態を解明したり，開発プロジェクトの効果を確かめたりすることも実践人類学の重要な仕事である。実は，チェンバースの参加型調査法も完璧ではない。住民の視点を優先すると言いながら，外部の者が描いた住民参加というモデルを押しつけてはいないか，あるいは，様々な調査手法を駆使しても，最も貧しく，力のない者の思いは見逃されたままではないか，といった疑問は尽きない。こうした問題の解決には，参加型開発の成果を冷静に検討する研究が必要である。

　ひるがえって，参加型調査法を推進する立場から古典的な文化人類学のフィールドワークに注文をつけることもできる。文化人類学者が自分の研究のため

255

Ⅲ　文化人類学への批判と新たな展開

に住民の生活に参与して，その特徴を学ぶという行為は，住民自身が自分たち
の暮らしを点検し，改善にむけて行動するきっかけを奪っているということに
ならないだろうか。この問いにどう答えるにしても，重要なのは，文化人類学
の研究は，誰のため，何のためになるのかという問いを忘れてはならないとい
うことである。

◆ 用語解説

参加型開発　開発は政府や援助機関が実施するものという一般通念を批判し，開発の受
益者である地域住民自身が主体的に関わることを重視した開発の進め方をいう。その目
的は，単に貧困が改善されるだけでなく，貧しかった人々が自信をもち，積極的に社会
生活が送れるようになることにある。

実践人類学　開発や貧困問題等，社会的課題に対して実践的な貢献を目指す文化人類学
の一分野。アメリカ合衆国では，大学や研究機関に所属せず，公共機関やNGO，民間企
業等のために文化人類学の専門性を活かして仕事をする人類学者を実践人類学者（prac-
ticing anthropologist）と呼ぶ。

◆ より深く学ぶために

〈原典・訳〉

R. チェンバース（穂積智夫・甲斐田万智子監訳）『第三世界の農村開発　貧困の解決
——私たちにできること』明石書店，1995年。
＊本文中では英語の原題に忠実に『農村開発——最後の人を最初に』と記した。

R. チェンバース（野田直人・白鳥清志監訳）『参加型開発と国際協力——変わるのはわ
たしたち』明石書店，2000年。
＊本文中では英語の原題に忠実に『誰の現実が重要か——最初の人を最後に』と記した。

R. チェンバース（野田直人監訳）『開発調査手法の革命と再生——貧しい人々のリアリ
ティを求め続けて』明石書店，2011年。
＊本文中では英語の原題に忠実に『開発調査の革命』と記した。

〈入門・解説書〉

S. ヒッキィ／G. モハン（真崎克彦監訳）『変容する参加型開発——「専制」を超えて』
明石書店，2008年。
＊参加型開発に対する批判を踏まえ，新しい展開を目指す論文を集めた解説書。

（鈴木　紀）

グローバリゼーション論

アルジュン・アパドゥライ

(Arjun Appadurai：1949-)

◆ アパドゥライとは？

　アルジュン・アパドゥライは，グローバリゼーションに対する人類学的アプローチの形成に大きな役割を果たした。彼は，国民国家に閉じ込められた生き方に疑問をもち，国境を越えた流れがどのような新しい生き方を生み出しているのかを考えるための理論的枠組みを構想した。フローと想像力に着目する彼のアプローチは，１つの場所にとどまらないグローバルな現象を我々が捉える上で重要な視点を示している。

　アパドゥライは1949年に，独立したばかりのインドのボンベイ（現在のムンバイ）に生まれた。同地の大学に学んだあと，アパドゥライはアメリカへと渡り，南インドの宗教実践についての歴史人類学的研究によって1976年にシカゴ大学で博士号を取得した。その後，アメリカの諸大学で教授を歴任し，2009年からはニューヨーク大学教授を務めている。

　この章では，アパドゥライのグローバリゼーション研究の展開について解説する。その上で，我々がどのように彼の議論を引き継ぎながらグローバリゼーションを捉える視点を発展させていけるのかを考える。

◆ グローバリゼーションと想像力

　グローバリゼーションというと，どのようなプロセスを考えるだろう。みんなが英語で話さないといけないようになることだろうか？　世界中にマクドナルドができることだろうか？　たしかに，多くの社会理論は，そのような均質化の過程としてグローバリゼーションを捉えている。例えば，社会学者アンソニー・ギデンズは，グローバリゼーションはモダニティの地球規模での拡大だとしている。彼のいうモダニティとは，社会生活がローカルな文脈から引き離

Ⅲ　文化人類学への批判と新たな展開

されて，普遍的な科学技術的専門知識に依存するようになることを指している。そのような社会生活のあり方は17世紀以降のヨーロッパに現れ，いまや世界中に影響が及ぶようになったとギデンズは考える。この考え方には，かなりの説得力がある。しかし，本当にそれだけなのだろうか？　アパドゥライは『さまよえる近代』(1996) で，違った角度からグローバリゼーションについて思考するため知的な道具を提案している。そのキーワードになるのが，「乖離」と「想像力」である。

　アパドゥライは，種類の異なる様々な要素がグローバルに移動している状況に注目する。旅行者や移民や難民や外国人労働者といった人々が移動するのはもちろんだが，それ以外にメディアも技術も資本も国境を越えて移動している。人権という考え方が新しくある場所に導入されるというような場合を考えれば，観念も移動していると言える。そして，一つの土地にとどまらずに動き続けるこれらのフローが，それぞれの場所で独自の情景を作り出している。アパドゥライはその情景を，「〜の風景」を意味する接尾辞であるスケープをつけて，それぞれエスノスケープ，メディアスケープ，テクノスケープ，ファイナンススケープ，イデオスケープと呼んでいる。

　重要なのは，これら5つの要素はまとまって1つの方向に流れるわけではなく，バラバラに流れるということだ。アパドゥライはこの状況を「乖離」と呼んでいる。例えば，人とメディアは一緒に移動するとは限らない。シカゴのパキスタン人タクシードライバーがイランのモスクで録音された説教のカセットに耳を傾けている状況を考えてみよう。ここでは，人がパキスタンから，メディアがイランから，それぞれやってきて，シカゴという場所で出会っている。また，移動は中心から周縁へと向けて起こるとも限らない。スリランカ人にとってはインド化が，アルメニアやバルト諸国の人々にとってはロシア化が，アメリカ化以上に心配の種になりうる。欧米から残りの世界に向かう一方的なフローだけではなくて，色々な方向のフローが存在している。

　人やメディアや技術や資本や観念がそれぞれ独特の軌道を描いてあらゆる方向に移動して，世界各地の様々な場所で出会って結びつく。それがアパドゥライの提示するイメージだ。このように考えると，グローバリゼーションがもた

258

アルジュン・アパドゥライ

らす結果は，均質化を想定する社会理論が考えるよりずっと予測不可能になる。例えば，南インドのケーララ州では，中東への出稼ぎで女性から遠ざけられた環境で働いて（エスノスケープ）稼ぎをもち帰った（ファイナンススケープ）男たちの財力と嗜好に応えるために，ポルノ映画産業が発展し（メディアスケープ），男女関係についての特異な観念（イデオスケープ）が生まれた。しかし，そうなると決まっていたわけではないし，他の場所でも同じことが起こるとは限らない。どのフローがどのように結びつくかは，コンテクストによって異なる。だから，具体的な事例を通して，結びつきから生まれる現象を考えていく必要がある。こうしてアパドゥライは，出来合いの答えをもたない開かれた問題としてグローバリゼーションを考えるアプローチを示している。

　アパドゥライは，グローバルな結びつきから生じる現象の中でも，とりわけ「想像力」に注目している。ここで彼が考えているのは，現実とは関わりのない夢想（ファンタジー）でも個人的な想像でもなく，人々が集団として行動を起こすように導く「社会的実践としての想像力」である。想像力に対する彼の関心は，ベネディクト・アンダーソン（→147頁）による「想像の共同体」論に多くを負っている。アンダーソンは，国民（ネーション）は社会的想像力の１つの形だと論じた。オリンピックで自国選手が勝った時に感じるように，多くの人は国民としての「我々意識」を自然ともっている。そして，国境によって囲まれた自国を「我々の国」だと感じている。しかし，実はそのような想像力は，国内を循環するフロー（新聞や官僚）によって歴史的に生まれてきたものだと，アンダーソンは示した。

　しかし，国境を越えるフローの増大のせいで，国民国家の想像力は不確実になってしまった，とアパドゥライは考える。だとすれば，国民国家に代わるどのようなポストナショナルな想像力があらわれてきているのだろうか？　これが，アパドゥライの中心的な問いである。この問いに対して彼は，トランスネーションの想像力を１つの可能性として提示する。今日，よりいっそう多くの人々が，生まれた土地を何らかの理由で離れて別の国々で暮らすディアスポラとなっている。しかし，昔と違って今日のディアスポラたちは，電子メディアを通して繋がりを保ち，様々な問題を共有することができる。移動する人々と

259

Ⅲ　文化人類学への批判と新たな展開

移動するメディアの出会いによって生み出される，国民国家の領土の範囲に収まらないこの想像上の領域を，アパドゥライは「ディアスポラの公共圏」と呼んでいる。そして，ディアスポラたちは，出身地や受け入れ国に対して愛着をもつのと同時に，この想像上の領域に愛着を抱くようになっている。このような，国民の枠組みに収まりきらない，脱領土化された「我々」の捉え方がトランスネーションである。アパドゥライは，このようなポストナショナルな想像力が，国民国家を乗り越えて支配的となっていく可能性を展望した。

◆ 想像力の複数性

　しかし，ナショナルからポストナショナルへというアパドゥライの展望は，少し楽観的すぎるのではないだろうか？　本当にそんなに簡単に国民国家は終わりを迎えるものだろうか？　『さまよえる近代』は強い影響力をもつと同時に，このような批判を受けた。それを受けてアパドゥライは，自らの構図を想像力の多様性を考慮に入れたより複雑なものへと発展させていった。

　『グローバリゼーションと暴力』（2006）において，アパドゥライは国民の想像力の持続性について分析している。1990年代以降，マイノリティに対する激しい暴力が世界各地で起こっている。例えばインドでは，マジョリティであるヒンドゥー教徒のナショナリズムが高まり，マイノリティであるイスラム教徒の虐殺やモスクの破壊にいたった。これほど激しくなくても，マイノリティの排斥運動はほとんどどこでも起こっている。アパドゥライは，このような暴力は，国民国家が不確実になった結果生じていると捉える。儲かる投資先を求めて世界中を動き回る金融資本のせいで，国が自国の経済をコントロールしているという感覚が失われてしまった。国際的なテロリストのネットワークのせいで，自国の領土の中で安全を感じられなくなってしまった。そこから生まれる不安感が，国内にいるマイノリティに投影される。マイノリティこそが問題を引き起こす元凶だと考えられるようになる。そこから，彼らを消し去って我々国民だけからなる国を取り戻したいという欲求が生まれ，マイノリティに対する憎悪と暴力が発生する。このようにアパドゥライは，グローバリゼーションによる国民国家の不安定化が，逆説的に純粋な国民という想像力を強めている

と分析する。

その一方で，『文化的事実としての未来（*The Future as Cultural Fact*）』(2013) において，国民を越えるユートピア的な想像力が確かにあらわれていることにアパドゥライは注目する。人権，貧困，先住民の権利，災害援助，環境正義，ジェンダーの平等など，様々な問題に取り組む非政府団体（NGO）が生まれ，しかもそれらの団体は単独で行動するのではなく国境を越えたネットワークをかたちづくっている。アパドゥライは，このようなネットワークの発展を「草の根のグローバリゼーション」と呼ぶ。これらのネットワークは，一国内だけではなくグローバルな公正を実現するために，大規模な抗議行動を組織するだけではなく，地道に状況改善のための運動を行っている。

アパドゥライが長年調査してきたムンバイのスラム住民による生活改善運動は，その一例だ。そこでは，タイプの異なる団体（都市貧困問題に取り組むNGO，貧しい女性の組織，男性スラム住民組織）が連携して，政府と交渉しながら住環境の改善に取り組んできた。しかし，人々はただローカルな実践をしているだけでなく，スラム住民団体の国際的なネットワークに加わって，トランスナショナルに活動している。アパドゥライは，そこで生まれているのは「下からのコスモポリタニズム」だという。それは，帰属を超越した普遍的な「人類」としての視点に立つのではなく，お互いの語りを通した経験の共有から生まれる親近感と連帯感に基づいた，コスモポリタンな想像力である。

これらの著作を通してアパドゥライは，『さまよえる近代』で想定していたような1つの想像力の別の想像力による乗り越えではなく，複数の想像力がせめぎあう状況としてグローバリゼーションを捉えなおしている。特に彼は，国民国家，「草の根のグローバリゼーション」，それにグローバル金融の3者の関係を重視する。彼は『グローバリゼーションと暴力』で，「脊椎型」と2種類の「細胞型」という区分を用いて全体の構図を示している。この構図によると，中枢と末梢をもつ脊椎型システムである国民国家に対して，中枢のないネットワーク状の細胞型システムがグローバリゼーションにおいてあらわれている。しかし，細胞型システムにもグローバル金融のような破壊的なものと「草の根のグローバリゼーション」のようなユートピア的なものが対立的に存在してい

Ⅲ　文化人類学への批判と新たな展開

る。このような見方は，グローバル金融の中心的存在であるデリバティブを売買するトレーダーの「不確実性の想像力」を扱った『バンキング・オン・ワーズ（*Banking on Words*）』（2016）にも引き継がれている。

◆ アパドゥライの使い方

　アパドゥライは，政治や経済ではなく文化の問題としてグローバリゼーションを捉えるために必要な思考の枠組みを作り出したと言える。それまで人類学者は，外から襲いかかってローカルな文化を破壊してしまう抽象的な力として，グローバリゼーションを捉える傾向があった。それに対してアパドゥライは，国境を越える様々なフローの結びつきが「脱領土化した」文化を生み出すのだ，と捉えなおした。そして，新しい結びつきからどのような想像力が生まれるかを中心的な問いとした。この問い方は，捉えどころのないグローバリゼーションについて人類学者が具体的に考えるための手がかりとなった。アパドゥライ自身は，自分の理論を使った詳細な実証的研究はあまり行ってはいない。しかし，彼の編み出した概念を道具として，数多くのグローバリゼーションについての民族誌的研究が行われてきた。

　同時に，アパドゥライのアプローチは数々の批判の対象となった。中でも，ポストナショナルな想像力の複数性に関わる批判は重要である。アパドゥライとともにグローバリゼーションの人類学的研究を先導してきたアナ・ツィンは，様々な種類の想像力の間の競合にもっと注目するべきだとアパドゥライを批判した。すでに見たように，このような批判を受けて，グローバル資本と国民国家と「草の根のグローバリゼーション」の想像力の葛藤を考える方向に彼は枠組みを発展させてきた。しかし，それら3者を考えるだけでよいのだろうか？例えば，インドのカルカッタのスラムを扱ったパルタ・チャタジーは，スラム住民はアパドゥライのいうグローバルな「市民社会」の運動にではなく，むしろ，政府と駆け引きしながらしぶとく生き抜く「政治社会」の実践へと向かっていると論じている。グローバリゼーションによって生活の危機にさらされた人々が，権利を求める市民運動よりもインフォーマルな生き残り戦略へと向かう事例は，他にも世界各地で見られる。そこには，「草の根のグローバリゼー

262

アルジュン・アパドゥライ

ション」とは異なる想像力があらわれているのではないだろうか？　そう考えると，アパドゥライの三分法的な枠組みを超えて，より様々な想像力のせめぎあいについて考えていく可能性が見えてくる。

　これらの批判は，アパドゥライのアプローチを否定するものではない。そうではなくて，グローバリゼーションのより複雑なあり方を描くために，彼の考え方を引き継いで利用しながら修正を加えていこうとする試みである。アパドゥライの理論は，そこから出発してグローバリゼーションのより複雑な様相について考えを進めていくための，1つの重要な出発点であり続けている。

◆ **より深く学ぶために**

〈原典・訳〉

A. アパデュライ（門田健一訳）『さまよえる近代——グローバル化の文化研究』平凡社，2004年。

A. アパドゥライ（藤倉達郎訳）『グローバリゼーションと暴力——マイノリティーの恐怖』世界思想社，2010年。

〈入門・解説書〉

Inda, Jonathan Xavier and Renado Rosaldo eds., *The Anthropology of Globalization: A Reader*, 2nd ed., Blackwell Publishing, 2008.

＊近年の代表的な論文を集めた，グローバリゼーションの人類学の学問状況を見渡すのに格好の選集である。収録された（本人の論文を除く）17論文のうち11論文がアパドゥライの著作を引用している。

（中川　理）

存在論的人類学

マリリン・ストラザーン

（Marilyn Strathern：1941-）

◆ 特異な存在感

　マリリン・ストラザーンはイギリスの社会人類学者であり，メラネシア地域についての民族誌的研究から出発して，フェミニズム，生殖技術や知的所有権など多岐に渡るテーマを論じてきた研究者である。その著作は，複雑で晦渋な文体や，メラネシアと現代西洋の事例をしばしば予想外な仕方で並置する独特の分析方法によって，現代の人類学の中でも特異な存在感を放ってきた。本章では，メラネシア研究の分野における彼女の主著『贈与のジェンダー』（1988），および理論的主著と目される『部分的つながり』（1991）に的を絞って，ストラザーンの理論と方法について解説することにしたい。

◆ 生い立ちと経歴

　ストラザーンは1941年にイギリス，ウェールズで生まれ，イングランド南東部のケントで育った。その後，ケンブリッジ大学のガートン・カレッジに進学して考古学と人類学を学び，大学院で人類学を専攻する。1964～65年および1967年には，その後の彼女の人類学的営みの基礎となる，ニューギニア高地のマウント・ハーゲン地方でのフィールドワークを行っている。1968年に博士号を取得した後は，ケンブリッジ大学考古学・人類学博物館に学芸員として勤務するとともに，同大学の講師やオーストラリア国立大学の研究員などを務めている。その後，1985年にはマンチェスター大学社会人類学部に学部長として着任し，さらに1993年にはケンブリッジ大学のウィリアム・ワイズ教授職に迎えられ，2008年まで同職にとどまっている。この間多数の著書を発表し，活発な研究活動を続けてきたストラザーンは，高齢となった現在でも，現代人類学における重要なコメンテーターとしての位置を占め続けている。

264

マリリン・ストラザーン

◆『贈与のジェンダー』

　1988年に出版された『贈与のジェンダー』（以下，『ジェンダー』と略）は，メラネシア研究者としてのストラザーンの代表作であり，1980年代半ばまでのメラネシア民族誌の蓄積を大胆に総括し再構成した著作である。同書において彼女は，他の研究者による多数の民族誌を検討しながら，従来のメラネシア人類学を支配していた「個人／社会」，「自然／文化」，あるいは「男性による女性の支配」といった近代西洋的な概念的枠組みを根本から相対化していく。それらに代えてストラザーンが提示するのは，彼女が「メラネシア的社会性（Melanesian sociality）」と呼ぶところの，メラネシアにおける社会的実践についての新たな見方である。ここではそのような相対化の作業を，特に「個人／社会」という二分法に注目して見てみたい。

　ストラザーンは，バラバラの，独立した諸個人からいかにして社会あるいは集団が構成されるか，という従来のメラネシア人類学の問題設定を，近代西洋の思考枠組みにとらわれたものとして批判する。例えば，メラネシア各地に見られるイニシエーション儀礼（成人男性からなる集団・結社への加入儀礼）は従来，社会的でない存在としての若者を，儀礼を通じて社会的な存在へと作り変え，集団に統合する仕組みとして分析されてきた。これに対し，ストラザーンによれば，メラネシアにおいて人格は，必ずしも前社会的で分割不可能な「個人（individual）」としては捉えられていない。むしろ，同地域において人格は，自身の親族・姻族との関係など様々な社会的関係から構成され，それらを自らの内に含み込んだ，複合的で「分割可能な人格（dividual，**分人**）」として理解されており，したがってそこでは，前社会的な個人をいかにして社会的な存在に作り変えるかという問題は生じえない。

　ストラザーンによれば，メラネシアにおける社会的実践は，諸人格が，他者との関わり合いの中で，自らを構成するそのような社会的諸関係の一部を時に顕在化させ，時に覆い隠すようなプロセスとして展開される。このプロセスこそが「メラネシア的社会性」に他ならない。同地域の人々は，そうしたプロセスを通じて，自他の人格がいかなる社会的関係から構成されており，その結果として自分たちがいかなる社会的行為，例えば婚姻や贈与・交換などをなしうる

265

Ⅲ　文化人類学への批判と新たな展開

かを知る。それこそがイニシエーションや贈与交換といった実践の意味である，とストラザーンは言う。

　一例として，『ジェンダー』で取り上げられている，ニューギニア高地西部のパイエラの人々における思春期儀礼を見てみよう。パイエラでは，既婚男性の身体的健康は妻が月経のたびに行う秘密の呪術に依存しているとされるのだが，この人々の思春期儀礼においては，少年たちが，集落を離れて森の中に身を隠し，将来の妻とのそうした関係を，「ショウガ女」と呼ばれる女性の精霊との間で先取り的に取り持つことを試みる。それぞれの少年は森の中で，精霊のために畑にショウガを植えるのだが，この贈与に対しショウガ女が好意的に応えたかどうか，言い換えれば少年がこの精霊との間に肯定的な関係を結ぶことに成功したかどうかは，この儀礼の間に少年たちの身体が「大きく，美しく」成長したかどうかで知られる。儀礼の終わりに少年たちは森の中から姿を現し，他の人々は彼らの身体を見るのだが，少年の身体が大きく，美しくなっていれば，人々は彼が精霊とうまく関係を取り結んだことを知り，逆に身体が小さく貧相なままであれば，そうした関係の樹立が失敗したことを理解する。

　このように，パイエラにおいて男性は，自らに潜在する成長という能力を単独で発揮することができず，そのためには他者，例えば妻やショウガ女との社会的関係を必要とするとされている。そもそも，少年の身体は両親の婚姻関係の産物であり，その意味で自らの内に社会的関係を包含している。少年の成長する能力はそのような関係の延長・展開として理解されているが，しかしその能力を発揮するためには，少年はまずショウガ女との間に関係を取り結ばなければならないとされる。この関係がうまく結ばれた場合，儀礼の結末において，集落の人々は成長した少年の身体を見ることになるのだが，その身体とは，両親の婚姻関係とともにショウガ女との擬似的な婚姻関係を含み込んだものであり，さらにはまた，将来の妻との婚姻関係を先取り的に示すものでもある。

　このように，パイエラの少年の身体・人格は，様々な社会的関係から構成された「分人」であり，またそうであるがゆえに新たな関係を他者と結びうるものとして理解されている。『ジェンダー』においてストラザーンは，これと類似の社会的実践をメラネシア各地の事例に即して指摘していく。このように

266

マリリン・ストラザーン

「メラネシア的社会性」とは，諸人格が，自らを構成している親族・姻族関係その他の社会的関係を，他者との関わりにおいて顕在化させ，そうすることによって自身がもつ内的な能力，具体的には婚姻・出産や贈与・交換の能力を明らかにする，というプロセスに他ならない。人格と社会的関係についてそのような独自の見方を提示することにより，『ジェンダー』のストラザーンはメラネシア民族誌を刷新し，それとともに，従来の人類学を規定してきた「個人／社会」，「自然／文化」といった二分法を大胆に相対化してみせたのである。

◆『部分的つながり』

　『ジェンダー』に続く著作であり，理論的な主著と目される『部分的つながり』（以下，『つながり』と略）において，ストラザーンは，前者では潜在的なものにとどまっていた民族誌の方法論，すなわち，人類学者が自身のフィールドワークに基づき民族誌を書くという営みや，複数の文化／社会の間で比較を行うという実践について主題化している。このような作業の背景には，1980年代後半の人類学におけるいわゆる「再帰的転回」，すなわち民族誌それ自体の構築性や権力性を問題化した動きがある。そのような背景の下，ストラザーンが『つながり』で試みるのは，『ジェンダー』で描かれたようなメラネシアの人々の実践と人類学者の営みを部分的に類似したものと見なすことで，民族誌記述の可能性を肯定的に捉え直すことに他ならない。

　『つながり』でストラザーンは，現代のグローバルな条件下における伝統的な民族誌の行き詰まりについての寓意として，メラネシア，特にニューギニア高地において，比較についての従来の想定がいかなる困難に遭遇するかを論じている。限られた地域に異なる言語や慣習をもつ多数の集団が居住するニューギニア高地は従来，異なる社会における集団構成，儀礼的交換やリーダーシップの性質などを比較するための理想的な場と見なされてきた。しかしストラザーンによれば，相互に独立した複数の文化／社会をそのように単一の基準の下で比較するという想定——彼女の言う「多元主義」——は，この地域では維持されえない。例えば，ニューギニア各地で儀礼に用いられる笛や丸木太鼓など「音を鳴らす道具」を比較しようとする際に，ある地域におけるカヌーや別の

Ⅲ　文化人類学への批判と新たな展開

地域における家屋を対象から排除することの正当性はどこにあるのか。事実，人類学者の報告によれば，ある地域の人々は，丸木太鼓と同じトーテム的な模様をカヌーに彫刻することで両者を類比し，また別の地域の人々は，いずれも開口部をもち，そこを息・音や人が通り抜ける笛と家屋とを似たものと見なしているという。比較を行う上で人類学者は，現地の人々が類比を通じて生み出すこうした関連を排除することはできず，そのため比較の基準や単位には不確かさがつきまとうことになる。人類学者が行おうとする比較は，このように現地の人々が行う「比較のような」実践によって攪乱されてしまうのである。

『つながり』においてストラザーンは，メラネシアにおいて人類学者が直面するこのような事態を「**ポスト多元主義**的」な状況と呼んでいる。伝統的な人類学が「文化」や「社会」をそれぞれ独立したものとして多元主義的に理解し，それらの間での比較を行っていたとすれば，メラネシアにおいて，あるいはグローバル化する現代世界において人類学者が直面しているのは，様々な文化的・社会的要素が互いに部分的に繋がりあい，互いを前提しあった「ポスト多元主義的」な状況に他ならない。『つながり』における課題はまさしく，そのような状況において民族誌的な比較の可能性を定義し直すことにある。

このような課題に対し，ストラザーンは，それ自体一種の比較の実践であるメラネシアの社会過程と民族誌的な比較の間にある同型性を指摘することで応えてみせる。すなわち，現地の人々が行う比較のような実践によって自身の比較が不断に攪乱されるという上のような事態は，人類学者を，自らの記述と，現地の人々が比較を通じて生み出す意味や関連の間の差異の認識——これ自体一種の比較である——へと導く。そうした認識に基づき人類学者は，自らの記述からこぼれ落ちた意味，まだ書かれていない関連を記述へと取り込むべく，また新たな記述を生み出すことへと駆り立てられる。ストラザーンは，このように記述対象との差異に基づき常に新たな記述を生み出していくという民族誌の産出的な性格に，先に『ジェンダー』について見たように，人々の人格・身体が内包する関係性と能力によって不断に駆動され展開される「メラネシア的社会性」との部分的な同型性を見出す。そのような理解によって，彼女は，現代の「ポスト多元主義的」状況における民族誌，特に比較の可能性を肯定的に

再定義してみせるのである。

◆ 多様な読解へ

　はじめにも述べたように，ストラザーンの著作はいずれも，多様な読解を許す複雑なテクストとなっており，以上の解説はあくまで可能な1つの解釈を示すものに過ぎない。ストラザーン自身，あるインタビューの中で，自らの著作がごく多様な仕方で読まれていることを喜んでいる，と明言している。そうだとすれば，我々に求められているのは，独特な理論的産出力をもった彼女の著作と直接向き合い，そこから自分なりの洞察・分析を導き出すことに他ならないだろう。本章がそのためのささやかな足がかりとなることを願っている。

◆ 用語解説

分人（dividual）　バラバラの，相互に独立した「分割不可能な個人（individual）」に対し，他者との社会的関係から構成され，それらの関係を自らの内に含み込んだ，メラネシアなどにおける人格のあり方を表す概念。

ポスト多元主義（post-pluralism）　個々の文化・社会を相互に独立したものとみなす「多元主義」に対し，様々な文化的・社会的要素が部分的に繋がりあい，互いを前提しあっている状況（あるいはそのような見方）を表す概念。

◆ より深く学ぶために

〈原典・訳〉

M. ストラザーン（大杉高司・浜田明範・田口陽子・丹羽充・里見龍樹訳）『部分的つながり』水声社，2015年。

Strathern, Marilyn, *The Gender of the Gift: Problems with Women and Problems with Society in Melanesia*, Berkeley: University of California Press, 1988.

〈入門・解説書〉

里見龍樹・久保明教「身体の産出，概念の延長——マリリン・ストラザーンにおけるメラネシア，民族誌，新生殖技術をめぐって」『思想』1066，2013年，264〜282頁。

（里見龍樹）

存在論的人類学

アルフレッド・ジェル

(Alfred Gell：1945-1997)

◆ 図（ダイアグラム）とテクスト

アルフレッド・ジェルは英国の社会人類学者である。彼は，『芸術とエージェンシー（*Art and Agency*)』(1998) において，芸術作品を社会関係の中で働くエージェントと見なす芸術の人類学の方法を提唱した。彼の代表作となったこの本は，芸術の人類学のみならず，物や物と人の関係に着目する人類学に大きな影響を与え，後の「存在論的転回」と呼ばれる流れにも繋がっていった。

ジェルはケンブリッジ大学での学部時代，エドマンド・リーチ（→167頁）の影響を強く受けた。当時の様子を「レヴィ＝ストロースが神であり，リーチが現世の教区牧師」であったと回顧している。卒業後はロンドン大学経済政治学院（LSE）へ進学し，ニューギニア西セピック州のウメダ族の村落におけるイダ儀礼を研究した。リーチとレヴィ＝ストロース（→181頁）流の構造主義的分析に基づく民族誌で1973年にLSEより博士号を取得した。その内容は後に『ヒクイドリのメタモーフォシス』(1975) として出版された。彼は，哲学や現象学や心理学へも関心をよせ多くの時間を費やした。ニューギニアのほか，中央インドでムリア・ゴンド族の調査も行った。

ジェルは，サセックス大学（1972〜74年）とオーストラリア国立大学（1974〜79年）で教えた後，LSEで教鞭をとった。型破りで自由な発想力をもち，ユーモア溢れる感性豊かな人物であったそうである。90年代初期には『時間の人類学』(1992) や，ポリネシアの入れ墨の研究『イメージに包む』(1993) 等を発表した。彼の著作では図が重要な位置を占めることが多い。彼はまず図を描き，それを文章で説明していったという。現象の骨格を捉え，簡潔に視覚的に表現するその手法には，レヴィ＝ストロースの構造主義の影響も見て取れる。またそこには，人類学のテクスト偏重主義への批判も込められていた。

アルフレッド・ジェル

　自らも絵画の制作や鑑賞を趣味としたジェルは，1980年代中盤から芸術の研究に着手した。芸術を魔法にかかった技術として捉えた「魅了の技術と技術の魅了」(1992)，芸術作品は罠であり，また罠は芸術作品であると論じた「ヴォーゲルの網」(1996) 等を執筆し，芸術とは何か，そして真に人類学的な芸術研究とはどうあるべきかを問うた。以下のように，その議論は彼の遺稿『芸術とエージェンシー』(1998) においてさらに深められる。

◆ 芸術の人類学の方法

　当時の人類学的芸術研究は，西洋中心的な美術史や美学的研究を乗り越え，それぞれの地に固有の美の体系を明らかにすることを目的としていた。文化相対主義の立場で芸術を論じたフランツ・ボアズ（→16頁）の流れを汲み，非西洋の「未開芸術」にも西洋の美術品と同等の（しかしその地に固有な基準に基づいた）価値があることを示そうとしたのである。また，芸術作品を言語とのアナロジーで捉え，作品に込められた象徴的意味を解釈する研究も多かった。それに対しジェルは，芸術を美や意味の問題として分析しないことを宣言する。

　代わりに彼は社会関係の中で芸術作品がどのように働くのかを問うべきだと提起した。ジェルはこれを行為中心的（action-centered）なアプローチと呼んでいる。彼にとって芸術作品とは，何かを「表す」コミュニケーションの媒体ではなく，「世界を変えることを意図した行為のシステム」である。例えば，「未開芸術」として扱われることも多いアスマット族の盾の模様は，戦場で相手から恐怖を引き出すために作られた。芸術の人類学が問題とすべきは，盾の美的価値や意味ではなく，戦士とその敵の間に置かれた盾の「働き／作用」なのだ。ジェルはこの点を理論化するために，新たな用語を導入する。

　まず**エージェンシー**とは，（物理的連鎖ではなく）意図によって相手に働きかけ出来事を引き起こすとされる人や物に帰せられる，能力や性質のことである。このエージェンシーを行使する存在はエージェント，そしてエージェントが働きかける相手はペーシェントと呼ばれる。本論の特徴は，人のみならず物もエージェントになりうるとする点にある。物は意図をもたないが，（兵士の殺意を担う地雷のように）人の意図的行為を媒介したり，（加護をもたらす神像のよう

Ⅲ　文化人類学への批判と新たな展開

に）人から意図を帰せられることで，出来事の一部を成す。エージェントがペ
ーシェントと対で設定される点も重要である。ペーシェントのいる所にはエー
ジェントもいる。人が物に心動かされ行為を触発される，つまりペーシェント
となるとき，物がエージェントとして立ち上がってくるのだ。

　チャールズ・S・パースは記号を，似ていることで対象を表す「類似記号」，
対象から直接作用を受けることでそれを指し示す「指標記号（インデックス）」，
対象とは直接の関係がないが特定の規則や慣習によって対象と結びつく「象徴
記号」，の3つに分類した。例えば，写真はそこに映る人物の類似記号となり，
煙は火の，笑顔は好意の指標記号である。象徴記号の代表例は言語であろう。
人は笑顔から相手の好意を推論するが，作り笑いのこともあり，この推論は誤
ることもある。このような仮説的な推論はアブダクションと呼ばれる。ジェル
は物がインデックスとなり，そこに働いているエージェンシーをアブダクショ
ンさせるような場面を「芸術らしい状況」と呼び，これこそが芸術の人類学が
対象とすべき領域だとした。相手が物に作り手や所有者や使用者の心の働きや
行為の痕跡をみてとりそれらに思いを馳せる。このようなアブダクションを動
機づける物はどれも芸術作品と見なされるため，この本にはいわゆる美術品の
みならず，呪物，神像，車，地雷，集会場等，実に多様な物が登場する。

　ジェルは，一般的に類似記号とされる肖像画や彫像に関しても，インデック
スとして働く側面に着目する。独裁者は高名な芸術家に自身の肖像画や銅像を
作らせ，街中に配置する。それらは独裁者の尊大さや権力の現れ，すなわちイ
ンデックスとして大衆を圧倒し，彼らを独裁者に対し従属的な位置に置く。ま
た神像や聖画像も，神に似ているからではなく，それが神の力や存在の痕跡
（インデックス）だと信じられているからこそ，人々に対し力をもつのである。
このように芸術作品は，多様な存在のエージェンシーについての推論を見る者
に促すことでエージェンシーを伝達し，人と社会的な関係を構成していくのだ。

　芸術的なエージェンシーには様々な形が考えられるが，基本的なものとして
魅惑（captivation）がある。フェルメールの絵を前にしたジェルは，その傑作
を描く過程をどうしても頭の中で再構成できないという事実に愕然とし，この
絵に魅惑される。自分には到底作りえない対象が，現実にそこに存在するとい

272

アルフレッド・ジェル

う事態から生じる心理的格差，認知上の「障害」がこの魅惑の源泉である。ト
ロブリアンドのクラ交易に使われる船首ボードの彫刻と装飾も，類似の効果を
狙ったものだ。船で相手の島に乗り付ける者たちは，船首ボードによって交易
相手を魅惑し，士気を挫き，クラの交渉を有利に運ぼうとする。相手がその制
作過程を想像しきれないほど，その船首ボードが圧倒的な魅力を放つ時，それ
は船を所有する側の呪術的な力のインデックスとなる。このように彼らは，船
首ボードに媒介させ，エージェンシーを行使する。魅了された交易相手は，船
首ボードの，そしてその船に乗ってきた者たちのペーシェントである。

　フェルメールの絵と船首ボードの事例は一見無関係に見えるが，そのエージ
ェンシーが生じる構図は共通している。前者では才能や技能，後者では呪術的
な力にその原因が帰されるという違いがあるだけである。ジェルはこのように，
極めて多彩な事例からエージェント—ペーシェント関係を抽出し，時に図式化
しながら，類型別に分析した。またその上で，人に強烈に働きかけるようなイ
ンデックスが作られる過程を，哲学や現象学や心理学の議論も取り入れながら，
開口部をつくる，包む，模様を施すなどの点に注目し考察している。

◆ **分配され拡張する人格，作品の中の時間と心**

　物が人に働きかけたり，人が物に媒介させて人に働きかけたりする事態に注
目したジェルの議論は，人格論へと展開した。笑顔が好意的な人物の一部であ
るように，インデックスは，全体に対する部分として考えることが可能だ。ま
たインデックスは人の心の働きや行為の痕跡であり，それらが物質の形態で凝
結した残余である。ジェルは人格（person）を，彼や彼女の存在や意図や働き
を伝えるインデックスの総体として概念化した。先ほどの例で言えば，ジェル
を魅惑したフェルメールの絵は，この画家の意図や働きのインデックスであり
人格の一部である。それは画家から離れた所で，彼の肉体的な死の後も働き続
ける。彼の人格は作品へと分配され，作品を通して時空に拡張している。

　こうしたジェルの人格論は，人類学の古くからの主題である交換論や，人間
を分割不可能な個人（individual）ではなく分割可能（dividual）な存在として捉
えたマリリン・ストラザーン（→264頁）に代表されるメラネシアの人格論の

273

Ⅲ　文化人類学への批判と新たな展開

流れを汲んでいる。クラ交易は「分配された人格」の壮大な事例であった。島から島へとめぐる交換財である腕輪や首飾りは，元の所有者の名前とともに流通する。遠くまで流通する交換財は，その財を流出させた人物の力のインデックスとなり，年季の入ったつややかな交換財は彼の身体と精神の美しさのインデックスともなる。自らの財を遠くまで流通させようと戦略を練るクラの担い手の人格は，交換財に分配されながら，クラの時空に拡張し，島々をめぐる。

　そしてインデックスは，人格の傷つきやすい部分でもある。肖像や写真などの 像 や，頭髪など剥離する身体の部分も「分配された人格」の例であるが，ジェルはそれらを傷つけ相手にダメージを負わせようとする営為の分析にも多くのページを割いた。人形に相手の頭髪等を入れ込み呪いをかける傀儡人形の呪術（例えば日本の藁人形の呪いもその一つであろう）は，人格の剥離した部分を傷つけることでその本体（犠牲者本人）を傷つける効果を狙ったものである。

　また彼は，集合としての物にも注目し，様式論や時間論を展開している。後者について言えば，彼は絵画が何枚ものスケッチや習作を経て生み出されるように，作品が過去の作品に影響されながら作られ，またその作品が未来の制作に影響を与えるという因果的連鎖に着目した。現在の作品は，過去の作品（そしてその作り手）のエージェンシーと，未来の作品の予兆とをともに含みこんでいる。画家がスケッチを重ね試行錯誤するように，人は過去の思考の痕跡を手がかりに新たに思考する。時間の中で，また制作を繰り返す中で展開する思考や認知の痕跡を，ジェルはデュシャンが生涯に残した全作品や，マオリ族が他集団を圧倒するために繰り返し建設する豪華な集会場群の中に見ていた。思考や認知は人の内側だけでなく，物と関わる中でその人の外側でも起きている，というこの主張もまた，この本の主要な柱の1つであった。

◆『芸術とエージェンシー』のその後

　この本は，人類学，美学，美術史，考古学等において賛否両論を引き起こした。人類学では，1990年代以降，人間中心的な文化・社会観を見直し，物の働きや人と物の相互的な関係を論じる研究が多くなされるようになったが，その中でジェルの論は重要な参照点となり，特に人と物の情緒的な関わりを論じる

研究に大きな影響を与えた。こういった物指向の人類学は，後に存在論的転回と呼ばれる流れへと繋がるが，その潮流を生んだ論者の1人に彼の名が挙がるようになった。

　ジェルの貢献もあり，物のエージェンシーに関する議論はもはや珍しくなくなった。その中で例えば，ジェルの物論が十分にラディカルでないとの批判もなされた。ジェルは意図のある人間を自己充足的な一次的エージェントとし，物はその周囲で働く二次的エージェントになると定義したが，その設定では物を人に従属させる，古い物観から抜け切れていないというのである。ただし，彼の論が実質的には十分に物と人を同等に描いているとの反論もある。ジェルの議論をパフォーマンス，写真，文学などの新たな領域へと拡張する試みも生まれている。ジェルの思考に触発された者たちによる，彼の議論の有効性を検証し，可能性を探求する作業は今も続いている。

◆ 用語解説

エージェンシー（agency）　出来事を起こす能力のこと。行為遂行性とも訳される。人類学では，文化や社会を論じる上で，そこに暮らす1人ひとりの主体性や創造性を看過してきたという反省から，エージェンシーについての議論が関心を呼んだ。エージェンシーの定義は論者により様々であるが，ジェルの場合，エージェンシーを意図と結びつける点に特徴がある。

◆ より深く学ぶために

〈原典・訳〉

A. ジェル「時間と社会人類学」長野泰彦編『時間・ことば・認識』ひつじ書房，1999年。
＊ジェルの時間論がコンパクトに紹介されている。

〈入門・解説書〉

内山田康「芸術作品の仕事——ジェルの半美学的アブダクションと，デュシャンの分配されたパーソン」『文化人類学』73(2)，2008年，158〜179頁。
＊『芸術とエージェンシー』を，ジェルが残した全著作の中に位置づけ読み解いた。
久保明教「世界を制作＝認識する——ブルーノ・ラトゥール×アルフレッド・ジェル」
春日直樹編『現実批判の人類学——新世代のエスノグラフィへ』世界思想社，2011年。

（吉田ゆか子）

存在論的人類学

ティム・インゴールド

(Tim Ingold：1948-)

◆ **関係性の人類学の推進者**

　ティム・インゴールドは，英国スコットランドにあるアバディーン大学人類学部の教授で，生態心理人類学や，人間とそれを取り巻く環境の関係性や**認識力**を研究する，21世紀で最も影響力のある社会人類学者の1人である。1970年代にフィンランドのサーミ社会でのフィールドワークを通して，狩猟民と遊牧民の比較人類学，**動物と人間の関係**を研究して以来，インゴールドの学術的興味は多岐にわたり，進化論，環境に対する認識力，技術の実践，**線**などの研究，また分野を超えた学際的人類学研究も精力的に行っている。

　本章では，インゴールドの生い立ちと経歴を紹介した後，1970～80年代にかけての進化論と狩猟・採集社会の研究，1990年代の環境に対する認識力，2000年代以降の「線」や4Asと呼ばれる学際的研究を取り上げ，彼の生態人類学の考え方とその成果について紹介する。最後に彼の研究の問題点を整理し，その後の展開について述べる。

◆ **生い立ちと経歴**

　インゴールドは，1948年にイギリスで生まれた。著名な菌類学者だった父親の影響で，子ども時代のインゴールドは科学の好きな少年だった。ケンブリッジ大学入学時には自然科学を専攻したが，理論と現実に距離のある科学の特性に失望し，大学2年時にチューターの勧めにより，学術的・知的思考の自由があるように感じられた社会人類学に専攻を替えた。彼にとって，人類学とは，人類の本来の生き方を追求できる学問であると感じると繰り返し述べている（Ingold 2000：1；2016：5-23）。

　1971～72年にはスコルトサーミ人の住むフィンランド北東部でフィールドワ

276

ークをし，第二次世界大戦後における彼らの環境への適応，社会制度，フィンランド政府の少数民族への政策などを研究し，1976年にケンブリッジ大学で博士号を取得した。1977年にその調査結果をまとめた『今日のスコルトラップ（*The Skolt Lapps Today*)』を出版した。1973〜74年に1年間フィンランド・ヘルシンキ大学で教鞭をとった後，イギリス・マンチェスター大学に移り社会人類学の講師になった。

インゴールドは，マンチェスター大学において研究と後進の育成に邁進し，1990年にマンチェスター大学の人類学部学部長，1995年に栄誉ある社会人類学におけるマックス・グラックマン教授という称号を得た。1990〜92年にかけて，イギリスの学術誌『人間（*Man*)』（王立人類学研究所の学術誌。現 *The Journal of the Royal Anthropological Institute*）の編集長を，1994年には社会人類学，文化人類学，生物人類学について包括的に記した編著『人類学百科事典（*Companion Encyclopedia of Anthropology*)』を出版した。1988年から人類学理論の論争のためのグループを創設し，その中の6つの研究会で議論された内容を1996年に編著『人類学における鍵となる論争（*Key Debates in Anthropology*)』として出版した。1997年には英国学士院会員，2000年にはエジンバラ王立協会会員に選出された。

1999年，インゴールドは，マンチェスター大学からスコットランド北東部にあるアバディーン大学に移り，2002年，英国で一番新しい社会人類学部を創設し，現在も同大学で教鞭をとり，多くの学生や研究者に慕われている。

◆ 1970〜90年代初頭──北極圏，トナカイ，狩猟採集民族と放牧

大学院時代にスコルトサーミ人の研究をしたインゴールドは，マンチェスター大学でも北極圏に住む人々の研究を続け，トナカイやカリブー（野生のトナカイ）を生活の糧にしていた彼らが，どのように狩猟，放牧，牧畜をしていたかについて研究し，1981年に，2冊目の著書『狩猟，放牧，牧畜──トナカイ経済とそれらの変遷（*Hunters, Pastoralists, and Ranchers: Reindeer Economies and Their Transformations*)』を出版した。さらにサーミ人だけではなく，フィンランド人に対象を移し，1979〜80年にフィンランド北部のサラ地方で調査を

Ⅲ　文化人類学への批判と新たな展開

行った。この研究の目的は，どのように農業と林業がトナカイの放牧と混じり合い地域の生活の糧となったのか，僻地における著しい人口減少の理由の検証，そして戦後の長期的影響をスコルトサーミ人の事例と比較することだった。

インゴールドの北極圏におけるトナカイの遊牧と狩猟に関する研究は，人間と動物の関係，人間性と動物性の境界面や接点，狩猟・採集社会と遊牧社会の比較人類学など幅広いテーマの研究へと広がっていった。これらの研究は多数の論文を生み出し，1986年には『自然の充当（*The Appropriation of Nature: Essays on Human Ecology and Social Relations*）』を出版した。同年，19世紀後半から現代にかけての人類学や生物学，歴史の分野における進化論を検討した『進化論と社会生活（*Evolution and Social Life*）』を出版した。また2年後には，動物と動物性に関する認識は，人々の世界観や彼らを取り巻く環境に深く根ざしていると主張した論文集『動物とは何か（*What is an Animal?*）』（1988）を編集・出版した。

その後，インゴールドは，動物から人間を区別する基準を道具作りとスピーチとして，人間の進化における言語とテクノロジーの繋がりに興味をもつようになった。1990年，キャサリーン・ギブソンとともに国際シンポジウムを開催し，1994年にそこで発表された研究を収録した論文集『人間の進化における道具，言語，認識力（*Tools, Language, and Cognition in Human Evolution*）』を出版した。以後，インゴールドは，人類学におけるテクノロジーと芸術の融合の方法を模索し，その後の**スキル**に関する研究へと続く。

◆ 1990年代 —— 環境への認識力と現象学

インゴールドは，生態人類学に関する講義と研究をする一方で，知覚研究を専門とする米国の心理学者ジェームズ・ギブソンが提唱した認識的システムの理論に影響を受け，人類学と心理学における生態人類学のアプローチ方法を模索した。環境的認識力とスキルの実践を関連づけることによって，新ダーウィン主義者の生物学と認知科学に基づき，社会的環境的状況背景の中でどのように認識力と行動が人々がもつスキルの変化に繋がるのかについて研究した。その研究によって遺伝と文化継承に基づく伝統的な人類学モデルを，関係性を重

視するモデルに置き換えようと試みた。これらのアイディアを，生活，住居，スキルに関連させて発表し，1990年代に執筆した23編の論文をもとに，『環境に対する認識力（*The Perception of the Environment*）』（2000）を出版した。この本の中でインゴールドは，現象学とも関連させ，人間は，一生物として周りの環境に積極的に関わり，その中で学習や経験をすることによって知識やスキルを獲得すると主張した。その例の1つとして，文化や伝統は古い世代から新しい世代にパッケージとして受け継がれるものではなく，その環境に住む人々が，先達者に教えを請いながら学習と実践によって習得すると述べている。この本は，現在もインゴールドの代表作の1つとされている。

◆ 2000年代以降

インゴールドは，環境の認識力に関する研究から派生した3つのテーマ(1)創造性，(2)歩行者の動き，(3)線を中心に研究を続けた。2002〜05年にかけて，「学ぶことは実践を理解すること——認識力，創造性，スキルの関係性の探求」という研究プロジェクトにおいて，彼は，芸術と人類学の視点から美術の知識と実践について実証的研究を行うことによって，認識力と創造性，革新，スキルの関係性を探究した。その成果を「創造性，文化的即興（*Creativity and Cultural Improvisation*）」（2007）に出版した2005〜08年にかけては，英国社会研究評議会から資金援助を得て「比較人類学における線の探求」という名の研究プロジェクトを実施した。歩くこと，観察すること，書くことに共通することは，ある種の線を描くことであると考えた。このプロジェクトでは，人間の社会生活と経験において，動き，知識，描写の関係を理解するための新たなアプローチを探求した。これらの研究の代表著書に『線——簡潔な歴史（*Lines: Brief History*）』（2007）や『線の生命（*The Life of Lines*）』（2015）などがある。

これらの研究と平行して，インゴールドは，人類学（anthropology），考古学（archaeology），芸術（art），建築（architecture）の繋がりを考える"The 4As"という授業や研究を通して，人間と彼らが住む環境との関係を探求する方法を模索した。芸術や建築を分析の対象としてのみ見る既存の人類学や考古学と大きく異なり，インゴールドはこの4つの分野を同じレベルに考え，人間

279

Ⅲ　文化人類学への批判と新たな展開

の環境を理解する方法を探求し，その成果を著書『作ること——人類学，考古学，芸術，建築（*Making: Anthropology, Archaeology, Art and Architecture*）』（2013）などにまとめた。

◆ 今後の展開

　2011年に出版された『生きていること——動き，知識，記述（*Being Alive: Essays on Movement, Knowledge and Description*）』は，インゴールド人類学の集大成の１つとされている。またこの本の中で彼は，民族誌学は他民族・人々の生活などを詳細に記述することであるのに対し，人類学は人間そのものと，人類は１つの世界に生きているという２点を理解するという視点から，「人類学は民族誌学ではない」と主張し，人類学における民族誌作成の重要性を唱える人類学者と論争になった。現在もインゴールドは，精力的に研究，執筆，後進の育成に尽力している。

◆ 用語解説

認識力（perception）　人間は，ある土地で日々生活し，活動を積み重ねることで，その環境への知識やスキルを習得し造詣を深めるというインゴールドの概念。
動物と人間の関係（human-animal relationship）　「動物は人間より劣り，人間に支配されるもの」という伝統的に欧州の主流を占める考え方に対し，20世紀後半以降，インゴールドをはじめ多くの人類学者は，狩猟民族等の世界観の例をもとに，人間と動物は同じ環境の中で共存し，対等な社会的関係を築いていると主張している。
線（line）　物事や人々は，すべて関係性があり，線のように繋がっているという概念。
スキル（skill）　人々は，机上論からではなく，実際の経験に基づき，知識や技術を習得するという考え。

◆ より深く学ぶために

〈原典・訳〉

T. インゴールド（工藤晋訳）『ラインズ——線の文化史』左右堂，2014年。
T. インゴールド（古川不可知訳）「大地，空，風，そして天候」『現代思想』45(4)，2014年，170〜191頁。

ティム・インゴールド

〈主な著作〉

（単著）Ingold, Tim,

The Skolt Lapps Today, Cambridge: Cambridge University Press, 1977.

Hunters, Pastoralists, and Ranchers: Reindeer Economies and Their Transformations, Cambridge: Cambridge University Press, 1981.

The Appropriation of Nature: Essays on Human Ecology and Social Relations, Manchester: Manchester University Press, 1986a.

Evolution and Social Life, Cambridge: Cambridge University Press, 1986b.

What Is an Animal? London: Routledge, 1988.

Tools, Language, and Cognition in Human Evolution, London: Routledge, 1994.

The Perception of the Environment: Essays in Livelihood, Dwelling and Skill, London: Routledge, 2000.

Lines: A Brief History, London: Routledge, 2007.

Being Alive: Essays on Movement, Knowledge and Description, London: Routledge, 2011.

Making: Anthropology, Archaeology, Art and Architecture, London: Routledge, 2013.

The Life of Lines, London: Routledge, 2015.

"From Science to Art and Back Again: The Pendulum of an Anthropologist", *ANUAC* 5 (1), 2016, pp. 5-23.

（編著）

Ingold, Tim ed., *Companion Encyclopedia of Anthropology*, London: Routledge, 1994.

Ingold, Tim ed., *Key Debates in Anthropology*, London: Routledge, 1996.

Ingold, Tim and Elizabeth Hallam eds., *Creativity and Cultural Improvisation*, London: Berg, 2007.

（生田博子）

存在論的人類学

フィリップ・デスコラ

（Philippe Descola：1949-）

◆ 人間と自然の関わりを捉える

　フィリップ・デスコラは，1949年の生まれのフランスの人類学者である。社会人類学研究所の教授であり，2000年にコレージュ・ド・フランス教授に就任，以降，「自然の人類学」講座の正教授を務める。

　デスコラが長年研究してきたのは，エクアドルとペルーの国境地帯に住む先住民アシュアールである。代表的な著作として，アシュアールの世界を描いた民族誌『黄昏の槍』（1993）があるほか，2005年に刊行した『自然と文化を超えて』では，広範な民族誌的知見に基づき，人間と自然の関わりを捉えるための独自の理論枠組みを提示した。近年では，ブルーノ・ラトゥール（→288頁），エドゥアルド・ヴィヴェイロス・デ・カストロ（→294頁），マリリン・ストラザーン（→264頁）らとともに，「存在論的転回」と呼ばれる人類学における新しい研究潮流の立役者の1人と見なされている。

　以下では，デスコラの生い立ちと経歴を紹介した後，現時点での主著といえる『自然と文化を越えて』を取り上げ，その理論的関心や，それにまつわる様々な争点，および現代的な意義について検討する。

◆ 哲学から人類学へ

　スペインとラテンアメリカを専門とする歴史学者を父にもつデスコラは，幼い頃から，両親に連れられてスペインをはじめ各地の調査旅行に同行する機会に恵まれた。そこで多くの知的刺激を感受し，また，当時としては早い時期から海外留学も経験している。

　高等師範学校に進み，最初に学びはじめたのは哲学である。1960年代末のパリといえば，政治，学問，文化，芸術の活動拠点として，また思想的震源地と

して，世界中から注目を集めていた都市である。デスコラもまた，同時代の多くの学生たちと同じく，ミシェル・フーコーやジル・ドゥルーズらの仕事に刺激を受け，〈68年〉の熱狂の中で学生時代を過ごした。

　その学生時代に，デスコラの知的関心は次第に哲学から人類学へと移っていく。それは，構造主義の流行とともに大きな評判を得ていた（後に指導教員となる）レヴィ＝ストロース（→181頁）からの影響というよりは，むしろ『資本論』への関心を介して，当時マルクス主義人類学の旗手として知られたモーリス・ゴドリエ（→187頁）と出会ったことによる。1971年に，民族学を本格的に学ぶためパリ第10大学に移り，受け入れ教員であったジョルジュ・ラビカや，ゴドリエから直接指導を受けている。

　最初のフィールドワークは，1973年夏の3カ月間，メキシコのチアパス州で行った予備調査であった。その際の研究テーマは，同じような自然環境の中で，相互に全く異なる生活を営む先住民ラカンドンとツェルタルの比較を通じて，自然と人間との関わり方を理解しようとするものであった。だがこの調査計画は，ツェルタルの人々が環境への適応に苦労する様子を見続ける中で，次第に彼らとの良好な関係を保つことが困難になっていったこともあり，継続を断念せざるをえなくなった。

　博士論文のテーマとなったのは，アマゾン流域に住むヒヴァロ語族のアシュアールに関する研究であった。1973年のおわり，アマゾンでこの調査を始めるにあたって指導教員となったのが，レヴィ＝ストロースである。

◆ 自然と文化を超えて

　デスコラの主要な業績は，3つの段階に分けて考えられる。最初の著作は博士論文であり，『飼いならされた自然』と題して1986年に刊行された。研究書の体裁を強くもつこの著作には，デスコラが当初からもち続けていたマルクス主義や生態人類学からの影響が見られる。これに対して，1993年に出版された『黄昏の槍』は，広い読者を想定して書かれた民族誌である。洗練された文体とともに，アシュアールの日々の生活を描き出した同書は，現在にいたるまで数多くの読者を獲得している。そして2005年，独自の理論枠組みの構築ともい

Ⅲ　文化人類学への批判と新たな展開

える大著が，『自然と文化を越えて』と題して刊行される。ここにいたってデスコラは，様々な民族誌の検討とそれらの比較を通じて，自然と社会の関係を理解するための4つの存在論を提示する。博士論文で切り開いた研究関心から，民族誌的著作の出版を経て，比較を通じた総合的な大著に取り組むという研究経歴は，研究者としての彼の堅実な歩みを示すものといえよう。

　『自然と文化を越えて』は，自然と社会の関係性を把握するための4つの存在論——アニミズム，自然主義〔ナチュラリズム〕，トーテミズム，類推主義〔アナロジズム〕——を詳述する構成をとっている。ここでは，その概要と意義について，できる限り簡潔に紹介してみたい。

　アニミズムは，エドワード・タイラー（→3頁）の『原始社会』以来，繰り返し論じられてきた人類学の古典的な概念である。デスコラは，動物や精霊といった自然界の存在者が人間と同じ内面（intériorité）をもつという，アニミズムの古典的な理解を踏襲した上で，そこに見られる連続性と非連続性に目を向ける。すなわち，アニミズムは，人間と非人間の内面的な連続性を想定しながら，物理的特性（physicalité）における差異を強調し，そのことで異なった存在者が立ち現れるという，そうした経験を支える存在論として再定義される。人間を認識主体と考えるならば，アニミズムとは，人間が社会実践を行う上で用いる「人格」や「身体」といった基本的なカテゴリーによって，人間とは物理的特性が異なる非人間的存在との関係を概念化する操作ということになる。

　これに対して自然主義〔ナチュラリズム〕では，人間か非人間かを問わず，内面的な経験と，経験される対象との間に同じ物理的特性が想定される。しかし，対象には観察者と同じ内面を想定できないために異なった存在者が現れるという，そうした経験を支える存在論である。例えば，すべては自然法則の下にあるといった命題で表現される西欧近代的な自然観は，ここでいう自然主義〔ナチュラリズム〕の代表格である。そこでは，人間は自然の一部であり，文化や社会もまた自然の一部である（物理的に連続的である）ことが積極的に受け入れられるのだが，同時に，対象と観察者の間には一定の距離が担保され，内面を必要としない対象こそが自然の存在物となる。物理的には自然との連続性を謳いながら，内面においては人間と非人間との間に決定的な非連続性（非対称性）が持ち込まれるのである。

284

フィリップ・デスコラ

　トーテミズムもまた，人類学の古典的な概念である。そしてここでもデスコラは，連続性と非連続性という観点から，この語に特徴的な定義を与えている。すなわちトーテミズムとは，人間と非人間を同じグループに分類することで関係づけ，両者が内面的にも物理的にも同じ特性を共有していることを理解しようとする手段のことである。ここでは，社会的なカテゴリーを概念化するために，自然種（自然のカテゴリー）が用いられる。アニミズムにおいては，社会（あるいは人間）こそが自然を思考することを可能にし，トーテミズムにおいては，自然こそが社会を思考することを可能にするという意味で，両者は好対照をなしているように見える。だが，自然と社会がその内面，物理的特性のいずれにおいても連続性を維持しているという点で，トーテミズムは，アニミズムや自然主義（ナチュラリズム）とは異なる存在論なのである。

　最後に，類推主義（アナロジズム）は，前述の3つの存在論を論理的に補完するものとして定義される。すなわち，社会と自然の間に対称的で連続的な関係が想定され，また，内面と物理的特性の間には非連続性が想定される，そうした存在論である。例えばそれは，社会秩序の乱れが自然現象の乱れを引き起こすといった，マクロコスモスとミクロコスモスの間に特異な関係性を打ち立てる概念的な操作を指す。このとき世界は，対称的で連続的に捉えられた特異性（singularité）の組み合わせとして，多様体（multiplicité）として現れる。非連続性から連続性が生み出されるといった，類似と差異を用いた無数の思考の操作が想定されるのである。

　人類学において「存在論的転回」というフレーズが使われ出したのは2000年以降といえるが，デスコラがその立役者の1人に位置づけられるのは，この4つの存在論の分類を研究プロジェクトの前面に打ち出したことにある。だが，ここでいう存在論は，人間と非人間の間の連続性と非連続性を形づくる，存在に関わる同一化の様態（mode d'identification）のことであり，デスコラ自身が述べるように，それは哲学における古典的な存在論とは異なる出自をもつ。むしろ，デスコラにおいて存在論という語は，マルセル・モース（→22頁）が記した次のような一文を意識して用いられていることを強調しておくべきだろう。

　「人間は，自らが作り上げた差異と類似の両方の感覚を用いながら，人間

285

Ⅲ　文化人類学への批判と新たな展開

を物に同一化したり，物を人間に同一化したりする」。

　人間は，様々な仕方で自然と文化の間に差異を生み出し，また類似をみてとり，そのことで自然と文化の間の関係性を思考する。その1つひとつの関係性は，それぞれがありうる世界の変異（variante）なのである。それゆえ，デスコラにおける存在論とは，連続性と非連続性に関わる同一化の様態が，理念的には4つの分類から把握可能であること，世界および自然は，様々な時代，地域，状況において，その組み合わせ（構成）から成り立っていることを意味するものなのである。

◆ 新しい自然の人類学に向けて

　デスコラによる存在論の分類は，多くの関連する議論を巻き起こしつつ，様々な批判にさらされてもいる。例えば，ティム・インゴールド（→276頁）は，デスコラとの共著『世界内存在』（2014）において，存在論を相対化することは，まさにこの4分類を観察している観察者の視点を説明できないことによって，論理的な問題を抱えると指摘する。端的に言えば，分類する視点は分類表の中に存在しえないということだ。また，個別の存在論の定義についても，例えば，近代の自然科学は，単純な自然主義^{ナチュラリズム}の立場をとってなどいないという批判には，十分な根拠がある。科学者が自然を観察し認識する方法が1つでないことは，科学技術の実践を研究してきた近年の人類学が明らかにした重要な知見である。

　存在論を4つに分類することで，過度の一般化がなされているのではないかという批判も提起されている。デスコラはこれに対して，このマトリクスは，数々の民族誌を比較することでいたった帰納的な推論の結果なのだと応じている。もちろん，民族誌がいくら具体的で詳細な記述に満ちているとはいえ，それもまた，ある時間的・空間的に限定された領域の，断片的な情報の再編集であることを免れない。だとすれば，この分類を受け入れ難いほどの一般化だとして退けるのは早計であろう。むしろ一般化は，経験的な根拠によって反証されることに対して十分に謙虚である限り，その有効性において評価されなければならない。

その意味では，人間と非人間，自然と社会の関係性を再考しようとする「自然の人類学」の主題，およびその方法論としての同一化の様態の解明が，アマゾンの先住民の自然観を理解するだけにとどまらないインパクトをもちえていることにも目を向ける必要がある。例えば，機械と人間の関係，人工物と自然の関係といった，より現代的な文脈でモラルが問われる状況を考える際にも，ここでの議論がもたらす手がかりは少なくない。というのも，モラルが問われるとき，人はそこに，モラルを語りうる同一の地平を想定し，同時に，その同一性を覆すような何らかの境界侵犯（非連続性）を感じ取っているからだ。

現代の科学や技術がもたらす自然と社会への影響を考える際にも，デスコラの議論から多くのヒントを読み取ることができる。自然主義の自然観は，それがどんなに強力で，どんなに現実的なものであったとしても，自然と人間の間に想定しうる関係性の１つの様態であり，１つの歴史的態度である。それとは別の思考の様式が，現に様々な人間社会に見られ，民族誌として豊かに描き出されている。それらを通じて，我々の自然に対する態度は，より複合的で多様なものになりうるのだ。自然環境の破壊や改変が常態化した現代社会が「新しい自然観」を探求しようとする時，デスコラの研究がもたらす知的インパクトは，一層高まることになるだろう。

◆ より深く学ぶために

〈原典・訳〉

フィリップ・デスコラ（小林徹訳）『自然と文化を越えて』水声社，2020年。

＊主著の邦訳。学説史と民族誌の広範な検討を通じて，近代的な学問が暗黙の前提としてきた自然と文化の対立関係を相対化し，人間が世界に介入して秩序を作り出す方法が，４つの基本的な存在論の変異として説明できることを示した。

「自然の人類学：コレージュ・ド・フランス教授就任講義」『現代思想』vol. 44-5，2016年。

＊「自然の人類学」のプロジェクト概要を示した，デスコラによるコレージュ・ド・フランスの教授就任講義。

(山崎吾郎)

存在論的人類学

ブルーノ・ラトゥール

(Bruno Latour：1947–)

◆ アクター・ネットワーク理論の主唱者

　ブルーノ・ラトゥールは，科学技術論（science and technology studies）を代表する研究者であり，ダナ・ハラウェイやアネマリー・モル（→300頁）と並んで科学技術の人類学の確立の立役者の１人である。ラトゥールは，フランスで人類学と哲学のトレーニングを受けたのち，生化学で著名なソーク研究所の実験室でフィールドワークを行った。彼の民族誌は，同時期に発表されたマイケル・リンチ，カリン・クノール＝セティナらの著書と並んで，科学技術論の分野の古典となっている。その後，ラトゥールはミッチェル・カロンらとともに**アクター・ネットワーク理論**を考案し，科学技術論に革命をもたらした。

　1990年代中頃からラトゥールは哲学的，政治的な諸問題についても多彩な考察を行ってきた。それに伴い，ラトゥールの影響は科学技術論と人類学を超えて大きく広がっている。

◆ 科学的実践の民族誌

　1990年代までは，科学は人間社会の外側の自然をあるがままに捉える純粋な認識活動であるという見方が主流であった。これに対して，ラトゥールとその同僚たちは，実験室でのフィールドワークを通して，自然についての科学的事実は実験器具，装置，試料などを用いて「製作」されるという，一見すると矛盾する事実を見出した。

　科学的実践のもつこの複雑な性格は，ラトゥールが『科学論の実在』（2007）で取り上げた土壌学と植物学のフィールドワークの事例に克明に描かれている。アマゾンの縁にある熱帯雨林とサバンナの境界地点で行われたこの調査の目的は，この地域の熱帯雨林がサバンナに向かって伸長しているのか，またはその

逆なのかを検討することだった。調査に同行したラトゥールは，チームが航空写真を参照して調査区画を正確に地図上に位置づけるのを目撃する。さらにその中の樹木には一定間隔ごとにタグが貼り付けられていた。

　この一角で，研究チームは土壌のサンプルと植生データを次のような手順で採集した。彼らはまず，木に張られたタグを起点にした計測によってサンプル採取場所の座標を確定する。さらに調査チームは深さの異なる場所から少量の土壌サンプルを採取し，小さな立方体の厚紙の箱に入れる。こうして箱に入れられた土壌は，土壌比較器と呼ばれるスーツケース状の入れ物に格子状に並べられる。土壌比較器は，個別の土壌サンプル（立方体の箱）を深さ，距離などに応じて並べて整理する道具である。このように格子状に並べられた土壌サンプルからは，調査地の土壌の構造を反映したパターンが浮かび上がる。次に調査チームは，このパターンを地図と統合して，土壌のダイアグラムを作成する。このダイアグラムと植生の比較は，熱帯雨林がサバンナに向かって伸長していることを明らかにするものであった。最終的にこのダイアグラムは科学論文に掲載され，この驚くべき熱帯雨林の拡張の証拠となったのである。

　ラトゥールは，科学的実践のテクニカルな細部に注目することによって，自然についての事実が実践の中から立ち現れるさまを描き出す。チームが発表した論文（＝科学的言説）は，森林（＝自然の世界）を外から記述するものではなく，ダイアグラム，土壌比較器，小箱，木々に貼り付けられたタグ，地図といった無数のモノの連鎖によって，いわば内側から森林と結びつけられている。さらに，サンプルの採取場所の正確な座標は，フィールドノートに記録されているため，科学者は論文に疑問があれば再び現場に立ち戻って再検討することができる。ラトゥールによれば，科学的言説の力は，テキストと現実世界の間での双方向の移動を許す人工物の連鎖によって構成されているのである。

　ラトゥールは，このような双方向の移動を可能にする上で，土壌比較器やダイアグラム，植生サンプルのような持ち運びの容易な人工物の役割を強調し，これらを「不変の可動物（immutable mobile）」と呼ぶ。科学の力の源泉は，このように対象物をいわば縮約して持ち運び可能な人工物に変え，それを大学や博物館，研究所などに運搬する物質的な能力にある。アマゾンの現地で土壌の

Ⅲ　文化人類学への批判と新たな展開

詳細な分析を行うことはほとんど不可能だが，土壌比較器でパリの研究室に持ち帰ったサンプルに対しては様々な分析を施すことができる。

　さらにラトゥールは，このパリの研究室のように，不変の可動物を一カ所に集めた場所を「計算の中心（center of calculation）」と呼ぶ。計算の中心は，研究室の資料庫や博物館のキャビネットのような，ありふれた場所である。だが，これらの場所には世界各地で採取・作成された不変の可動物が集められている。さらにそこでは不変の可動物が採取・作成された現場では決してできないような比較が可能になる。例えば，パリの研究室にはこれまでの調査で集められた多数の土壌サンプルが保管されており，それらと今回の調査旅行のサンプルを比較することができる。この比較こそが科学を特徴づける空間と時間を超えた知識を生み出すのである。

　ラトゥールとその同僚は，科学的実践が具体的で物質的な実践であるという事実と科学的知識がもつ圧倒的な力の関係を不変の可動物と計算の中心という2つの概念に注目して明らかにしてきた。科学は，フィールドや実験室で，土壌比較器や遠心分離機などを使って行われる具体的な活動であり，その点では熱帯雨林の焼き畑農業と同じである。だが，科学の実践は，不変の可動物を通して極めて広い範囲に散らばった多様な場所を結びつけている。このような時間と空間を横断する性質こそが科学に力を与えているのである。

◆ 近代化批判とコスモポリティクス

　ラトゥールの特徴は，科学の現場の詳細な民族誌に基づいて哲学上の重要な問題を再検討する点にある。例えば，先に述べたアマゾンの土壌科学の事例から引き出されたモノと記号の複雑な連結は，伝統的な哲学的な問題である，言葉とモノの対応問題への批判として提起されている。さらに，近年のラトゥールはよりはっきりと哲学的な問題に取り組むようになっている。

　科学の民族誌は，科学的知識の源泉は，人間活動の外側にある中立的な「自然」ではなく，多様な人工物と科学者の実践が織りなす連鎖にあることを明らかにしてきた。この知見を背景にして，ラトゥールは非人間の世界としての「自然」と人間の世界としての「社会」という2つの領域をもたらした近代と

いう時代への批判へと向かう。『虚構の近代』（1991）においてラトゥールは，近代における知識の体制が自然と社会という2つの領域を生み出したものの，実際の科学やエンジニアリングの実践はこの境界を常に乗り越え続けており，その中間に様々なハイブリッドを生み出していると指摘する。近代は自然と社会という二項対立の幻影を生み出してきたが，アマゾンの土壌科学の例のように，実際の科学実践はその二項対立には決して縛られることはなかったのである。

　ラトゥールのこの近代批判は，自然と文化の二項対立という人類学の古典的な枠組みの批判でもあった。ここでラトゥールは，マリリン・ストラザーン（→264頁）やヴィヴェイロス・デ・カストロ（→294頁）とともにこの二項対立に基づかないポスト自然の人類学の成立に大きな影響を与えた。だが，ラトゥールのユニークな点は，このポスト自然の状況を主に政治の問題として捉え直した点である。

　ラトゥールがポスト自然の政治に注目する理由の1つは，近代において「自然の事実」がもってきた政治的な力を批判するためである。科学が提示する自然の事実は，反論不可能な性質をもつゆえに，しばしば社会的な利害に基づく政治的な葛藤を収束させる力をもってきた。自然の事実に反する政治的な主張は近代においては受け入れられる余地はなかった（ラトゥール 2007）。

　社会的な論争を終結させる自然の力は，しかしながら，現在急激に衰退しつつあるとラトゥールは指摘する。例えば，気候変動に関して，気候学者や地球物理学者は極めて強力な合意を形成しており，他の科学的事実と比較しても気候変動は極めて強固に確立された事実である。しかし，科学者間のこの合意は，アメリカ共和党の保守派や石油業界のような気候変動懐疑派・否定派と呼ばれる政治グループから激しい攻撃を浴びつづけている。ここでは，科学が生み出す自然は，政治的対立を調停する土台としては機能していないどころか，対立の一方に巻き込まれている。単一の自然による多様な社会の調停という近代的な枠組みはここではすでに崩壊しつつあると言えよう。

　ラトゥールは，こうした状況，特にグローバルな環境危機のもとでは，新たな政治の理解が必要であると主張する。気候変動をめぐる問題は，単に科学者

Ⅲ　文化人類学への批判と新たな展開

と否定派の対立に留まらない。この対立は，モルディブなどの第三世界の島嶼国の存亡，気候変動に脅かされる先住民社会の生存権，持続的開発をめぐる国連のイニシアチブ，二酸化炭素排出権をめぐる先進国と途上国の対立などと複雑に結びついている。さらに，絶滅しつつある動植物や破壊されつつある河川や森林に権利が認められるのかという論争や，変容しつつある地球そのものに対する人間の倫理的な責任など，気候変動は，従来は考えられなかった非人間の政治をめぐる論争をも引き起こしている。ここでは，従来の人間中心の社会の政治とは異なるポスト自然の政治が求められているのである。

　この問題に取り組むにあたって，ラトゥールはまずポスト自然の世界を，諸世界の戦い（War of the Worlds）として理解する。そこでは，何が自然の事実なのか，自然と社会がそもそも区別されるのかといった観点ですら一致しない多様な諸世界（worlds）が厳しく対立している（Latour 2002）。その上で，ラトゥールは，イサベル・ステンゲルスが提唱する「**コスモポリティクス**」の概念に目を向ける。コスモポリティクスとは，人間だけでなく様々な非人間（動植物，テクノロジーなど）を巻き込んだ新たな政治を考えるための概念である。ラトゥールは，この概念を用いて，外在的な自然によって調停できない諸世界の対立を調停し，共存可能な共通の世界（a common world）を生み出すために必要な交渉がいかにして可能になるのかを考察する。

　コスモポリティクスの可能性の探求を通してラトゥールが描き出すのは，一つの自然のもとに分立する諸社会という近代からは様変わりした現代世界の有り様である。気候変動という現象は，気候に現れる地球物理学的プロセス，そのインパクトを受けた動植物の変容と国際政治との間に前例のない複雑な相互作用をもたらしている。ラトゥールは，科学技術の人類学的研究が，この新たな政治，コスモポリティクスを考える上での重要な出発点となっていることを示しているのである。

　ラトゥールは，ストラザーンやヴィヴェイロス・デ・カストロ，ロイ・ワグナーと並んで，近代的な自然と文化の二項対立を批判してきた。さらに，彼は，ポスト自然の政治とそれへの人類学の関わりを通して，来たるべき人類学のあり方を具体的に提示してきた。今日では，ラトゥールは，気候変動に関心をも

ブルーノ・ラトゥール

つ国際政治学者や，政治との関係に悩まされる環境科学者の間にも読者を獲得しつつある。その意味でラトゥールの仕事は，社会科学だけでなく，社会科学と自然科学の関係を問い直す大きな原動力となっているのである。

◆ 用語解説

アクター・ネットワーク理論（ANT：Actor Network Theory）　科学的知識は，人間と非人間のアクターの間の複雑な結びつきを通して生み出される。このことに注目して，個人，組織，テクノロジーなどの様々な実在物が異種混淆的な過程を経て生み出されることを描きだすことができる。このアプローチがアクター・ネットワーク理論である。

コスモポリティクス（cosmopolitics）　近代においては，自然は，社会的な利害の相違に基づく政治的な対立を，論争の余地のない事実の力で抑え込む究極の政治的な手段であった。だが，この力は現在衰えている。このような状況において多様な人間と非人間（動植物やテクノロジー）の相克を調停するための条件を探る政治を「コスモポリティクス」と呼ぶ。

◆ より深く学ぶために

〈原典・訳〉

B. ラトゥール（川崎勝・高田紀代志訳）『科学が作られているとき』産業図書，1999年。

Latour, Bruno, *War of the worlds : what about peace?* Translated by John Tresch, Chicago: Prickly Paradigm Press, 2002.

B. ラトゥール（川崎勝・平川秀幸訳）『科学論の実在』産業図書，2007年。

B. ラトゥール（川村久美子訳）『虚構の近代』新評論，2008年。

Latour, Bruno and Steve Woolgar, *Laboratory life : the construction of scientific facts*, 2nd ed., Princeton, N.J.: Princeton University Press, 1986.

〈入門・解説書〉

森田敦郎「世界はどのようにできているのか」「科学技術への人類学的接近」内堀基光・山本真鳥編『人類文化の現在』放送大学教育振興会，2016年。

（森田敦郎／キャスパー・B・イェンセン）

存在論的人類学

エドゥアルド・ヴィヴェイロス・デ・カストロ

(Eduardo Viveiros de Castro：1951-)

◆ ブラジルで人類学をすること

　エドゥアルド・ヴィヴェイロス・デ・カストロは，南米アマゾニアの先住民を専門とする民族誌家で，現代人類学の議論を牽引する1人である。リオ出身のブラジル人で，ブラジル国立博物館に籍を置いている。1969年にポンティフィシア・カトリカ大学に入学後，1974年にリオ・デ・ジャネイロ連邦大学との共同プログラムとしてブラジルの国立博物館に設立された大学院に進むと，シングー川上流域の先住民アラウェテについて民族学的調査を行い，1984年に博士号を取得した。活動拠点のブラジルから発信される革新的な方法論は今日，大きな注目を集めている。

　ヴィヴェイロス・デ・カストロによる人類学の実践はブラジルに根ざしている。彼が人類学を学び始めた頃のブラジル国内における先住民研究の2つの潮流を代表していたのは，ブラジル出身のロベルト・カルドーゾ・デ・オリヴェイラとオックスフォード大学にて人類学を修めたデイヴィッド・メイベリ＝ルイスであった。

　メイベリ＝ルイスは60年代に行われたボロロを含むジェ語系諸社会を対象にした共同研究「ハーバード・プロジェクト」の主導者であり，国立博物館に実際に着任したロベルト・ダマッタやアンソニー・シーガーもそのメンバーだった。アマゾニアの民族学・人類学の発展は相対的に遅れており，専門用語による民族誌が積み重ねられるようになったのは1970年代後半からであった。ヴィヴェイロス・デ・カストロを含めたこれら研究者の系譜は「古典的民族学」と呼ばれる。

　一方，「ブラジル人類学」と呼ばれる系譜に位置するカルドーゾ・デ・オリヴェイラは，ブラジル人による先住民研究の第一人者ダルシー・リベイロの後

294

継者であり，2人は「接触論」という視座を確立した。これは，統合主義の観点に立って先住民集団が国家に統合される過程を問うもので，当時のブラジル社会学に共通する関心，つまり，黒人や先住民，農民などのマイノリティー集団を含めたブラジル国民社会の形成に対する関心を前提としていた。「接触論」はブラジルのナショナリズムと結びついた国民形成の学知であり，その枠組みでは，先住民社会はブラジル国家，国民社会との関係においてのみ研究対象としての意味をもちえたのだった。その一方で，「古典的民族学」はブラジル国外との結びつきが強い学知と見なされていた。そうした時代に，ヴィヴェイロス・デ・カストロは，ナショナリズムには合流しない学知としてブラジル人による「古典的民族学」を実践していたのである。先住民の社会を分析・記述する語彙を，先住民社会そのものに即して探る成果がポルトガル語で発表されることにより，それまでにブラジル社会に形成されていた「インディオ」をまなざす視点に代わるものが，同社会のうちに創りだされていった。アマゾニア民族学が拡充されていくなかでヴィヴェイロス・デ・カストロは後進の教育も進め，ブラジルが南米先住民研究の世界的拠点となるのに貢献している。

◆ アマゾニアの社会，自然と文化

1986年に刊行されたアラウェテの民族誌『アラウェテ——人食いの神々』（英語版のタイトルは『敵の視点から』）の主題は，その社会のイメージを描くことにあった。当時，アマゾニア地域内で研究が進んでいたのはボロロを中心とするジェ語系であり，トゥピ語系のアラウェテで調査をすることは，人類学全体においてマイナーなアマゾニアの中でもマイナーな対象を選ぶことを意味していた。こうした対象のマイナーさは分析・記述用語の不在に直結するが，それを克服する試行錯誤から革新的な議論が生じた。

ジェ語系は，社会の中に下位集団を組織するメカニズムが確立されているという点で，トゥピ＝グアラニ系諸社会と大きく異なっていた。ジェ語系に含まれるボロロは，社会を二分する下位集団である半族制度と出自によって組織される親族集団クランの2つの制度を併せて発展させており，それらと相関する婚姻規則や葬送などの慣習を通して，社会は複合的に分節されていた。一方，

Ⅲ　文化人類学への批判と新たな展開

アラウェテを含めたトゥピ＝グアラニ系の諸社会には，社会を分節するカテゴリーや下位集団区分は少なく，人格間関係の制度化が見られない「緩やかに組織化されている社会構造」があった。ジェ語系の社会組織の記述・分析には，メラネシアやアフリカなど他地域の諸社会の研究を通して確立された用語が少なからず使用されており，それらを通して複合的に組織されたジェ的な社会は理解されていた。だがそれをモデルにすると，トゥピ＝グアラニ系の社会組織は「歪みのイメージ」を帯びることになってしまう。そこでヴィヴェイロス・デ・カストロは，ジェ研究との間に差異を生み出すことで，対象を否定的に見ることのない分析視角を創りだしていった。

　ジェ諸社会とトゥピ＝グアラニ系の諸社会は次の点で異なる。前者は，内部において差異を増幅し，その内的差異を全面化することで部分の間に対立を創りだす。だがその対立は全体として１つに統合される。その全体が外部を排除することで，内部性は確立される。対して後者は内的な対立や分節がない代わりに，外部との関係をもつことによって自らが規定される点に特徴がある。

　この点はアラウェテにおける人格の構築に明らかだという。例えば個人は，故人，敵，神々にちなんで命名される。いずれもが，生者にとって他者となる形象である。もう１つ注目されたのが，死後神々による人食いを逃れることができる理想的な人格像としての戦士である。敵を殺害する戦士だが，殺害後の儀礼や，殺されたものの霊が夢の中で戦士に教えるその武勲を称える歌などで戦士は，自らが殺したものと限りなく同一化される。このように，敵という他者との関係を引き受けることが，戦士という人格を特徴づける。

　自己規定には自らの外にあるものを取り込まなければならないというトゥピ的社会論は，親族関係論に結びつきさらに発展した。アマゾニア諸社会に見られるドラヴィダ型と呼ばれる親族呼称体系では，血縁／姻戚の対によって社会が分節される。２つの異なる関係を指示するこの対は，トゥピ＝グアラニ系のみならずジェ語系も包摂する社会関係の枠組みとして有効だった。言語や来歴を異にする集団間の比較によって明らかになったのは，従来の親族論で用いられてきた血縁／姻戚という対をなす関係性がアマゾニア諸社会では異なる形をとり，とりわけ姻戚関係が，トゥピ＝グアラニ的な社会を基礎づける外部との

296

エドゥアルド・ヴィヴェイロス・デ・カストロ

関係性と**捕食**関係に重なるということである。つまり，人類学者の用いる分析
用語を先住民の観点から問い直したのである。

　同じように，『食人の形而上学』（2009）などでは，自然／文化の対関係がア
マゾニアの先住民にとって何であるのかが問われた。そこで示されたのが，**ア
メリカ大陸先住民のパースペクティヴィズム**の概念である。その議論にはジ
ル・ドゥルーズやフリードリヒ・ニーチェの哲学の要素も組み込まれているが，
アマゾニアを中心とするアメリカ大陸先住民にとっての身体性が核となってい
る。

　アメリカ大陸先住民によれば，動物を含め多様な存在はそれぞれ自らを人間
＝文化的存在と見なす一方で，ほかの種を人間とは見なさない。自らにとって
好ましい獲物を，狩猟動物であるバクやペッカリーとして見る。多様な存在は
皆，このような同じ仕方で異なる対象を見ている。つまり，ジャガーも人間も，
自らを魅了する飲み物をマニオク酒と見るが，それぞれがマニオク酒だと見て
いる対象は，同じ物体ではない。ジャガーにとってマニオク酒であるものは，
獲物の血でもある。同一の見方が物体に多元性をうむアメリカ大陸先住民の世
界は，１つの自然と多数の文化からなる西洋的「多文化主義」の反転像，すな
わち１つの文化と多数の自然からなる「多自然主義」が展開する世界である。

　アマゾニアの考え方に即した概念を創りだすために，哲学領域から着想を得
ていることもあり，ヴィヴェイロス・デ・カストロは哲学者との対話を重ねて
いる。哲学との関係に加え，アマゾニアの親族関係を論じる際には，ルイ・デ
ュモンやレヴィ＝ストロース（→181頁）の親族論の批判的考察が行われてい
ることにも注目すべきだろう。レヴィ＝ストロースについては『食人の形而上
学』を含め，様々な論文で独創的な読解が示されている。人類学の古典もまた，
ヴィヴェイロス・デ・カストロにとって重要な着想源である。

◆ アマゾニア先住民の思想と人類学
　ヴィヴェイロス・デ・カストロは，アメリカ大陸先住民のパースペクティヴ
ィズムから人類学の方法論を引き出している。その方法論は，「取り違え
（equivocation）」という語によって理解される。「取り違え」は「１つの意味と

297

Ⅲ　文化人類学への批判と新たな展開

多数の指示対象」がある状態に生じる。同じ語が別の項を指すために，「取り違え」が起こる。先のパースペクティヴィズムの議論で言えば，「マニオク酒」には 2 つの指示対象がある。マニオク酒と獲物の血である。指示対象が異なるのは，ジャガーと人間それぞれの身体に宿る視点から展開する世界が異なるためである。こうして，取り違えは他なる世界があることを明らかにする。

　ヴィヴェイロス・デ・カストロによれば，この取り違えによって人類学の方法論を概念化できる。取り違えは異なる世界の間に生じるのだから，それは主観による誤りではない。人類学者が直面するうまく理解できない状況や語の意味のうちに，取り違えてしまっていた別の指示対象を受け止めることができれば，2 つの世界の差異が関係づけられるようになる。取り違えによる関係づけとは，一方に真理があるために他方に誤謬などが割り当てられるのとは大きく異なる。人類学とはその取り違えを制御しながら用いる思考の技法であり，「<ruby>常　識<rt>コモン・センス</rt></ruby> が共有物などではない」からこそ必要になる，とヴィヴェイロス・デ・カストロは言う。

　このように，アメリカ大陸先住民の考え方は，人類学者にとっての思考法として受け止めるに値する。同じように，地球規模での危機を前提にした形而上学的議論をアメリカ大陸先住民の思想を受け止めるべき西洋由来の学知として位置づける議論をヴィヴェイロス・デ・カストロは展開している。

　ヴィヴェイロス・デ・カストロは，人間と地球環境との関係性が根本的に問われる現代において，人間の終焉や人間なき世界に関する形而上学的議論とアマゾニアの先住民による神話の間に変形の関係を打ち立てようと試みる。これは，アマゾニア先住民の語ることを 1 つの思想として受け止める態度である。もちろんそれは，現代の危機を乗り越える叡智をそのまま先住民の思想に求める素朴な試みではない。変形の関係を打ち立てる意義は，西洋の形而上学的議論とアマゾニアの神話を同じものとして扱う枠組みを設定することにある。

　これと取り違えの議論に通底するのは，アマゾニア先住民の語ることを思想や方法論として受け止めることで「我々」の思想や方法論を作り直し，豊かにしていく態度だろう。ヴィヴェイロス・デ・カストロによれば，現代人類学の役割は「他者の世界を説明することではなく，我々の世界を多元的にすること

エドゥアルド・ヴィヴェイロス・デ・カストロ

にある」。アマゾニアの先住民とともに思考する道筋を開く知的実践を通して，我々もまた変わっていくのである。

◆ 用語解説

捕食　アマゾニアの「社会」関係を記述する用語。他者との関係である点で「姻戚」にも重なる。しかしだからといって，語の本来の意味である異種間の関係性という意味が失われてはいない。アマゾニアの「社会」は，人間同士の関係だけで構成される領域ではない。人間がもつ関係は異なる類の存在にも開かれている。その関係で結ばれるのは，捕食者でもあるかもしれないが，同盟＝連帯の相手としての姻戚者でもあるかもしれない，二重性を帯びた他者である。

アメリカ大陸先住民のパースペクティヴィズム　アメリカ大陸先住民の身体性と主体性の分配配置を示す用語。世界に住む多様な存在は主体として行動するとき，自らを人間と見なす。ただし，動物と人間の差異が消失した世界があるわけではない。多様な身体はそれぞれ特色ある行動を可能にする「力能や情動の束」であり，そこから展開するパースペクティヴとして，世界は固有の様態をとる。ジャガーが「私」＝人間となる時に，人間は獲物であるペッカリーとして，ジャガーの世界に存在する。

◆ より深く学ぶために

〈原典・訳〉

Viveiros de Castro, Eduardo, *From the Enemy's Point of View*, The University of Chicago Press, 1992.

＊アラウェテの民族誌であり，同社会では敵＝他者との関係性こそが，自社会を基礎づけていることが記される。

E. ヴィヴェイロス・デ・カストロ（近藤宏・里見龍樹訳）『インディオの気まぐれな魂』水声社，2015年。

＊16世紀ブラジルにおける宣教師と先住民の遭遇に関する歴史叙述が，アマゾニア民族誌学の成果を通して新たに読み直されている。

E. ヴィヴェイロス・デ・カストロ（檜垣立哉・山崎吾郎訳）『食人の形而上学』洛北出版，2015年。

＊ドゥルーズの哲学，レヴィ＝ストロースの人類学，アメリカ大陸先住民の思想を重ね合わせ，独自の人類学的思考を示している。

（近藤　宏）

299

存在論的人類学

アネマリー・モル

（Annemarie Mol：1958-）

◆ 来歴

　アネマリー・モルは，アクター・ネットワーク理論（ANT：Actor Network Theory）の旗手の１人であり，医療実践を対象としながら，科学技術論と人類学を架橋する仕事を続けている研究者である。

　モルは，1958年にオランダのシャースベルフに生まれた。医師の父と地理学者でフェミニストの母をもつモルは，幼い頃から医学やフェミニズムに関する話題に触れながら育った。人間について知りたいという関心から，ユトレヒト大学の医学部に進学したモルは，内省の機会が乏しい医学部の教育に不満を覚え，哲学科でも並行して学んでいた。テクスト読解中心で人々の経験に踏み込めない哲学にも限界を感じたモルは，医学研究科の修士課程では，総合診療医と小児科病院についてのフィールドワークも行っている。こうしてモルは，医学の制度内で，アマチュア人類学者としての調査を開始した。

　モルは，修士課程を終えた後，1982年にパリに留学した。そこで，人類学に関する教育を受けるとともに，哲学者のミシェル・セールやブルーノ・ラトゥール（→288頁）の授業に参加することで，その後『多としての身体』に大きな影響を与える考え方に触れることになる。オランダに戻った後，モルはフローニンゲン大学の哲学科の博士課程に進み，総合診療医の専門誌で用いられる言葉の変遷を扱った歴史的研究で1989年に哲学の博士号を取得した。その後，トゥウェンテ大学で名誉職に就きながら，プロジェクトベースで研究を続け，『多としての身体』（2002）や『ケアのロジック』（2008）を執筆した。2010年以降は，「西洋の実践と理論における食べる身体」という研究テーマに対する助成を受け，アムステルダム大学の人類学の教授職に就いている。

　以下，彼女の主著である『多としての身体』を紹介しながら，疾病の人類学

300

の方法論とそれによって明らかになった身体の多重性について紹介する。その後，「〈何〉の政治」と「ケアのロジック」について紹介することで，病いから疾病へと研究の対象を変更することがどのような含意をもっているのか，その可能性の広がりを明らかにしていく。

◆ 疾病の人類学と実践誌

　非西洋社会において，病気がどのようなものと理解されており，どのように治療されているのかは，近代人類学の成立当時から主要なテーマの1つであった。エヴァンズ＝プリチャード（→155頁）やヴィクター・ターナー（→120頁），レヴィ＝ストロース（→181頁）といった著名な人類学者たちも，この分野における記念碑的な業績を残している。その後，1980年代にアーサー・クラインマン（→239頁）らによって，生物学的に定義される「疾病」と病者の経験する「病い」の差異が定式化されると，欧米や日本において慢性病を抱える人々がどのような経験をしているのかに関する研究が盛んに行われるようになり，人類学の内外から医療人類学に対する注目が集まるようになった。

　モルは，このように疾病ではなく病いを社会科学の対象として設定することの起源を社会学者のタルコット・パーソンズに求めた上で，この方向性がもつ危険性に注意を促す。疾病ではなく病いについて議論することで，社会科学者は疾病について議論することができなくなるからだ。それどころか，病気についての医師の説明を患者のものと同列の「認識」と考えることで，医師や患者が病気をめぐって「やっていること」に対する関心が失われることになる。

　モルは，病いに焦点化するアプローチの代わりに，疾病と病いの両方を混ぜ合わせながら，研究の俎上に挙げることを提案する。そのためにモルが採用するのが，実践誌という（病いと混ぜ合わされている）疾病を出来事として，実践されたものとしてアプローチする民族誌的な方法である。疾病が診断され，治療される際は，何らかの実践が必要とされる。その実践を丹念に追っていこうというのである。

　この際，モルは，存在をアプリオリに存在するものとして捉えるのではなく，人間が他の人間や物と共同で行う実践に伴って生起するものとして捉える。そ

301

Ⅲ　文化人類学への批判と新たな展開

して，存在を確認したり現象させたりする実践のことを実行（enactment）と
呼ぶ。疾病が行われる際の実践に注目するというアプローチは，それまでの医
療人類学で無批判に前提とされてきた2つの対立を乗り越えるものである。ま
ず，医師と患者の対立がある。病いに焦点を当てる研究では，患者が経験する
病いは，医師が取り扱う疾病とは異なるものとされていた。そのため，医師と
患者は，病気についての異なる見解をもつ者として捉えられ，両者の接点につ
いてはほとんど注目されることがなかった。しかし，モルは，臨床の現場にお
いては，医師と患者の双方の協力なしには，疾病が診断されることも病気が治
療されることもないと指摘する。疾病が行われる際には，医師と患者の協力が
不可欠であり，疾病とは医師と患者の両者が共同で実行するものである。

　さらに言えば，疾病を実行するために必要なのは医師と患者だけではない。
患者の家族の助けや，様々な機器や道具も必要になるかもしれない。そうであ
るならば，疾病は医師や患者といった人間だけではなく，複数の人間と複数の
物によって共同で実行されるものであることになる。これが，モルが乗り越え
ようとした2つ目の対立である。モルは，人間と技術を対立的に捉えるのでな
く，共同で疾病を実行し，それに対処していくものとして捉える。

◆ 身体の多重性とそれを実現する3つのメカニズム

　それでは，病気についての人々の認識（認識論）から人々と技術がどのよう
に共同で病気を実行しているのか（存在論）へと対象を変更することによって，
モルは何を明らかにしたのだろうか。それこそが，『多としての身体』という
タイトルにも表れている，身体の**多重性**である。

　大学病院では，動脈硬化は，場所に応じて異なる複数のやり方で確かめられ
ている。例えば，診察室では，動脈硬化は患者が平面を歩く際に痛みが生じる
かどうかによって確認される。この際，足の温度や拍動の強さ，肌の薄さが，
動脈硬化があることの傍証となる。他方で，病理部では，血管の内膜が肥厚し
ているかどうかによって確かめられている。この2つの動脈硬化の確かめ方は，
それぞれ異なる物や技術によって支えられている。後者の方法を実践するため
には，切断された足を用いて標本を作製し顕微鏡を覗く必要があるが，前者の

302

方法にはそれらは必要ない。また，この２つの方法は，同時に行うことはできない。診察のためだけに足を切断すれば，治療を必要とするもの以上の問題を引き起こすことになるからである。にもかかわらず，これらの確認方法の結果が必ずしも同一であるとは限らない。診察室では動脈硬化が疑われておらず，原因不明で死亡した患者を解剖してみたら動脈硬化があったということもある。歩行時に足が痛むと訴える患者の足が十分に温かいこともある。

　このような，病院で日常的に起きている，にもかかわらず極めて複雑な現象をどのように理解すればいいのか。動脈硬化が人間の行為に先立って存在しており，実践によってその存在が「確認されている」と考えると，異なる確認方法の結果が違うことの説明がつかない。そこでモルは，動脈硬化を，それを「実行する（≠確認する）」方法によって立ち現れるものとして理解し，異なる方法によって実行された動脈硬化を，同一の存在の別の側面としてではなく，それぞれに異なる複数の動脈硬化であると考える必要があると主張する。

　このようにして動脈硬化が複数性をもっていることを確認した上で，モルは，動脈硬化の複数のバージョンは必ずしも完全に別々の存在であるわけでもないと指摘する。それは完全に同じではないが，全く異なっているわけでもない。異なる方法で実行された動脈硬化を相互に関連づける実践もまた，病院では行われているからである。モルは，このような複数の方法で実行された動脈硬化を，マリリン・ストラザーン（→264頁）を参照しながら，「一より多いが，多よりは少ない」と特徴づけている。

　このような動脈硬化の複数のバージョンの分離と重なり合いを記述するために，そして複数の動脈硬化のバージョンの間の齟齬やギャップが明るみにならない理由を説明するために，モルは，動脈硬化を実行するための様々な方法について記述していく。動脈硬化は，足首と上腕の血圧の比によっても実行される。血管にバルーンを挿入して膨らませることで動脈硬化を脇に追いやることや，歩行療法によって歩行可能距離を延ばすことも，問題を解消するという形で動脈硬化を実行する方法である。動脈硬化が起きている正確な場所を確定するために，より古典的な超音波検査とより侵襲的な血管造影という２つの方法も用いられている。更には，60歳以上の人口の何％が動脈硬化に罹るかという

Ⅲ　文化人類学への批判と新たな展開

ような疫学的な実行のされ方もある。

　病院では，(1)ある方法によって実行された動脈硬化の重症度が他のバージョンの動脈硬化の重症度に翻訳されることで2つのものが1つに取りまとめられたり，(2)異なるバージョンの動脈硬化が別々の場所に分配されることで齟齬が顕在化するのが避けられたり，(3)異なる2つのバージョンの動脈硬化の存在が互いに他方のバージョンの動脈硬化が実行される際の前提になることでお互いがお互いを含みこんだりする。これらの調整・分配・包含という3つのメカニズムによって，複数の動脈硬化の分離と重なり合いが成立するのである。

◆〈誰〉から〈何〉へ，選択からケアへ

　病いから疾病へと研究の対象を変更させることは，病気をめぐる政治に関わる問題も提起することになる。患者の経験する病いを明らかにしようという医療人類学者の関心の背景には，そもそも，生命科学と医師だけが身体と病気について語る権利をもっていることに対する批判が含まれていたからだ。

　しかし，これまで述べてきたように，医師と患者が異なる病気についての認識をもっているのではなく，医師と患者と様々な物が共同で実行する複数の病気が存在するのであれば，政治に関する議論の枠組みも〈誰〉の政治から〈何〉の政治へと変更させる必要がある。争われるべきなのは，複数の人間のうちの〈誰〉の選択がより尊重されるべきなのかではなく，患者が医師と共同で〈何〉を能動的に実行していくべきなのかである。

　とはいえ，何を実行していくべきなのかは，実践に先立って分かっているわけではない。そもそも，〈何〉の政治は，複数の目指すべきもののどれを選択するのかというものでもない。モルが主張する〈何〉の政治とは，良いケアの中でより生きやすい生を達成していくプロセスのことである。

　この点を明確にするために，モルは，「選択のロジック」に対置させる形で，「ケアのロジック」を描き出そうと試みている。患者を市場における顧客や国家の中の市民と見なした上で，患者により多くの選択の機会とより多くの選択肢を与えることが最善であるとする「選択のロジック」には様々な弊害がある。論理的には，例えば，選択のロジックは特定の個人が特定の瞬間に行う選択を

304

重視するが，そもそも与えられている選択肢がそれまでの経緯によって限定されているかもしれない。あるいは倫理的には，患者に何かを選択させるということによって，過大な期待を患者に抱かせたり，すべての責任を患者に負わせたりすることにもなるだろう。

　そのため，選択の機会を増やすことは，必ずしも良いケアを実現することにつながらない。良いケアとは，病める身体と込み入った生に，知識と技術と実践を継続的に同調させていくことによって，病気とともに生きる生をより生きやすいものにする試みのことであり，選択の機会を増加させることによってではなく，それ自体のロジックに基づいて希求されていくべきものなのである。

◆ その後の展開

　病い（認識論）から疾病（存在論）へと焦点を移行させたモルのアプローチは，ストラザーンやラトゥール，ヴィヴェイロス・デ・カストロ（→294頁）らの仕事とともに，人類学におけるいわゆる存在論的転回の嚆矢の1つとされ，医療人類学を超えた影響力をもっている。特に，ANTとプラグマティズムに依拠した独自の実践観や，複数の存在の重なり合いを表す「多重性」という概念は，現在進行形で影響を与えている。

◆ 用語解説

多重性（multiplicity）　複数性について語る時，我々は互いに離接している複数の存在があることを想定する。これが多元性（plurality）である。しかしこの捉え方では，複数の物が互いに関連しているという側面が捨象されてしまう。そこでモルは，複数の存在が別々でありながらも互いに繋がっているという状態を表すために，多重性という言葉を用いる。

◆ より深く学ぶために

〈原典・訳〉

A.モル（浜田明範・田口陽子訳）『多としての身体——医療実践における存在論』水声社，2016年。

（浜田明範）

人名索引

あ 行

アパドゥライ，アルジュン　*208,257-260,262,263*

綾部恒雄　*iii,153,154*

アルチュセール，ルイ　*117,187*

アレント，ハンナ　*237*

アンダーソン，ベネディクト　*147-152,259*

イェンゼン，アードルフ・E.　*11,15,64*

石田英一郎　*14,59,64,180*

泉靖一　*60*

今西錦司　*81,82*

インゴールド，ティム　*ii,208,276-281,286*

ヴァイダ，アンドリュー　*80,83*

ヴィヴェイロス・デ・カストロ，エドゥアルド　*iii,208,282,291,292,294-299,305*

ウィスラー，クラーク　*13*

ウイットフォーゲル，カール　*115,117*

ウィリアムズ，レイモンド　*220*

ウイルムンセン，エドウィン　*92,93*

ウェーバー，マックス　*134,137,138*

ウェンガー，エティエンヌ　*221,222*

ウォーラステイン，エマニュエル　*117*

梅棹忠夫　*81,82*

ウルフ，エリック　*11,108,113-119*

エヴァンズ＝プリチャード，E.E.　*ii,32,38,68,137,155-162,174,175,301*

エルツ，ロベール　*165*

大貫恵美子　*247,248*

大林太良　*14,64,65*

岡正雄　*14,52,58,59,64,132,153,180*

か 行

カロン，ミッチェル　*288*

川田順造　*205,206*

ギアツ，クリフォード　*i,16,44,57,68,134-140,173,212*

キージング，ロジャー　*208-214*

ギデンズ，アンソニー　*257,258*

ギルロイ，ポール　*217*

グーラン，ルロワ　*188*

グッド，バイロン　*239,245*

クラインマン，アーサー　*208,239-245,301*

クラックホーン，クライド　*14,45,52-57,135,209*

グラックマン，マックス　*38,121,141,167*

クリフォード，ジェイムズ　*ii,208,215-220*

グレープナー，フリッツ　*11,13*

クローバー，アルフレッド　*47,52,56,61,75,99,218,246*

ゲルナー，アーネスト　*163,164*

ゴールデンワイザー，アレキサンダー　*69*

コッパース，ヴィルヘルム　*12*

ゴドリエ，モーリス　*ii,68,117,187-192,283*

コンクリン，ハロルド・コリヤー　*99-105*

さ 行

サーヴィス，エルマン　*70,80,113,115*

サーリンズ，マーシャル・D.　*68,80,*

306

人名索引

108-113
サピア，エドワード　40,47,69
サルトル，ジャン＝ポール　182
シェーパー＝ヒューズ，ナンシー　245,
　246
ジェル，アルフレッド　ii,208,270-275
シュナイダー，デイヴィッド・M.　i,16,
　44,68,126-131,162,163
シュミット，ヴィルヘルム　2,9-15
杉浦健一　60,61
スチュワード，ジュリアン・H.　i,68,
　70,73,75-80,83,92,115,117,228
ストッキング，ジョージ　18-20
ストラザーン，マリリン　ii,127,131,
　189,208,264-269,273,282,291,292,
　303,305
スペルベル，ダン　ii,68,199-204
スペンサー，ハーバード　71
セール，ミシェル　300
セリグマン，チャールズ　156
祖父江孝男　51,60

た　行

ターナー，ヴィクター・W.　68,120-
　125,133,200,240,301
ターンブル，コリン　90
ダイアモンド，スタンレー　115
タイラー，エドワード・バーネット　i,
　2-8,10,71,127,284
タウシッグ，マイケル　117
ダグラス，メアリー　68,173-178
田中二郎　79,97,98
チェンバース，ロバート　208,251-256
チャイルド，ゴードン　73,117
ツイン，アナ　262
テイラー，チャールズ　138
デスコラ，フィリップ　iii,208,282-287
デュモン，ルイ　167,297

デュルケーム，エミール　ii,3,22,23,
　25,29,34,36,163,174
ドゥヴォア，アーヴァン　89-91
ドゥルーズ，ジル　283,297
トゥルンヴァルト，リヒャルト　11
トーマス，ニコラス　212
トラスク，ハウナニ＝ケイ　212,213
鳥居龍蔵　58

な　行

中根千枝　90,179,180
ニーダム，ロドニー　68,161-167

は　行

ハースコヴィッツ，メルヴィル・J.　45,
　47
パース，チャールズ・S.　272
パーソンズ，タルコット　53,135,301
ハイネゲルデルン，ロベルト・F.　64
バスティアーン，アードルフ　10,11,17
バトラー，ジュディス　208,233-238
ハラウェイ，ダナ　288
バランデイエ，ジョルジュ　187
バリー，ウィリアム　208,227-232
ハリス，マーヴィン　72,112
バルト，フレドリック　141-146,154,
　167
ハント，ジョージ　16,17,19,20
ビンフォード，ルイス　72,90,95
ファース，レイモンド　141,146,156,
　168,179
ファン・ヘネップ（ヴァン・ジェネップ）
　121,122,187
フーコー，ミシェル　205,283
フォーティス，マイヤー　163,167,210,
　211
福井勝義　106,107
フランク，アンドレ・グンター　117

307

フリードマン，ジョナサン　*117*

フリード，モートン　*108,113,115*

フリーマン，デレク　*50,51*

ブルデュー，ピエール　*ii,68,188,193-198,225*

フレイザー，ジェイムズ・G.　*7,8,28,53,58*

フロイト，ジークムンド　*53,234*

ブローデル，フェルディナン　*187*

フロベニウス，レオ　*11,15*

ベイトソン，グレゴリー　*47,49*

ベネディクト，ルース・フルトン　*i,2,16,40-45,47,48,55,115,137,153*

ボアズ，フランツ　*i,2,8,13,16-21,28,40,41,46,47,52,59,68,75,115,116,246,271*

ポージー，ダレル　*228*

ホール，スチュアート　*217,218,220*

ホブズボウム，E.　*208*

ポランニー，カール　*108,110,113*

ホワイト，レスリー　*i,18,68-77,80,108,113*

ま 行

マーカス，ジョージ　*216*

マードック，ジョージ・P.　*18,126,163*

馬淵東一　*62,63,90,132*

マリノフスキー，ブロニスロウ・K.　*ii,2,4,28-34,36,38,56,60,61,137,141,155,156,168*

マルクス，カール　*ii,115,116,121,190*

ミード，マーガレット　*2,16,40,41,46-51,135*

ミンツ，シドニー　*108,115,117*

ムラ，ジョン　*117*

メイベリ=ルイス，デイヴィッド　*209,294*

メイヤスー，クロード　*117*

モーガン，ルイス・H.　*3,58,61,70,71,76,188*

モース，マルセル　*ii,2,22-27,68,110,111,187,285*

モル，アネマリー　*iii,208,243,288,300-305*

や 行

柳田国男　*8,58,60,63*

山田昌男　*132,133*

ユベール，アンリ　*23*

ら 行

ラトゥール，ブルーノ　*iii,208,282,288-293,300,305*

ラドクリフ=ブラウン，アルフレッド・R.　*ii,2,13,29,31-39,63,120,143,155,156,161,171,174,183*

ラパポート，ロイ・A.　*80,83-88*

リーコック，エレノア　*117*

リーチ，エドマンド・R.　*68,127,141,161,165,167-172,179,270*

リー，リチャード　*79,89-94,97*

リーンハート，ゴッドフリー　*4*

リヴァーズ，ウィリアム　*240,248*

リネキン，ジョセリン　*212*

レイヴ，ジーン　*208,221-226*

レヴィ=ストロース，クロード　*ii,25,63,68,90,109,111,117,122,127,133,136,137,161-163,167,172,179,181-188,190,195,199,205,270,283,297,301*

レヴィ=ブリュル，リュシアン　*23,157*

ローウィ，ロバート　*47,61,75,181*

ロック，マーガレット　*208,239,243,245-250*

人名索引

わ 行

ワースレィ，ピーター　　*117*

ワグナー，ロイ　　*127,131,292*
渡辺仁　　*90,95,96*

事項索引

あ 行

アイデンティティ　106, 107, 153, 154,
　158, 160, 171, 173, 219, 223-226, 233,
　235
アイヌ　95
アクター・ネットワーク理論　288, 293,
　300
アザンデ　156-158
アシュアール　282, 283
厚い記述　136, 139
アナーキズム　152
アナロジズム（類推主義）　284, 285
アニミズム　3, 7, 8, 12, 209, 284, 285
アブダクション　272
アマゾニア　297, 298
アマゾン　283, 287-289, 291
アメリカ　127, 129, 130, 153
アラウェテ　294-296
アラペシュ族　49
アルジェリア　194, 195
アンダマン島　34, 35, 37
イーミック　101
「イエ（maison）」社会　184, 186
一系進化論　i, 2, 75, 77
一般進化　80
イデオスケープ　258, 259
イデオロギー　117
イニシエーション儀礼　189-192, 265
イヌイット　17
イフガオ　102-104
意味　128, 136, 138, 139, 201
医療人類学　208, 239-241, 245, 246, 248,
　302, 305

医療的多元論　247
インセストタブー　182, 183
インディオ　295
インデックス（指標記号）　272, 273, 274
インド　179, 180
インドネシア　135, 136, 148, 149
ウィーン学派　53, 64
エージェンシー　219, 271-275
エージェント　270-272
エスニシティ　ii, 142, 144, 145, 154
エスニシティ論　68
エスノシステム　107
エスノスケープ　258, 259
エスノメソドロジー　195
エチオピア　199, 202
エティック　101
演劇　120, 121, 124, 137
エンパワーメント　255
エンボディメント　247
応用人類学（者）　52-54, 76, 231, 245
オセアニア　60, 190
オランダ構造主義　63
オリエンタリズム論　208

か 行

解釈　43, 202
解釈学的転回　135
解釈人類学　i, 44, 68, 124, 134, 137, 139,
　242
開発途上国　252
科学技術論　288, 300
科学的実践　289, 290
学習　221-223, 225
カスタム論　212

カチン　169-171
葛藤　122,124
カナダ北西海岸地域　17,19
カヤポ族　228,229
カラハリ論争　92,93
カリエラ族　34
カルチュラル・スタディーズ　215,217,
　220,231
環境　78,80,83,95,113,277,279,283
環境人類学　208,227
環境正義　261
環境適応　114
関係性　287
慣習　41,45
関連性理論　199,204
記号論　132
機能　32,36,39,87
機能主義　11,29,31,32,34,38,60,108,
　141,155,179
機能的一致　39
境界　142,144,145,174
儀礼　120-122,124,137,145,167,175,
　200,201,228,296
『金枝篇』　7,28,53
クィア　233,238
草の根グローバリゼーション　261,262
クラ　24,25,29,30,61,273,274
グリッドとグループ　174,176
グレートマン　189,190
グローバリゼーション　257-259,261-
　263
グローバル化　ii,215,217,268
グローバル・ヒストリー　116
クワイオ　210,211
クワキウトゥル族　41,42
景観（landscape）　227,229-232
景観改変　229
経済人類学　108-110,113,187,188,192

計算の中心　290
芸術　271,272
芸術の人類学　270
穢れ　177
劇場国家　137
言語　101,237
原始一神教説　12,14
原質思念　11,14
『原始文化』　5
現象学　195,242,279
言説　235,237
権力　118,119,171,219,233,237
権力関係　ii,208,213,219,225,231
交換　26,183,189,192,273,274
公共人類学　208,251
交叉イトコ　195
構造　164,205,206
構造機能主義　31,34,35,38,126,127,
　141,143,171
構造主義　108,109,116,117,127,136,
　141,145,160-162,164,167,181,182,
　195,205,220,270,283
構造主義人類学　ii,68
構造主義歴史人類学　108,111
構築主義　49,212
公的表象　203
国民　149,152,259
国民国家　147,151,152,257,259-262
国民性　56
国立民族学博物館　65,81,107
互酬性　110
個人　141-144,164,167,168,171,174-
　176,265,267,296,304
コスモポリタン医療（世界医療）　247,
　250
コスモポリティクス　292,293
国家　137,148,154,169,212,295
国境　257-259,261

コミュニタス　*121-123,125*
コンピュータ民族学　*64*

さ　行

サーミ　*276,277*
再帰的転回　*267*
再生産　*225*
再生産メカニズム　*197*
サイバネティクス（cybernetics）　*88*
再分配　*110*
サバルタン　*213*
サモア　*47,48,50*
サン　*89,91-93,97,98*
参加型開発　*251,252,256*
参加型学習と行動　*254*
参加型調査法　*251,255*
参加型農村調査法　*254*
残存　*7*
参与観察　*28,29,32,89,247,253,255*
ジェンダー　*ii,46,49,208,209,231,*
　233-237,261
ジェンダー・アイデンティティ　*236*
色彩名称　*101,102,104*
市場経済　*116*
自然環境　*227*
自然のシンボル　*177*
疾患　*241,243,244*
実験的民族誌　*216*
実行　*302-304*
実践　*193,195,197,221,222,224,267,*
　301-304
実践感覚　*198*
実践共同体　*221,223-225*
実践コミュニティ　*ii,208*
実践誌　*301*
実践人類学　*208,251,255,256*
実践的な感覚　*195*
実践的民族誌　*ii*

実践（の）理論　*ii,68,193*
疾病　*300-302,304,305*
史的唯物論　*92,188*
自文化中心主義　*24*
資本主義　*116,117,151,188*
自民族中心主義　*7*
『社会学年報』　*22,23*
社会過程　*120,125*
社会関係　*270,271*
社会劇　*120,124,125*
社会構造　*36,38,160,169,171,209*
社会人類学　*ii,iii,35,58,59,68,135,155,*
　156,161,164,165
社会組織　*141,146*
社会秩序　*122,132,285*
社会的葛藤　*120*
社会変化　*92,110,168,189*
周縁　*132,133*
宗教　*190,192,203,240*
修正主義　*92*
十全的参加　*223,226*
従属理論　*116,117*
習癖　*42,45*
周辺の参加　*223,224*
呪術（magic）　*158,160,266,274*
主体性　*299*
主体論　*236*
出自（descent）　*158,160*
出自集団　*211*
出版資本主義　*151*
狩猟採集民　*89,91-94,96,111,188*
巡礼　*123*
召喚　*218,219*
状況に埋め込まれた学習　*221,223,224*
冗談関係　*37*
象徴　*120,124,126-131,136,200,201*
象徴記号　*272*
象徴研究　*68*

事項索引

象徴人類学　*i*, 44, 68, 120, 126, 141
象徴体系　*129*
象徴表現　*200, 201*
象徴分析　*131, 199, 200*
象徴分類　*163*
植民地　*31*
植民地支配　*151*
植民地主義　*31*
植民地統治　*30, 31, 33*
ショショニ　*78*
女性　*192*
進化　*71*
人格　*273*
人格論　*25, 273*
進化主義　*34, 35*
進化論　*11, 12, 278*
進化論人類学　*3, 8*
人権　*261*
人種　*5, 6, 16, 18*
新進化主義　*75, 108, 110, 113, 114*
人新世　*231*
親族　*161, 163, 164, 209*
親族研究　*163, 167, 182*
親族論　*126, 127, 129, 130, 209, 211, 296,
　297
身体　*236, 301, 302, 304*
身体技法論　*25*
身体性　*297, 299*
心的表象　*202, 203*
心理学的機能主義　*36*
心理人類学　*44, 46*
人類学的考古学　*72*
人類生態学　*88*
人類文化　*71, 77, 80*
神話　*122, 167, 182, 184, 185, 190, 191,
　200, 201, 298
神話分析　*172*
スキル　*278-280*

ズニ族　*41, 42*
スリランカ　*172*
性　*233*
生産様式　*92*
生殖技術　*264*
生態環境　*79, 97*
生態系　*85, 87, 88, 95*
生態人類学　*i*, 68, 80, 83, 87, 91, 92, 95-
　98, 227, 283
正統的周辺参加　*223-226*
世界システム論　*68, 116, 117*
セクシュアリティ　*234, 237*
セックス　*234-236*
節合　*215, 217, 218*
接触領域　*217*
接触論　*295*
接発達領域　*225*
線　*276, 279, 280*
センザンコウ　*173, 176*
先住民　*62, 100, 215-219, 228, 229, 261,
　283, 287, 294, 295, 297, 298
全体的給付　*25*
全体的社会的事象　*24*
全体的人間　*25*
戦略　*196*
総合人類学　*14, 56*
『想像の共同体』　*147, 149, 152*
想像力　*258-263*
相対主義　*202*
双方的交叉イトコ婚　*183*
贈与　*25, 26, 29, 189*
贈与交換　*266, 267*
『贈与論』　*24, 26, 68, 110*
速成農村調査法　*254*
ソロモン諸島　*210, 211*
存在論　*186, 284, 286, 302, 305*
存在論的転回　*270, 275, 282, 285, 305*

313

た 行

タイ　153
台湾　62,63
託宣　157
多系進化論　75-77,80,115
多自然主義　208,297
他者表象　ii
多重性　302,305
脱植民地化　215-217
脱人間中心主義　230
脱領土化　262
タテ社会　179
多配列分類　165
タブー　36,37,177
多文化主義　154,297
タレンシ　210
単系出自論　210
単系進化論　76
単配列分類　165
地域研究　52,56,98,148,153
知識　201,223,279,290
知識の政治経済学　212,214
知的所有権　264
チャンブリ族　49,50
中心　132,133
『通過儀礼』　121
通過儀礼　122-124
創られたカストム　212
ディアスポラ　217,259
ディアスポラの公共圏　260
帝国主義　116,117,148,151
適応　78-80,83,95,97,227,277,283
テクノスケープ　258
伝統　209,211
伝統的生態学知識　228,232
伝播　185
伝播主義　11,34,35

伝播論　i,2
統覚　19,21
動物と人間の関係　276,280
トーテミズム　184,284,285
トーテム　184
特殊進化　80
土着主義運動　214
ドブー島　47,49
ドブー島民　41,42
ドメスティケーション　107
トランザクショナリズム　142,144,146
トランスナショナル　261
トランスネーション　259,260
取り違え　297,298
トリックスター　133
ドルゼ　199
トロブリアンド（諸島）　28,29,273

な 行

内省的人類学　126
ナショナリズム　27,147-152,237,260,295
ナチュラリズム（自然主義）　284,285
ナバホ族　54,55
ナンビクワラ　181
南米アマゾニア　294
二項対立　133,185,291,292
日本　180,205
日本人　43,44,55
ニューギニア　47,49,84,85,146,188,189,270
ニューギニア高地　264,266,267
認識人類学　68,99,104-106
認識力　276,279,280
認識論　302,305
認知　105,199,200,204
認知科学　104
認知的アプローチ　201

事項索引

ヌアー　*156,158,159*
ネイティブ人類学者　*212*
ネーション（国民）　*150*
ネーション　*147,152*

は 行

パースペクティヴィズム　*297-299*
バイオメディシン（生物医学／生物医療）
　　245,248-250
パキスタン　*142*
パシュトゥーン　*142,145*
ハヌノオ族　*99-101,103,104*
母方交叉イトコ婚　*184*
ハビトゥス（habitus）　*193,195-198*
パプアニューギニア　*84,86,87*
パフォーマティヴ　*235,238*
パフォーマンス　*120,215,218,219*
バリ　*137*
バルヤ　*188-191*
ハワイ　*109,111,112*
比較　*268,290*
非単系出自論　*211*
ビッグマン　*189,190,192*
病気　*304*
表象　*195,199,203,204*
表象の疫学　*199,202,203*
平等平和主義システム　*90*
ビルマ　*168,169*
貧困　*252-254,256,261*
ファイナンススケープ　*258,259*
フィールドワーカー　*161*
フィールドワーク　*i,ii,2,16,19,28,32,*
　　34,36,47,55,56,61-63,82-84,91,93,
　　94,97-99,102,109,132,137,148,149,
　　153,155,156,160,180,181,187-190,
　　199,221,228,240,247,251,253-255,
　　264,267,276,288,300
フィジー　*110,112*

フィリピン　*149*
フェティシズム　*117*
プエブロインディアン　*70*
フェミニスト理論　*234*
フェミニズム　*216,264*
プエルトリコ　*76,115*
部族　*158,159*
部族社会　*118,120,121,123*
物質性　*236*
プナン族　*162*
部分的な真実　*208*
普遍的進化論者　*77*
不変の可動物　*289,290*
文化　*i,ii,2,4-7,11,16,18,19,40,41,44,*
　　46,52,56,71-73,76,77,79,80,83,99,
　　101,106,112,114,116-119,126-128,
　　130,131,134,136-138,144,148,152,
　　155,179,193,202-204,211-214,246,
　　247,249,262,268,284,291
文化学　*71,73,74*
文化景観　*229*
文化形態学　*11,14*
文化圏　*9,11,13,14*
文化圏説　*11,53,60*
文化史学派　*11*
文化システム理論　*73*
文化進化　*6,72*
文化進化論　*i,68*
文化人類学　*iii,2,8,68,91*
文化生態学　*75,77,79,80,83,88,92,228*
文化接触　*30-33*
文化層　*9,13*
文化相対主義　*i,2,40,41,43,45,46,55,*
　　75,199,203,204,271
文化タイプ　*79*
文化帝国主義　*55*
文化的パフォーマンス　*124,125*
文化的表象　*202*

315

文化伝播論　59,64,180

文化とパーソナリティ　44,51,56,114,115

文化とパーソナリティ学派　40

文化とパーソナリティ論　46,153

文化の核　77-79

文化の相対性　44

文化の統合形態　45

文化（の）パターン　41,42,52,53,78

文化の翻訳　155,166

文化変化　31,32,76

文化変動　73,74

文化変容　112

文化唯物論　112

文化領域　13,79

文化論　68,132

分人（dividual）　265,266,269

文明　5,116

分類　120,161,163,164,174,184

平原インディアン　41

平行イトコ　195,196

平行進化論　77,80

ペーシェント　271-273

ベルベル　195,196

変形　185

方法論的個人主義　169

暴力　260

捕食関係　297

ポストコロニアル　217

ポストコロニアル人類学　211-213,231

ポスト多元主義　268,269

ポストモダン　104,205,219,220

ボディ　106

ポトラッチ　19,21,24,25

ポリティカル・エコノミー　115-117,119

ポリティカル・エコノミー論　68

ポリネシア　109,110

ボルネオ　162

ボロロ　181

本質主義（的）　144,145,208,212

翻訳　215,217-219

ま 行

マナ（mana）　213,214

マヌア　48

マヌス諸島　47,49

マリン　84,87

マルクス主義　215,217,220,283

マルクス主義者　115,187,190

マルクス主義人類学　ii,68,187,283

マルチサイトな民族誌　249

マルチスピーシーズ人類学　230,232

マルチサイト人類学　ii

マンチェスター学派　120,141,146

未開芸術　271

未開社会　28,110,179

ミクロネシア　60

ミュージアム　217

民族　20,41,58,107,145,149,154,156,181

民族学　i,iii,10,11,22,23,58,59,64,65,68,153

民族誌　4,10,28,32,48,56,59,61,64,90-96,99,103,106,109,113,116,117,121,137,141,161,163,166-168,172,174,186,199,202,204,205,208,220,227,228,231,232,262,264,265,267,268,270,280,282-284,286,287,290,294,295,301

民族植物学　104,228

民俗的知識　250

民俗分類　100-102,104,105

民俗分類学　105

名誉　196

メタファー　124

事項索引

メディアスケープ　　258,259
メラネシア　　189,190,265-268,273
メラネシア的社会性　　265,267,268
モシ　　205
モダニティ　　257
モロッコ　　137
モンドグモル族　　49

や　行

ヤップ島　　126,129,130
病い　　241,243,301,302,304,305
妖術　　157

ら　行

ライティング・カルチャー・ショック
　　208
ライデン学派　　63,162

リミナリティ　　121-123,125
両義性　　176
両義的存在　　133
類似記号　　272
ルート・パラダイム　　124,125
歴史　　114,117,118,132,148,152,205,
　　206,213,216,227,228
歴史研究　　171
歴史生態学　　227,230
歴史的個別主義　　i,2,34,35,75
歴史民族学　　53,58,64,65
レレ　　176
連帯理論　　127,167,172
ローカル・バイオロジーズ　　248,249

わ　行

ンデンブ　　121,122

317

執筆者紹介 (＊は編者)

＊岸 上 伸 啓 (きしがみ・のぶひろ)
1958年生
マッギル大学大学院人類学科博士課程単位
取得退学，総合研究大学院大学博士 (文学)
現　在　人間文化研究機構理事，国立民族
　　　　学博物館教授 (併任)
担　当　はじめに，アルフレッド・R・ラ
　　　　ドクリフ＝ブラウン，ジュリア
　　　　ン・H・スチュワード

竹 沢 尚 一 郎 (たけざわ・しょういちろう)
1951年生
フランス社会科学高等研究院博士課程修了，
民族学博士
現　在　国立民族学博物館名誉教授，総合
　　　　研究大学院大学名誉教授
担　当　エドワード・バーネット・タイラ
　　　　ー，モーリス・ゴドリエ

山 田 仁 史 (やまだ・ひとし)
1972年生
ミュンヘン大学民族学研究科修了，Dr.
phil.
担　当　ヴィルヘルム・シュミット

太 田 好 信 (おおた・よしのぶ)
1954年生
ミシガン大学大学院人類学科博士課程修了，
Ph.D.
現　在　九州大学名誉教授
担　当　フランツ・ボアズ，ジェイムズ・
　　　　クリフォード

森 山 　 工 (もりやま・たくみ)
1961年生
東京大学大学院総合文化研究科博士課程修
了，博士 (学術)
現　在　東京大学大学院総合文化研究科教
　　　　授
担　当　マルセル・モース

関 根 久 雄 (せきね・ひさお)
1962年生
総合研究大学院大学文化科学研究科博士課
程中退，博士 (文学)
現　在　筑波大学人文社会系教授
担　当　ブロニスロウ・K・マリノフスキ
　　　　ー

沼 崎 一 郎 (ぬまざき・いちろう)
1958年生
ミシガン州立大学大学院人類学科博士課程
修了，Ph.D.
現　在　東北大学大学院文学研究科教授
担　当　ルース・フルトン・ベネディクト

山 本 真 鳥 (やまもと・まとり)
1950年生
東京大学大学院社会学研究科博士課程単位
取得退学，総合研究大学院大学文学博士
現　在　法政大学名誉教授
担　当　マーガレット・ミード，マーシャ
　　　　ル・D・サーリンズ

中 生 勝 美（なかお・かつみ）
1956年生
上智大学文学研究科博士課程満期退学，京
都大学博士（人間・環境学）
現　在　桜美林大学人文学系教授
担　当　クライド・クラックホーン，岡正
　　　　雄，杉浦健一，梅棹忠夫

山 路 勝 彦（やまじ・かつひこ）
1942年生
東京都立大学大学院博士課程修了，関西学
院大学社会学博士
現　在　関西学院大学名誉教授
担　当　馬淵東一

佐 々 木 史 郎（ささき・しろう）
1957年生
東京大学大学院社会学研究科博士課程中退，
学術博士
現　在　国立民族学博物館名誉教授
担　当　大林太良

西 村 正 雄（にしむら・まさお）
1950年生
ミシガン大学大学院人類学科博士課程修了，
Ph.D.
現　在　早稲田大学大学院文学研究科教授，
　　　　同アジア太平洋研究科教授
担　当　レスリー・ホワイト

梅 﨑 昌 裕（うめざき・まさひろ）
1968年生
東京大学大学院医学系研究科博士課程修了，
博士（保健学）
現　在　東京大学大学院医学系研究科教授
担　当　ロイ・A・ラパポート

池 谷 和 信（いけや・かずのぶ）
1958年生
東北大学大学院理学研究科博士課程単位取
得退学，博士（理学）
現　在　国立民族学博物館教授，総合研究
　　　　大学院大学教授
担　当　リチャード・リー

後 藤 　 明（ごとう・あきら）
1954年生
ハワイ大学大学院人類学科博士課程修了，
人類学 Ph.D.
現　在　南山大学人文学部教授
担　当　渡辺仁

丸 山 淳 子（まるやま・じゅんこ）
1976年生
京都大学大学院アジア・アフリカ地域研究
研究科5年一貫制博士課程研究指導認定退
学，博士（地域研究）
現　在　津田塾大学学芸学部教授
担　当　田中二郎

縄 田 浩 志（なわた・ひろし）
1968年生
京都大学大学院人間・環境学研究科博士課
程修了，博士（人間・環境学）
現　在　秋田大学大学院国際資源学研究科
　　　　教授
担　当　ハロルド・コリヤー・コンクリン，
　　　　福井勝義

石 川 　 登（いしかわ・のぼる）
1962年生
ニューヨーク市立大学大学院センター博士
課程修了，Ph.D.（人類学）
現　在　京都大学東南アジア地域研究研究
　　　　所教授
担　当　エリック・ウルフ

杉 本 星 子（すぎもと・せいこ）
1954年生
総合研究大学院大学文化科学研究科博士課
程単位取得満期退学，博士（文学）
現　在　京都文教大学総合社会学部教授
担　当　ヴィクター・W・ターナー

深 川 宏 樹（ふかがわ・ひろき）
1981年生
筑波大学大学院人文社会科学研究科博士課
程修了，博士（文学）
現　在　兵庫県立大学環境人間学部准教授
担　当　デイヴィッド・M・シュナイダー

真 島 一 郎（まじま・いちろう）
1962年生
東京大学大学院総合文化研究科博士課程単
位取得退学
現　在　東京外国語大学大学院教授
担　当　山口昌男

小 泉 潤 二（こいずみ・じゅんじ）
1948年生
スタンフォード大学博士課程修了，Ph.D.
（人類学）
現　在　大阪大学名誉教授，人間文化研究
　　　　機構監事
担　当　クリフォード・ギアツ

田 中 雅 一（たなか・まさかず）
1955年生
ロンドン大学経済政治学院（LSE）博士課
程修了，博士（人類学）
現　在　国際ファッション専門職大学教授
担　当　フレドリック・バルト，エドマン
　　　　ド・R・リーチ

棚 橋 　訓（たなはし・さとし）
1960年生
東京都立大学大学院社会科学研究科博士課
程中退，博士（社会人類学）
現　在　お茶の水女子大学基幹研究院教授
担　当　ベネディクト・アンダーソン

森 　 正 美（もり・まさみ）
1966年生
筑波大学大学院歴史・人類学研究科博士課
程単位取得満期退学
現　在　京都文教大学総合社会学部教授
担　当　綾部恒雄

出 口 　顯（でぐち・あきら）
1957年生
東京都立大学大学院博士課程中退，筑波大
学博士（文学）
現　在　島根大学法文学部教授
担　当　E・E・エヴァンズ＝プリチャー
　　　　ド，クロード・レヴィ＝ストロー
　　　　ス

岩 淵 聡 文（いわぶち・あきふみ）
1960年生
オックスフォード大学大学院社会人類学科
博士課程修了，博士（哲学）
現　在　東京海洋大学大学院教授
担　当　ロドニー・ニーダム

池 田 光 穂（いけだ・みつほ）
1956年生
大阪大学大学院医学研究科博士課程単位取
得退学
現　在　大阪大学 CO デザインセンター教
　　　　授・センター長
担　当　メアリー・ダグラス，マーガレッ
　　　　ト・ロック

横 山 廣 子（よこやま・ひろこ）
1953年生
東京大学大学院社会学研究科修士課程修了
現 在 国立民族学博物館名誉教授，総合
研究大学院大学名誉教授
担 当 中根千枝

平井京之介（ひらい・きょうのすけ）
1964年生
ロンドン大学経済政治学院人類学研究科博
士課程修了，Ph.D.
現 在 国立民族学博物館教授，総合研究
大学院大学教授
担 当 ピエール・ブルデュー

岡 本 圭 史（おかもと・けいし）
1980年生
九州大学大学院人間環境学府博士課程修了，
博士（人間環境学）
現 在 東京外国語大学アジア・アフリカ
言語文化研究所ジュニア・フェロ
ー
担 当 ダン・スペルベル

坂 井 信 三（さかい・しんぞう）
1951年生
東京都立大学大学院社会科学研究科博士課
程単位取得退学，博士（社会人類学）
現 在 南山大学名誉教授
担 当 川田順造

石 森 大 知（いしもり・だいち）
1975年生
神戸大学大学院総合人間科学研究科博士課
程修了，博士（学術）
現 在 法政大学国際文化学部准教授
担 当 ロジャー・キージング

鈴 木 舞（すずき・まい）
1982年生
東京大学大学院総合文化研究科博士課程修
了，博士（学術）
現 在 慶應義塾大学グローバルリサーチ
インスティテュート所員，東京大
学地震研究所外来研究員
担 当 ジーン・レイヴ

大 石 高 典（おおいし・たかのり）
1978年生
京都大学大学院理学研究科博士課程研究指
導認定退学，博士（地域研究）
現 在 東京外国語大学大学院総合国際学
研究院准教授
担 当 ウィリアム・バリー

加 賀 谷 真 梨（かがや・まり）
1977年生
お茶の水女子大学大学院人間文化研究科博
士課程修了，博士（社会科学）
現 在 新潟大学人文学部准教授
担 当 ジュディス・バトラー

磯 野 真 穂（いその・まほ）
1976年生
早稲田大学文学研究科修了，博士（文学）
担 当 アーサー・クラインマン

鈴 木 紀（すずき・もとい）
1959年生
東京大学大学院総合文化研究科博士課程単
位取得修了
現 在 国立民族学博物館教授，総合研究
大学院大学教授
担 当 ロバート・チェンバース

中 川　　理（なかがわ・おさむ）
1971年生
大阪大学大学院人間科学研究科博士課程単
位取得退学，博士（人間科学）
現　在　国立民族学博物館准教授
担　当　アルジュン・アパドゥライ

里 見 龍 樹（さとみ・りゅうじゅ）
1980年生
東京大学大学院総合文化研究科博士課程単
位取得退学，博士（学術）
現　在　早稲田大学人間科学学術院准教授
担　当　マリリン・ストラザーン

吉 田 ゆ か 子（よしだ・ゆかこ）
1976年生
筑波大学大学院人文社会科学研究科修了，
博士（学術）
現　在　東京外国語大学アジア・アフリカ
　　　　言語文化研究所准教授
担　当　アルフレッド・ジェル

生 田 博 子（いくた・ひろこ）
1973年生
アバディーン大学院社会人類学博士課程修
了，Ph.D.（人類学）
現　在　九州大学留学生センター准教授
担　当　ティム・インゴールド

山 﨑 吾 郎（やまざき・ごろう）
1978年生
大阪大学大学院人間科学研究科博士後期課
程単位取得退学，博士（人間科学）
現　在　大阪大学 CO デザインセンター教
　　　　授
担　当　フィリップ・デスコラ

森 田 敦 郎（もりた・あつろう）
1975年生
東京大学大学院総合文化研究科博士課程単
位取得満期退学，博士（学術）
現　在　大阪大学人間科学研究科教授
担　当　ブルーノ・ラトゥール

キャスパー・B・イェンセン
(Casper Bruun Jensen)
1974年生
オーフス大学大学院情報メディア研究学科
博士課程修了，Ph.D.
現　在　大阪大学人間科学研究科特任准教
　　　　授
担　当　ブルーノ・ラトゥール

近 藤　　宏（こんどう・ひろし）
1982年生
立命館大学先端総合学術研究科一貫制博士
課程修了，博士（学術）
現　在　神奈川大学人間科学部准教授
担　当　エドゥアルド・ヴィヴェイロス・
　　　　デ・カストロ

浜 田 明 範（はまだ・あきのり）
1981年生
一橋大学大学院社会学研究科博士後期課程
単位取得退学，博士（社会学）
現　在　関西大学社会学部准教授
担　当　アネマリー・モル

はじめて学ぶ文化人類学

―― 人物・古典・名著からの誘い ――

2018年 4 月30日　初版第 1 刷発行	〈検印省略〉
2022年 2 月25日　初版第 4 刷発行	

定価はカバーに
表示しています

編 著 者	岸　上　伸　啓
発 行 者	杉　田　啓　三
印 刷 者	田　中　雅　博

発行所　株式
　　　　会社　ミネルヴァ書房
607-8494　京都市山科区日ノ岡堤谷町 1
電話代表　(075)581-5191番
振替口座　01020-0-8076番

Ⓒ岸上伸啓ほか，2018　　　　創栄図書印刷・藤沢製本

ISBN978-4-623-08274-2

Printed in Japan

綾部恒雄・桑山敬己 編 　　　　　　　　　　　B 5 ・240頁
よくわかる文化人類学 ［第 2 版］ 　　　　　　本体 2500円

桑山敬己・綾部真雄 編著 　　　　　　　　　　A 5 ・400頁
詳論　文化人類学 　　　　　　　　　　　　　本体 3000円

斗鬼正一 著 　　　　　　　　　　　　　　　　A 5 ・192頁
目からウロコの文化人類学入門 　　　　　　　本体 2200円
　　　──人間探検ガイドブック

綾部恒雄 編著 　　　　　　　　　　　　　　　A 5 ・344頁
文化人類学のフロンティア 　　　　　　　　　本体 3400円

春日直樹 編 　　　　　　　　　　　　　　　　A 5 ・336頁
人類学で世界をみる 　　　　　　　　　　　　本体 3500円
　　　──医療・生活・政治・経済

小長谷有紀 著 　　　　　　　　　　　　　　　四六・284頁
ウメサオタダオが語る，梅棹忠夫 　　　　　　本体 2800円
　　　──アーカイブズの山を登る

川喜田喜美子・高山龍三 編著 　　　　　　　　四六・396頁
川喜田二郎の仕事と自画像 　　　　　　　　　本体 3800円
　　　──野外科学・KJ 法・移動大学

斎藤清明 著 　　　　　　　　　　　　　　　　A 5 ・408頁
今西錦司伝 　　　　　　　　　　　　　　　　本体 4500円
　　　──「すみわけ」から自然学へ

──────── ミネルヴァ書房 ────────
http://www.minervashobo.co.jp/